浙江工商大学"西湖学者"人才项目资助

中国英语语料库与外语教学应用研究

Research on the Application of Chinese English Corpus in Foreign Language Teaching

李文中　李楠　著

中国社会科学出版社

图书在版编目（CIP）数据

中国英语语料库与外语教学应用研究/李文中，李楠著 . — 北京：
中国社会科学出版社，2023.6
ISBN 978 - 7 - 5227 - 2266 - 5

Ⅰ.①中…　Ⅱ.①李…②李…　Ⅲ.①英语—教学研究
Ⅳ.①H319.3

中国国家版本馆 CIP 数据核字（2023）第 133927 号

出 版 人　赵剑英
责任编辑　夏　侠
责任校对　李　妲
责任印制　王　超

出　　　版　中国社会科学出版社
社　　　址　北京鼓楼西大街甲 158 号
邮　　　编　100720
网　　　址　http://www.csspw.cn
发 行 部　010 - 84083685
门 市 部　010 - 84029450
经　　　销　新华书店及其他书店

印刷装订　三河市华骏印务包装有限公司
版　　　次　2023 年 6 月第 1 版
印　　　次　2023 年 6 月第 1 次印刷

开　　　本　710 × 1000　1/16
印　　　张　20
字　　　数　316 千字
定　　　价　106.00 元

序

　　当今世界正处在一种前所未有的复杂语境之中。英语成了世界通用语，但作为世界通用语的英语并不是美国英语或英国英语，而是拥有同一内核的各类英语变体的集合体，即"世界各类英语（World Englishes）"。世界英语语境是世界政治、经济、文化等要素长期作用的结果，同时也对世界各国的政治、经济、文化产生着深远影响。因此，世界各国也一直在试图解读世界英语语境，并结合自身发展的需求，制定国家的语言政策。"世界英语理论"正是在这种背景下发展起来的。总体来说，"世界英语理论"是一场"世界英语独立运动"。它标志着各国英语使用者民族意识的觉醒，宣示了各类英语使用者对本土英语变体的所有权和仲裁权，肯定了各类英语（包括二语型变体和外语型变体）的本体论地位，主张以本土文化为主的多元文化的并存与互动，体现出"语言领域内的人权（linguistic human right）"。

　　中国英语是世界英语家族中的重要一员，但中国英语研究也颇具"中国特色"。具体表现为围绕中国英语地位问题的争论激烈且持久，至今没有明确的结论，这与其他英语国别变体（如日本英语、荷兰英语等）的境遇形成鲜明对比。虽然学界如今已基本承认了中国英语的合法地位，但普通英语使用者仍然把它视为"中式英语"而加以排斥。中国英语教学依然以标准英语（英国英语或美国英语）为蓝本。对标准英语的膜拜极大地妨碍了学习者语言能力的发展，限制了他们创造性使用英语的权利，而标准英语对本土文化所带来的侵蚀也成为一个社会关注的焦点问题。近年来出现了削弱英语教学、取消英语主科地位的呼声。这种对英语既爱又恨的心态其实贯穿于中国的英语教学史。无奈当今世界科学技术引领发展。英语作为先进科技最主要的载体，它才不在乎你爱它还是恨它。爱也好，恨也好，你都离不开它。那么，我们能不能做到即能利用英语参与全球化进程，又能使本土文化免遭侵蚀呢？答案是肯定的，那就是英语的本土化、通俗化、大众化。所谓本土化就是要剔除内置于标准英语之中的盎格鲁撒克逊文化内核，再植入本土文化的要素，使英语成为中国文化的载体；所谓通俗化就是要将标准英语请下神坛，确立英语的多元标准和使用者对英语标准的判断权，注重具体语境下的交际能力和交际效果；所谓大众化就是要让英语走出象牙塔，成为一门普通中国人的语言。中国人能够自信并充满舒适感地驾驭着英语面向世界讲述中国故事。一些本土英语的文本得到承认，英语教学也将以本土语境为背景。为了实现这一目标，我们首先得确立中国英语的可接受性。所以，中国英语的地位问题似乎是中国英语研究无法回避的一个课题。这对外语工作者和研究者提出了严峻挑战。除了积极主张中国英语，呼吁社会各界接受中国英语之外，更重要的是要对中国英语进行更加全面深入的描写，以展示其发育成熟且相对稳定的形态，为中国英语的普及提供学理上的依据。

令人惊喜的是，文中、李楠两位学者在其《中国英语语料库与外语教学应用研究》一书中对中国英语又做出了开创性研究。他们运用语料库的研究方法，精心采集了不同领域和文类的中国英语语言真实文本，通过分析和描写，令人信服地展示出中国英语的一些稳定形态。更值得称道的是，两位学者把自己的学术研究与我国的英语教学实践紧密结合起来，实现了两者的无缝对接。中国英语语料库的建立，为中国英语研究搭建起了一个宝贵平台，必将推动中国英语研究走向深入。可以肯定地说，有了语料库的实证研究，中国英语将以更加完整的形态呈现在国人面前，中国英语作为国别变体的地位也会得到进一步的确立和巩固。我们期待中国英语研究成果将会更多地被运用于中国英语教学政策的制定和实施当中，早日形成我国英语教学的系统论与方法论。

李少华

2022 年 7 月 21 日于银川

前　言

  本书基于本人主持完成的《基于语料库的英语本土化研究及应用》
（07BYY022）结项报告修改而成。该项目于 2010 年基本完成，但因一些
颇不足道的缘由一直拖到 2013 年才正式结项，而计划出版的著作也由于种
种原因搁置下来。当年为完成该课题，我们组建了一个强有力的团队，并
在项目执行过程中提出诸多创新思想，课题组成员在语料库设计和创建过
程中付出了艰辛的劳动。比如我们在研究中发现，对于中国英语的变体地
位的争论，以及对于肯定中国英语是否会影响国人英语水平的担忧，实在
缺乏真正的讨论价值，因为讨论上述问题的前提，是一系列核心问题必须
先得到回答，诸如如何界定变体，谁来决定变体的标准？如何评价英语水
平，应用谁的标准去评价？现在看来，既然使用语言是为了交际，能否实
现交际意图，满足参与者交际需要才是判断语言使用的主要参照标准，而
语言使用者的身份（是否本族人）并不能作为评判的标准，更不用说是唯
一的标准。此外，我们在研究中，还提出了语料库开放平台的技术理念，
即语料库开发和使用者在同一个平台创建和使用语料库，使相关技术更可
及、更友好，也更具开放性。作为课题研究的副产品，我们还开发了"多
媒体语料库平行定位检索播放系统"（Multimedia Corpus Parallel Positioning
Concordancing and Playing System，简称 MCORPS），用于音视频文件与文本
的对齐与检索分析；我们还实验了平行语料库文本人工介入短语级对齐，
虽然该项实验结果最后证明令人沮丧。事过境迁，现在再回头看看当年的
工作，虽不无遗憾，但整个团队生机勃勃，潜心做事，为之后的延伸研究
奠定了基础。以下为课题组成员与分工：

李文中　　课题主持人。

娄宝翠　　负责语料库文本抽样方案设计、项目协调；学术英语研究。

孙海燕　　负责语料库文本分类方案设计、项目组织；学习者英语研究及外语教学实验研究。

刘国兵　　负责语料库标注方案设计、项目管理；政府文件标记方案设计及语料收集；语料库理论研究。

吴进善　　负责语料录入及外围人员管理；网络新闻语料标记方案设计及文本收集；平行语料库研究。

韩朝阳　　负责软件开发和系统统筹。

田耀收　　负责项目协调、会议管理、文件管理；文学及翻译语料收集。

胡海珠　　负责学术论文标记方案设计及语料收集；中国英语研究综述。

李楠、张淑静、蒋俊梅、杜爱玲、夏侠、闫洁、张军民等负责语料库输入和语料检查；个案研究。

本书第 15、16 章为李楠撰写，其他章节作者分别在脚注或章节末尾标示，其余内容由李文中撰写，李楠通校了全书。值本书出版之际，非常感谢课题组成员的付出和努力；衷心感谢河南师范大学外国语学院全体同仁的支持；真诚感谢浙江工商大学人事处"西湖学者"人才项目资助，使得本书最终得以出版；最后非常感谢中国社会科学出版社夏侠博士的鼎力相助。

尽管本研究得益于多方的帮助，但书中任何错舛谬误皆由作者独立负责。

李文中

2022 年 7 月 8 日星期五于杭州下沙

目　　录

图表目录

第一章　绪论

英语逐步演变成为一种国际语言，为越来越多的不同语言和文化背景的人学习和使用。Block（2004）认为，英语愈来愈成为一个跨文化、跨语言的界面。二十世纪九十年代以前，人们对英语全球化的态度形成两极分化的态势，一是以 Crystal（1997，2003）、McCrum，Cran 与 MacNeil（1986）为代表的赞美派，认为英语以其本身的民主性以及重要人物的使用在全球传播。而对此提出批评的则有 Pennycook（1994）和 Philipson（1992，2000），其主要观点是英语的全球化是西方文化霸权主义，或者是美帝国主义的延伸，其后果是造成了新的文化和政治上的不平等。到了九十年代末，这种严厉的批评被更现实的折中考虑所取代。以 Pennycook 为代表的观点认为，英语的全球化是一个过于复杂的问题，不能简单地以好坏论之。全球化进程已经使英语产生了深刻的变化，其主要结果就是国际英语以及各种新变体的形成，英语本族人的文化与语言威权受到挑战和颠覆，英语与其本族文化的纽带变得愈来愈薄弱，其语言中旧有的单一性标准和规范受到质疑，并逐渐被多元标准和多中心论所取代。英语全球化背景中世界各种变体英语的出现正是体现了不同国家本土的需求、人格及语言根源。对于英语学习而言，McKay（2003）在讨论了 Smith（1987）的论点时，进一步明确主张，学习者无须内化本族人的文化标准，英语作为一种国际语言，其所有权正处于一种"非国有化"进程，而英语教育的目的是使学习者能够把自己的观念和文化介绍给他人。在国际英语这一理论框架下，英语语言从其本族文化的联结中剥离出来，与其二语或外语学习者和运用者的本土社会文化及环境对接。英语在某一社会环境中的本土化包含两个方面的意义，一是语言特征的本土化，再就是本土文化的融入。

换言之，英语在中国的本土化既包括语言上的中国特征，即中国英语变体的形成，也包括中国文化的移入，即英语在中国可以成为中国文化的承载物和传播媒介。

对中国英语的研究从二十世纪八十年代至今可分为三个主要阶段：（1）排斥和全盘否定阶段。英语在中国的运用实际开始引起国内外学界的关注，但主要观点是把中国英语与"中国式英语"或"中国洋泾浜英语"混为一谈，认为其不符合英语规范，在教学和学习中应作为错误尽量避免，基本上采取排斥和否定态度，但缺乏严肃、系统的理论研究。这种观念和态度甚至一直影响至今。（2）概念确立和划分阶段。九十年代初期，由于英语在中国本土的运用越来越普遍，学界开始认真对待中国英语问题。这个阶段的研究主要理论是：首先，承认中国英语是一种客观存在；第二，认为应把中国英语看作是一种国别变体，是两种语言和文化交汇的必然产物，中国英语在英语中具有独特的不可替代的地位，应把规范的中国英语与英语学习过程中的错误的"中国式英语"区别开来。第三，认为中国英语研究对中国的外语学习和教学具有理论意义和实用价值。其研究成果是确定了中国英语的基本概念，在理论上给予界定，确立了中国英语研究的地位和意义，引起了外语界对中国英语的兴趣和关注。（3）量化研究和个案研究阶段。二十世纪九十年代末，由于大型中国英语学习者语料库建设和相关研究的开展，开始对中国英语学习者中介语进行深入系统的研究。研究英语在中国的本土化的意义和价值在于：（1）理论上，真正确立中国英语作为一种国别变体的地位，系统研究其在语音、词汇、句法、和语篇诸方面的基本特征，进而研究中国社会文化现实和价值观念的英语表述，促进以英语为媒介的国际文化交流，而这一切都需要语料库数据支持。（2）方法上，应用先进的现代计算机语料库技术，结合语言学量化研究和"语料驱动"思想，有力保证了研究依据的可靠性和验证性，同时也为后续研究提供了可共享的平台和资源库。（3）应用上，促进中国历史文化和社会文化价值观念的对外影响。"让世界了解中国"的真正意义在于把中国的先进的文化成果、文化资源以及丰富的旅游资源介绍出去，让世界人民共享，在世界文化中获得中国文化应有的话语权利。而实现这一目的的主要途径是中国文化有效的对外翻译和推介。本研究的成果将能广泛运用到对外翻译和各种科技英语文本的写作、辞典编纂、情报检索以及网络教育诸领域。（4）基于中国英语语言事实的描述，对英语教学和学习提供真实可靠的材料和反馈，满足国人的英语学习需求。当中国人参与国际交流时，需求更多的是如何运用外语表述自我需求和本土文化，英语教学应满足学习者的实际需求，要用表述中国文化的英语材料，促进学生的语言交际能力。（5）对外语教学与研究产生积极的影响。作为一名外语教师和研究者，只有把自己的学术活动与本国的语言教学和学习现实紧密结合起来，准确定位自己的研究方向和价值，才能在国内外学术交流中做出自己的贡献。

　　基于以上论证，本研究谨做以下观点陈述：（1）中国英语不仅是客观存在，而且在中国国内外交流中发挥着愈来愈重要的作用。英语作为一种国际交流语言在中国具有长期的应用历史和广泛的运用现实。五四时期，西风东渐，中国对西方主要是引进和学习；改革开放以来，尤其是近十几年，中国主要是推出自己的文化、融入国际文化交流，这使得英语运用在中国变得越来越重要。（2）由于中西文化的差异以及中国悠久的历史文化传承，当英语被用来表达中国社会文化时，大量独特的词汇、意义以及价值观念与中国文化思维将会自然地融入英语，成为一种具有群体特征的语言变体。（3）从语言学理论上讲，任何一种语言在另外一种语言环境中应用，必然产生本土化，这种本土化现象表现在语音、词语、句法、篇章等各个层面。英语在中国的本地化的结果就是中国英语。（4）基于自然的语言运用，进行系统的量化研究，对各种相互冲突的观点和假设进行验证，从而避免基于直觉和经验的任意判断和空洞的论争，这本身就具有理论和方法学上的价值和意义。

　　此外，本研究认为是否承认中国英语的存在只是一种立场和态度的分歧。无论承认与否，中国英语就在那里。李文中（2006）为李少华著《英语全球化与本土化视野中的中国英语》作序中写道：

　　　　中国英语作为一种现象存在由来已久，英语在中国本土最早的语言接触可推至十七世纪早期，十八世纪末十九世纪初出现'广东行话'，十九世纪中期至二十世纪初形成'洋泾浜英语'及'中国海岸英语'，直至当今发展成为'香港英语'和中国大陆各种英语变体。中国英语从早期的非标准形式发展到当今的自主变体，经历了漫长的渐进式发展过程。尤其是自十九世纪末开始，中+国英语由于学校英语教学的开展及英语在中国的传播，逐步'非洋泾浜化'，向更规范的变体形式演变。中国英语作为一种独立变体，其概念的确立及界定却是一波三折，至今仍争议纷纷。中国英语的研究从二十世纪八十年代至今经历了从排斥和全盘否定，到学理上认真界定和讨论，以及进一步描述和分析的发展阶段。有关中国英语的争论主要集中在概念化层面，尽管至今仍有不少人坚持认为中国英语不过是一种干扰性运用变体，但似乎越来越多的人对这一现象持积极的态度。在目前看来，是否承认中国英语的存在，其作为变体的地位是否能够确立，这基本是一个本体论立场问题，是一种态度。而中国英语的概念化以及如何对它进行描述和研究，则是一个认识论和方法论问题。如果压根就不承认中国英语的存在，讨论其概念的界定本身就没有意义。尽管各家的定义在视角和术语运用方面各有不同，但似乎都同意中国英语具有以下属性：(1) 表达中国独有事物以及社会价值观念，与中国文化密切相关；(2) 是英语在中国本土化的必然结果；(3) 是一个完整而规范的体系，而不是只具个性特征的语汇或发音；(4) 与汉语具有某种内在的联系。有人对区分中国英语与中式英语表示质疑，认为既然都是受母语迁移影响，却产生两种认定，在逻辑上说不过去。也有人认为两者处在同一个连续体上，其中的界限很难廓清。我们认为，语言的规范性不是先验的，而是由语言运用决定的，规范的确立具有概率属性。至于母语迁移，学界早有正迁移和负迁移之说，同受母语影响，却能产生两种结果，而两种迁移的影响需要在运用中去验证，这在逻辑上并不存在混乱。"连续体说"似乎具有更强的说服力。但任何对立的两极都处在一个连续体上，否则不可能具有对立关系。这种界定方法虽说在理论表述上更加完备，但在操作和应用上仍存在难题。

然而，越来越多的人意识到，对中国英语进行全面系统的描述和刻画，进而探讨其在中国本土的应用以及对英语教学和学习的深刻含义，无疑具有重要的理论意义和应用价值。"让世界了解中国"的真正意义在于把中国的先进的文化成果、文化资源、历史社会状况以及丰富的旅游资源等介绍出去，让世界人民共享，在世界文化中获得中国文化应有的话语权利。而实现这一目的的主要途径是中国文化有效表述和推介。对英语教学和学习而言，中国英语研究能够提供真实可靠的材料和反馈，满足国人的英语学习需求。当中国人参与国际交流时，需求更多的是如何运用外语表述自我需求和本土文化，英语教学应满足学习者的实际需求，要用表述中国文化的英语材料，促进学生的语言交际能力，并对外语教学研究产生积极的影响。作为一名外语教师和研究者，只有把自己的学术活动与本国的语言教学和学习现实紧密结合起来，准确定位自己的研究方向和价值，才能在国内外学术交流中做出自己的贡献。

此外，中国英语使用也是一种现实需求。在人类命运共同体视野下，中国经济地位和市场影响在全球愈来愈重要，中国的治国理政政治理念与思想文化在国际社会必将大放光彩，在这一进程中，我们需要丰富而有力的语言叙事能力和话语表述能力，在立足中国语言文化资源，注重传承与创新的表述的同时，充分利用外语的可交际优势，促进中国文化的外语表述。

在研究各种世界英语理论以及国际通用英语理论时，我们始终在思考一个问题：应该如何对待学术研究中西方层出不穷的思潮和理论。在与西方学者研讨过程中，我们发现中西学者在对待新理论方面有截然不同心理，我们似乎总是期望寻求一种可供遵循或依据的理论，对待新出的理论毕恭毕敬，希望学习、理解并应用，似乎很少停下来审视这些理论；相比而言，西方学者似乎把理论当成一种思考的工具，一种多样性的存在状态，有时甚至为标新而立异。比如通用英语理论（English as a Lingua Franca）是一种欧洲语境下提出的学说，其学术基础并不坚实。但通用英语理论却彻底颠覆了标准英语理论的基础，打破了英语本族人的威权，以及其守护语言标准的天然法权，同时也使得对国际英语使用者所谓偏离标准的指责变成了陈词滥调。在这一语境下，英语与中国文化对接显得水到渠成。这种对接既有英语本族人翻译中国文化做出的贡献，更多的是中国的英语使用者愈来愈凸显的语言创新。对中国人的英语能力和特征无论有多少批评和嘲弄，也不管这种批评和嘲弄是来自外部还是内部，中国人对英语的攻城略地，中国文化对英语的强势介入，都变得势不可挡。

在强调用英语表述中国文化的同时，我们也需要警惕另一种极端，在英语写出时忽视母语作为创新的原生语言。语言承载信息和知识，建构话语力量。中国文化的表述首先是以中文为原生语言的创造和建设，我们需要注重使用中文命名、关联、解释新思想、新发现和新技术，而英语表述只是一种解读和传播的途径。在人类命运共同体宏观视野下，人类各种文明文化和谐共存，而推动这种和谐发展的主要力量是竞争和发展带来的活力。

第二章　中国英语理论研究

2.1　中国英语的操作定义

英语在中国的本土化，既指英语在中国语言文化环境中通过使用获得本土特征的量变过程，也指该特征在演变中形成模式和规律的定性结果。我们把中国英语界定为：在使用过程中表达中国社会经济文化，受中文语言和思维习惯影响，所形成的具有独立特征的英语表述、用法和结构。为此，我们讨论并界定了中国英语的操作定义，包括使用者（作者及目的受众）、空间参数（包括国别、地域及应用语境）、时间维度（即语料的时间跨度）以及语料文本的收集范围。此外，在考察中国英语特征时，主要集中在外语教育、翻译、特殊用途英语，尤其是学术英语及行业英语几个方面。

2.1.1　中国英语的使用群体

我们把国际英语与中国英语看作是分布在同一个连续体上的英语变体。同理，中国英语从学习者语言到成熟的交际应用也是一个连续体。因此，由于中国独特的语言文化环境及外语教育环境，我们把中国英语的使用者群体分为英语学习者、普通使用者及学术英语使用者。英语学习者是指在中国教育体制中，从幼儿、小学、中学、大学到研究生等使用者群体；普通使用者是指在国际交际、文化传播、公共媒体及一般场合中使用英语进行书面和口语交际的使用者群体；学术英语使用者是指使用英语发布学术成果、参与国际学术交流的中国学者群体。围绕这三个不同群体所开展的语言分析，构成了中国英语研究的主要对象。中国英语的目的受众包括国际受众和本土受众。

2.1.2 中国英语的使用空间

从理论上讲，中国英语的使用空间可包括区域空间、国别空间和文化空间。所谓区域空间，是指英语在中国本土的地域分布。中国英语不是一个单一的变体概念，而是指中国不同地区使用英语所产生的不同变体特征的综合。这些变体称作"中国各体英语"（Bolton，2006），包括中国沿海地区、南方地区、北方地区及港澳台地区。国别空间是指相对国际英语而言，以中国为中心的英语使用变体。文化空间是指以中国语言文化为基础，或受中国语言文化影响的国家和地区，如新加坡以及世界各国华语社团等。

2.1.3 中国英语的时间维度

英语在中国最早的使用可追溯到十七世纪中叶（Bolton，2006）。对中国英语描述的宏观时间框架自十七世纪始，至 1949 年中华人民共和国成立为形成期，在此阶段，一些中国特有的英语词汇和表达开始进入英语，成为英语不可或缺的一部分（李文中，1993）。自 1949 年至 1978 中国改革开放为过渡期，在此阶段，英语作为一种国际交流的语言工具，在使用范围和群体上都非常有限。同时，在中国当时的外语教育体制中，英语教育位于次要角色。自 1978 年以来，英语在中国的使用急剧增长，进入发展期。随着智能手机的普及、博客等新媒体的兴起，英语和汉语的互动前所未有地活跃，有些英语表达已经融入汉语之中，成为话语的一部分。这显示着中国英语活跃期的到来。本书结合这样的时代特征，对中国英语进行共时研究和分析。

2.2　中国英语研究综述①

2.2.1　英语的分化与世界英语

英语从日耳曼语到古英语、从中古英语到现代英语，自身经历了诸多变化，吸收了不同语言形式与内容，如拉丁语、法语、西班牙语、阿拉伯语和意大利语等，发音、拼写和语法等都经历了很多变化。今天，英语作为一种世界通用语言，其使用人数不断增加，使用领域不断扩展。人们用英语进行交际，以自己的方式实现着各自的交流需要。

早在 1930 年，Firth 就注意到英语在分化。"对于像英语这样的世界语言来说，标准化问题因为社会、种族、政治等因素的卷入而变得异常复杂。除了我们自己，还有英国的自治领（包括爱尔兰），还有印度，还有非洲，还有千千万万讲英语的美国人。谁都有权决定自己的语言形式"（1964，p. 197，引自颜治强，2002，p. 69）。Firth 提醒语言学家们不要把自己的眼界局限于一个地区或一个国家："既然欧洲已经史无前例地与世界其他地区融为一体，在研究语言理论时，欧洲学者有必要非欧洲化（de-Europeanize himself）；面对全球普遍使用的英语，英国人有必要非英国化（de-Anglicize himself）"（Palmer，1968：96；引自颜治强，2002，p. 69）。

如今，我们已经不再争论英语是否属于美国人，我们争论英语是否属于英美人。我们承认了美国英语，但英语也不仅仅被英国人和美国人使用，"英语不是英国人的，也不是英国或美国人的，而是一种出于某些目的被越来越多的人使用的世界语言"（Halliday *et al.*，1964，p. 293）。"英语本族语者必须接受这一个事实：英语不是专属于他们的，而是属于全世界的。新的国家里由于新的交流需要而产生的新式英语应该作为有着极强灵活性和适应性的英语体系的一员而被接受。它们是英语的组成部分。"

---

① 本节为胡海珠撰写。

（Strevens，1980，p. 90）

2.2.2 世界英语理论

英语的分化现象被很多语言学家所关注。Quirk 反对英语标准的多元化，他坚持英语的唯一标准，认为任何背离"标准英语"的使用都是不能被接受的。从社会学的角度来看，他所谓的"标准英语"给语言附加上了主观的等级概念，受到很多研究者的质疑和反对，其代表人物就是Kachru。著名的 Kachru-Quirk 之争（Kachru-Quirk Debate）的结果是 Quirk 在二十世纪八十年代末对于英语一元标准立场的变化（Kachru，1999，引自姜亚军 & 杜瑞清，2003）。

Kachru 在二十世纪七十年代提出了世界英语的概念，他认为"把握这个概念的关键是了解英语的各个变体的特殊性（World Englishes），即知道这种语言是怎么习得的、怎样使用的、由谁和在哪里使用的，结果给英语带来了什么变化"（颜治强，2002，p. 75）。

世界英语是指诸多变体形式共存的世界通用英语。Kachru（1985）用三个同心圈（three concentric circles of English，内圈、外圈和延伸圈）来说明世界英语的存在状态，显示了跨语言和跨文化环境下英语的传播形式、获得模式和功能领域，也反映出世界英语的共核性和分化性。这三个同心圈从传播形式上是从内圈向延伸圈扩展，获得模式依次为母语习得、二语习得和外语学习，功能领域从国内交流到国际交流。

在这三个同心圈中，扩展圈大于外圈，外圈又大于内圈。由于世界的流动性和语言的文化穿透性，三个圈动态发展（有的国家可能逐渐淡出内圈或外圈，也有的国家可能进入外圈甚至内圈）。不用说一些以英语为外语的国家因其英语的普及程度而宣称英语已成为自己的第二语言，更多以英语为第二语言的国家认为自己就是英语本族语者，英语是自己的语言，而不是仅仅被自己使用的别人的语言。这使我们不得不重新考虑传统的"本族语"定义。Kachru（1998，引自 Shibata，2009）又将本族语分为先天本族语和功能本族语，分别对应内圈和外圈国家的英语。功能本族英语使用者并不总是追逐先天本族英语使用者的发音和语法标准。

Crystal（2003）曾列出大约 75 个以英语为母语或二语的国家，据统计，以英语为母语的人数大约为 320,000,000 到 380,000,000。以英语为二语或外语的群体太大，并且在不断变化，尤其是以英语为外语的人数，很难确切统计。

英语在跨语言和跨文化的传播中产生了两方面的影响。一方面是英语给世界其他语言和文化带来的影响和变化（Englishization），另一方面是英语的本土化（nativization and acculturation），即本土语言和文化给英语带来的影响和变化（Kachru，2006）。在这种相互影响中，英语的各种变体出现并共存着，这是生态世界的常态与和谐（刘国兵，2009）。

Rajendra Singh（1995，引自杜争鸣 & 伍士年，1998）指出，"把操单语的人与操双语的人的英语从等级上区别开来，这是无视双语可以同时习得这一基本事实"；"把历史久远的英语看成比'年轻'的英语更纯正的英语，这违反了历时语言学的基本规律"。"世界英语的各种变体（不管母语型或者是非母语型的）属于使用它们的人，没有好坏之分，都值得个人和集体认真地、持续不断地加以研究"（McArthur，1998，p. 61，引自颜治强，2002，p. 75）。

2.2.3　英语的国别变体

英语的变异现象是难以避免和毋庸置疑的事实，是不是它在任何一个国家的变异都可以被看作一种国别变体呢？

社会学家将英语的使用分为国内（intralingual）和国际（interlingual）两大类，并以此把英语的功能分为国内使用型和国际使用型。Kachru（1982）也曾提到过两个与之对应的变体概念，即制度化变体（institutionalized variety）和使用型变体（performance variety）。所谓制度化，就是指英语习惯性用于国内交流，变异现象相对固定，有一定的生成与发展规律可循；而使用型变体，其变异偶然性较大，没有规律可循，使用者只是因为不同需要如国际交流而去使用英语。

Kachru（1982）还提出了制度化变体的四个特征："1. 它在使用国有广泛的使用范围；2. 他可以使用在许多语域中，有不同的文体表现；3.

就语文形式与使用环境而言，这些语域和文体表现已经本土化了；4. 已经表现出了本地特有的英语文学创作，其形式特征与环境特征都说明它是本乡本土的"（转引自张培成，1995，p. 17）。

国内外很多研究者都认同的一点是，只有用于国内交流的英语才会形成使用中的规约，才会将英语制度化。而在制度化和使用型两种变体中，只有制度化变体才可以称得上国别变体，使用型变体与国别变体无关。

我们认为，语言的国别变体是指通常以国家地域为界的一个语言的特殊使用状态。所谓的国内使用型和国际使用型是基于语言使用对象的地域而进行的分类，不能作为判断国别变体的根本标准；制度化变体和使用型变体是根据语言的使用状态而进行的分类，但作为一组相对的概念，它们只能构成等级反义关系（gradable antonym），即一个国家的英语使用状态就制度化和使用型上不是非此即彼的。在很多国家，英语的使用既没有完全规约化，又相对较成体系，有很强的规律性可循，并且在使用中有着"本乡本土"的内容和特征。制度化变体和使用型变体之间是一个过渡的连续体（continuum）。

也有学者认为，"变体（variety）只是一个权宜的说法，不应该把它看作定义狭隘的术语……所谓 language varieties 其实是一个大而无当的概念"（杜争鸣，1998，p. 13）。"不论英语的功能如何，只要它在一个国家长期地广泛使用，并且具有一定的当地特点，都可以视作英语的一种国别变体"（汪榕培，1991，p. 2）。

我们认为：第一、与音位变体和语素变体一样，语言变体是抽象语言在不同使用社团内的不同具体实现形式，所有的变体地位是平等和互补的，它使英语适用于不同的社会文化环境，提高了它的生存能力；第二、如果所有的变体在人们心目中存在一个"原型"，这个原型总是由对人们来说影响最大的变体来承担；第三、变异与变体不同，把任何程度的语言变异都看作一种语言变体，无论从语言学角度还是从社会学角度来看都是不合适的，变体地位的确立的确需要一个变异度和变异稳定性的衡量。第四、变异度和变异稳定性的衡量需要从语言的多个层面进行，目前我们还只是从定性的角度结合个案去研究，定量的实证研究明显不足。

我们借鉴所谓的"制度化"概念特征，并加以具体化，认为判断语言在一个国家的变异能否形成一种国别变体主要有五个参考因素：1. 该语言在这个国家的普及程度，即语言使用群体（无论出于什么目的去使用它）占该国总人口的比例；2. 该语言在这个国家的应用范围（如政治、科技、教育和文学等）；3. 该语言在这个国家使用时语言内容的本土化；4. 该语言在这个国家使用时语言形式特征的体系性；5. 在与其他变体共享一套基础语法体系的前提下，该语言在该国使用群体中的可理解性。如果一种语言在一个国家普及程度高、应用范围广、本土化明显、语言体系特征强，同一个社会文化环境内能够被使用者相互理解，这个语言在这个国家的变异就可以是一个国别变体。

但是，如上所述，制度化和非制度化之间是一个过渡体，这些带有"程度性"的标准需要进一步的量化支撑。量化研究的途径之一是大型的英语变体语料库与国际英语参照语料库的对比研究。

2.2.4　英语全球化与中国英语

在经济全球化的大背景下，中国社会文化和汉语语言文化正在对英语产生巨大冲击。中国以其庞大的英语使用群体、积极的国际文化交流和巨大的国际经济贡献正促使英语经历着一场悄然的却不可忽视的变革。这个变革我们可以视为英语的中国化过程，这是无可争论的事实。然而对于中国英语的国别变体地位，学者们仍各持己见。

2.2.5　中国英语研究回顾

在国内语言学研究领域，对于"中国英语"地位的争论开始于二十世纪八十年代，到现在可大概分为三个阶段。

第一阶段（二十世纪八十年代）是英语在中国的运用实际开始引起一定关注的阶段。

最早提出"中国英语"的人是葛传椝先生。早在 1980 年，他就在《漫谈由汉译英问题》一文中提到，"各国有各国的情况，就我国而言，不论是旧中国还是新中国，讲或写英语时都有些我国所特有的东西需要表达"，如 eight-legged essay（八股文）和 four modernizations（四个现代化）等。他的结论是："所有这些英译文都不是 Chinese English 或 Chinglish，而是 China English"（p. 2）。

这一观点提出之后继之而来的讨论较少。1989 年，孙骊发表了题为《英语国别变体的研究和英语在中国》的文章，也提出中国外语界应该关心"英语在中国的使用"和"中国人的英语"，但用语比较慎重。他还指出，"英语在我国只是用于国际交流，客观上不具备使其成为制度化变体的政治和社会条件"（p. 21）。

第二阶段（1991—2003 年）是关于"中国英语"的概念定位和国别变体地位辩论最激烈的阶段。国内学者接连发表文章，对"中国英语"展开讨论，"中国英语"地位的基本确立。

汪榕培（1991）认为不论英语的功能如何，"只要它在该国长期地广泛使用，并且具有一定的当地特点，都可以视作英语的一种国别变体"（p. 2）。他把"中国英语"界定为"中国人在中国本土使用的、以标准英语为核心、具有中国特色的英语"，从语音、词汇、拼写、语法等方面讨论了中国英语存在的社会文化基础，并指出"中国英语是客观存在"，是不可避免的语言文化现象。

1993 年，李文中发表了《中国英语和中国式英语》一文，对汪榕培提出的"中国英语"的界定提出了不同意见，认为标准英语不存在，建议将"中国英语"定义为："以规范英语为核心，表达中国社会文化诸领域特有事物，不受母语干扰，通过音译，译借及语义再生诸手段进入英语交际，具有中国特点的词汇、句式和语篇"（p. 18）。

何自然（1994）认为李文中的观点"有一些值得商榷的地方"，但其提出的研究中国英语"无论对语言学还是对社会现实都具有重要的意义"的观点是正确的。1995 年，张培成发表了"使用目的与国别变体"一文，认为"中国英语"和"中国式英语"是"一个事物的两种表现形式"，是从中国人看自己的英语和英美人看中国的英语两个角度得出的不同结果。"中国英语尚不是国别变体，已是很明显的事实"，它只是英语的使用型变体（performance variety），笼统地称"中国英语是客观存在"是不严谨的。

谢之君（1995）也对李文中的"中国英语和中国式英语"一文发表看法，认为"把中国英语和英国英语、美国英语视为同等国别变体，这种定位是不够准确的"（p. 10）。中国英语是中国人在跨文化交际中的干扰性变体，人为地让它"与美国英语和英国英语相提并论是不客观的，也是不现实的"（p. 10）。中国人在学习和使用英语时，"应该尽量避免中国英语的使用"。

对于中国英语中汉语的干扰，杜争鸣（1998）提出："从社会语言学的角度来看，中国英语中所谓的汉语干扰反映了中国人的语言习惯和思维习惯，是中国特有文化的一部分，与中国英语能够被接受或认可没有直接的关系"（p. 12）。对中国英语的价值判断标准只能看它的交际效率，能多大程度上承载社会文化负荷。语言是文化的一部分，是文化的载体，可以与英美文化脱离开来，"它只能是而且必须是中国文化的一部分和整个世界文化的一部分"（杜争鸣 & 伍士年，1998，p. 15）。

2001 年，杜瑞清和姜亚军在《近二十年"中国英语"研究述评》一文中，对中国英语在音位、词汇和语篇层面的特征进行了探讨。邱立中和宁全新（2002）继之发表了《"中国英语"质疑——与杜瑞清、姜亚军先生商榷》一文，认为"目前提倡'中国英语'既不实际也无必要"（p. 23）。提出"中国英语"一说，会影响我国外语教学，有："1）对外语教学现状的改善不利；2）进一步刺激中介语的流行与石化；3）影响我国对外政治、经济、文化的交流"（p. 23）。要保持语言作为交流工具的基本功能，"我们有责任保持它的可理解性、统一性和纯洁性"（p. 27）。对于这样的观点，姜亚军和杜瑞清（2003）从值得商榷的语篇、音位和词汇三个方面谈起，以《回应》一文深入地论述了"'中国英语'是不是客观存在"的问题，得出的结论是"国际化和全球化更强调'统一性'，单个民族又要弘扬自己的文化、保持自己的认同感，以保持世界的多样性。这就是所谓的'和而不同'"（p. 34）。

2003 年，Kingsley Bolton 出版了《中国英语的社会语言史》一书，考察了英语在中国的历史和中国英语的地位变化，并描述和分析了香港和中国英语，是系统研究中国英语的专著，具有重要价值（俞希，2004）。同时，国内对"中国英语"的争论也趋于平静，继之而来的多是以中国英语的客观存在为前提的相关研究。

第三阶段（2004 年— ）是中国英语的国别变体地位基本确立的阶段，国内鲜少有人去讨论所谓的使用型变体和制度化变体与国别变体的关系，研究者的视线转向世界英语环境下的中国英语特征描述、中国英语语料库的建设、中国英语对汉英翻译策略的影响、中国英语客观存在的现实对英语教材和教学的要求等，如：中国典籍英译问题（赵彦春 & 吕丽荣，2016），新文科背景下中国英语专业建设如何突出中国特色（石琳霏 & 姜亚军，2020），中国英语语料库的建库与应用（孙海燕 & 吕静，2010），中国英语新词语料库构建技术（刘永芳等，2020），构建英语本土化特征的描述框架（俞希 & 文秋芳，2011），《中国英语对比语料库》的设计、建立和初探（方称宇等，2012）等，对中国英语的研究逐渐进入基于语料库的量化和实证分析阶段。越来越多的中国英语使用者，越来越多的中国英语资源证明中国英语的确立（Xu *et al.*，2017）。

国内学者对中国英语的研究就基本观点可以分为三类：一、承认中国英语的客观存在及其国别变体地位，理由是不管中国人出于什么目的使用英语，事实是，中国英语在与其他英语变体之间存在共通性的同时，又在语言的各个层面具备了自己独有的特征；二、承认中国英语的存在但否认中国英语作为英语国别变体的地位，理由是中国的英语主要用于国际交流，受本族语者理解力的影响，其使用目的限制了中国英语的变异量，目前它只能属于使用型变体，而不是制度化变体，因而不能成为国别变体；三、否认中国英语的合法性，认为应该坚持统一的英语标准，理由是倡导英语的多元标准有碍成功的语言教学和国际交流。

我们认为，中国英语是中国人使用的、以世界英语核心语法为基础、具有中国特色的英语，它不仅客观存在，而且是英语的国别变体。使用英语的目的（国际交流或者国内交流）不是判断国别变体的标准。使用型和制度化变体只能用于判断一个渐进连续体两端的英语使用状态，不能作为判断一个语言国家变体地位的绝对标准，也不能成为否定已初具体系特征的中国英语的理由。一种语言变体的存在与否不应该以我们是否提倡它而确定，也不会因我们是否提倡它而改变。

在对中国英语的讨论中，承认中国英语客观存在的学者大多提到了中国英语存在的社会基础，并且就语言的各个层面对中国英语进行了特征描述。

2.2.6　中国英语的社会基础

国内学者对中国英语存在的社会基础的讨论并不深入，我们将从英语在中国的普及程度、应用范围、本土内容、体系特征和可理解性来说明中国英语存在的社会基础。

英语学习的潮流使中国英语学习者人数激增，其总人数难以确定，但仅校园里的学习者就约 3 亿。除了校园学习者，社会上英语使用者的群体同样不容小觑。随着中国综合国力的提高，中国的对外政治、经济和文化等交流越来越活跃，与各语种国家的交流都会带来国内的语言人才需求，从而带来语言人才市场的格局变化。英语也不例外。中国与英语母语国家交流时需要英语人才，与把英语作为二语或官方语言的国家交流时需要英语人才，甚至，由于英语世界语言的地位，中国与非英语母语、非英语二语和非英语官方语的国家交流时也需要英语人才。这个市场规模庞大，市场需求的规模化带来人才供应的规模化，中国的英语使用者群体就是在这样的背景下产生的。中国幅员广阔，文化悠久，在对外交流活跃、市场需求明显的背景下，英语使用者的规模毋庸置疑。事实上，中国的英语使用者人数之多也使中国英语的使用对象悄然变化。由于彼此理解，中国人不仅用英语对外交流，还用英语相互交流：校园的英语学习者和教学者在用双语交流，公司和企业的职员在用双语沟通，作词家在用双语创作，网民们在用双语聊天。2005 年英国财政大臣戈登·布朗曾预测，"在 20 年的时间里中国说英语的人将超过世界以英语为第一语言的人数"[1]。而全球市场研究公司尼尔森公司副主席白素珊在 2008 年底也曾预测，至 2015 年，中国将进一步国际化，成为世界上说英语人数最多的国家[2]。

在拥有庞大使用群体的同时，英语在中国的使用领域已经非常广泛。

---

[1]　引自：http://info.edu.hc360.com/2005/02/23092967012.shtml

[2]　引自：http://news.xinhuanet.com/world/2007-05/11/content_6083381_2.htm

大到广播台（如中国国际广播电台）、电视台（如中国中央电视台英文国际频道）、网站（如政府、学校、企业等门户网站）、学位论文（如本科、硕士、博士毕业论文等）、学术期刊（如《中国工程科学》、《中国林学》、《中国化学工程学报》等）、报纸（如《中国日报》、《北京周报》、《上海英文星报》等）、杂志（如《中国妇女》、《今日中国》、《中国国家地理》等）、书籍（如《中华上下五千年》和《中国文化读本》等）、法律翻译（如《中华人民共和国法律（英文版）》和《中国民法（英文版）》等）、典籍翻译（如《毛泽东选集》英文版和四大名著英文版等）和文学创作（如《孔子的智慧》和《在红旗下》等），小到英文的景区介绍、歌曲、广告、商标、警示标志、公交报站等，中国人对英语的使用已经渗透到各个领域。

中国英语中的本土内容也随处可见。以《上海英文星报》为例，它用英文向读者报道中外最新要闻，尤其是上海、华东地区及长江沿岸开放城市的经济动态、投资环境和对外开放情况。有时事焦点、新闻简讯、时尚文化、人物专访、旅游采风、医疗健康、饭店餐饮、娱乐指南、演出预告、体育特写等版面，旨在让读者了解上海、了解中国。杂志《中国妇女》主要报道中国女性的历史与现状、进步与发展、各族妇女丰富多彩的生活以及女性关注的各种问题，提供中国妇女在政治、经济、文化、社会生活各方面的信息，展现中国女性的观念和生存状态。中国中央电视台的英文频道有综合新闻、今日中国、财经中国、中国文明和中国各地等栏目，主要介绍中国的历史、地理、文化、自然风光等和报道发生在中国和世界各地的新闻时事和重大事件等，各类访谈、专题、文化和文艺类节目透析中国政治、经济、历史、文化、民俗等各个社会层面，反映中国观点。典籍翻译和文学创作更是说中国十三亿的人、讲中华五千年的事。

随着英语在中国的普及，中国英语的体系特征逐渐呈现。除了内容上的本土化，中国英语的体系特征还主要表现在语音、词汇、句式、语篇、语用等语言层面。很多学者对中国英语在语言层面的特征进行了较为系统的研究，但从整体来看，这些研究还不够深入，同时缺乏量化支撑。我们将在本报告 2.3 中对中国英语语言特征研究的主要观点进行总结和讨论。随着时间的推移，中国英语的语言特征将会更加显性化和系统化。

中国人学习和使用英语的过程中受到母语语言和社会文化的影响，其语言表现出多方面的变异特征。"异"从比较而得来，这些变异是我们从对两种语言的比较中看到的，但对于任何一种变异体的内部，一切都是自然。中国英语的存在与否不是以英语母语者对其理解性而判断的。从社会语言学的角度，我们只有抹去了所谓的"标准"杠杆，才能真正客观地看待语言现象。我们承认，中国英语的变异方向和程度受到英语母语者对其理解力的影响。对于这种影响，我们认为：第一，英语母语者的语言状态并不统一，在实际交流中对中国英语提出了不同的语言要求，使中国英语可能朝各个变异方向发展；第二，在英语母语使用者中，美国英语和英国英语对中国英语的影响最大是客观事实；第三，由于交流的双向性，理解和被理解的是双方，而不是中国人单方。为了理解和被理解，双方都会尽力考虑对方的语言背景，以达到交流的成功；第四，交流的需要使我们不得不考虑中国英语对交流对象的可理解性，这一客观因素在中国英语的形成过程中起到了积极的作用，它使中国英语不脱离世界英语大家族；第五，客观限制因素不等同于判断标准。一个不与现代人交流的部落也会有其语言，我们不理解就认为它不存在吗？只要它在那里，就是客观存在。中国英语的存在是因为它的使用者之间能够相互理解这一客观事实，而不是因为外部因素。

中国英语在中国的普及程度高、应用范围广、本土内容日渐丰富、体系特征趋于明显，又具有使用者之间的可理解性。所谓"一而不一，不一而一"（李文中，2005），同于世界英语的其他变体，又异于世界英语的其他变体，这就是承认中国英语存在的理由。

2.2.7　中国英语的语言特征

综上所述，中国英语出现的原因主要有三个：一是英语在中国的普及学习和使用，二是中国文化和汉语习惯对英语的影响，三是英语对中国社会特有文化表达能力的不足。英语在中国的普及形成了其使用者数量上的规模化，中国文化和汉语习惯的影响导致了英语在语音、句式、语篇和语用上的汉化特征，英语对中国社会特有文化表达能力的不足使汉语概念向英语语言长驱直入，主要表现为词汇层面大量汉语借词的出现。

我们就语音、词汇、句式、语篇和语用等五个层面来总结研究者对中国英语的语言特征描述。

1. 语音层面

研究者多从音段和超音段两个层面讨论中国英语在音位层面的特征。就音段音位层面而言，一些研究者提到汉语发音中/θ/和/ð/音及长短元音区分的缺失使中国人不能区分/θ/和/s/、/ð/和/z/以及长短元音，辅音连缀的缺失导致中国人容易在辅音串中间插入元音（贾冠杰 & 向明友，1997）。但这些特征多为学习者的阶段性特征，并不稳定，也不具有可下定义的普遍性，多不能作为中国英语的整体语音特征。

"音段音位层面的迁移（transfer）是受本身制约的（self-limiting），而超音段音位层面的迁移则具有积聚性（cumulative），因此更为严重"（Leather，1983：204；转引自杜瑞清 & 姜亚军，2001）。研究者提到的中国英语的超音段音位层面的语音特征有重读介词和修饰语，缺少同化和连读（杜瑞清 & 姜亚军，2001），语调平缓、含义不丰富，重音、弱读和边读不明显（王东波，2004）等。基于中国英语语音数据库（陈桦等，2010），研究发现在中国英语陈述句在调型方面基本符合语境意义，但在非句末列举项的边界调上不升反降；在调群切分上割裂了中心词和限制性定语从句（陈桦 & 毕冉，2015）。

目前，研究者对中国英语语音层面特征的研究逐渐深入，但不够系统，多数研究者认同的一点是中国英语语音层面的特点主要体现在超音段音位层面。随着中国英语的表达力和传播面不断扩展，中国英语语音研究开始弱化标准英语语音视角，人们不再将异于标准英语语音的中国英语语音一味地归为偏误，更加着重于中国英语语音本身的特点，使得中国英语的发展空间更加丰盈。

2. 词汇层面

文化碰撞带来文化的渗透，文化渗透导致语言的渗透。语言渗透的直接表现之一是词汇的互借。大量汉语借词的存在是中国英语在词汇层面的突出特征之一。

李文中（1993）曾列出过 Garland Cannon 根据语义划分的英语中的 19 类汉语借词，借词方式主要有音译（如 ginseng 和 T'ai Chi）、借词+英语词（如 Canton Ginger 和 tea spoon）和译借（如 lose face 和 paper tiger）三种。官群和孟万金（2000）将英语中的汉语借词总结为音译（包括历史文化类如 xiucai、yamen 和 dazibao 等；文体娱乐类如 erhu、yangko 和 wushu 等；衣食住行类如 jiaozi、cheongsam 和 moutai 等；风土人情类如 kou tow、feng-shui 和 Chingming 等；度量单位类如 yuan、jiao 和 fen 等；以及其他类如 yen 等）、译借（包括时代特色类如 laid-off workers、two civilizations 和 One China policy 等；历史文化特色类如 Confucianism、Little Red Book 和 Chinese herbal medicine 等；以及其他中国英语短语如 running dog 和 political duty 等）和语义再生（如短语类 barefoot doctor 和 hundred flowers 等；成语句子类如 people mountains and people seas 和 One arrow, two hawks 等；以及复合词类如 teaspoon 和 tea cup 等）三种。姜亚军和杜瑞清（2003）则认为中国英语的词汇主要有两种体现：一种是中国特有的一些名词，如 the Three Represents 和 well-being society；另一种是在中国英语中具有特殊意义的英语词，如 carder（干部）、unit（单位）、normal university（师范大学）和 dragon（龙），等等。

中国英语在词汇层面的表现是灵活的、不可预测的。随着新事物的涌现，出现了 taikonaut（中国航天员）这样的词。它由汉语拼音 taikong（太空）和英语单词中 astronaut（宇航员）中最后一个音节-naut 混成一个新的单词，在 2003 年 "神舟五号" 上天后，被收录到《牛津简明英语辞典》（第 11 版）中。

网络平台上，词汇更加丰富、多样，其中很多被译为英语，成为中国英语词汇的重要来源之一。近年来，不断有汉语借词出现在国内外主流媒体中，如 Dama（大妈）、Tuhao（土豪）。2013 年，Chinese Dama（中国大妈）一词登上美国《华尔街日报》，被誉为 "影响全球黄金市场的一支生力军"。自此，Chinese Dama 及与之相关的 square dancing（广场舞）等词频繁出现在中国主流英语媒体中。"土豪" 是 2013 年十大网络用语之一，指 "富有钱财而缺少文化的正确价值观的人"（李行健，2014）。英国广播公司的一期节目中，解释了 Tuhao 的来源、意义及流行的原因。《美国俚语词典》（the Online Urban Dictionary）①收录的中国英语词汇 gelivable（给力）等都显示着中国英语词汇的个性。随着这些词汇频繁被提及和使用，有中国特色的中国故事和现象通过中国英语传递给了世界。

2018 年 2 月 17 日，《中国话语海外认知度调研报告》以汉语源词的英语音译词为主要内容，调查了它们在美国、英国、澳大利亚、菲律宾、南非、加拿大、新加坡和印度 8 个英语圈国家的民众中的认知度和知晓度，并统计了它们在英语国家主流媒体网络平台的报道情况（田源，2019）。结果显示，认知度前 100 位的音译词可分为 11 类，有：经济科技类，如：Xiaokang（小康）、Gaotie（高铁）、Daigou（代购）、Wangguo（网购）等；核心政治话语类，如：Shisanwu（十三五）、Hexie（和谐）、Heping（和平）、Sichouzhilu（丝绸之路）等；中华文化类，如：Feng（凤）、Huaxia（华夏）、Long（龙）、Zhonghua（中华）等；中国宗教哲学类，如：Dao（道）、Bagua（八卦）、Kongzi（孔子）、Laozi（老子）等；自然文化景观类，如：Bingmayong（兵马俑）、Changjiang（长江）、Changcheng（长城）、Gugong（故宫）等；政治机构与政治关系类，如：Dang（党）、Fanfu（反腐）、Fantan（反贪）、Gongchandang（共产党）等；节日民俗类，如：Chunjie（春节）、Chongyang（重阳）、Chunlian（春联）、Denglong（灯笼）等；中华美食类，如：Jianbing（煎饼）、Mantou（馒头）、Doufu（豆腐）、Gongbaojiding（宫保鸡丁）等；武术功夫类，如：Gongfu（功夫）、Qigong（气功）、Shifu（师父）、Shaolin（少林）等；汉语常用语类，如：Duibuqi（对不起）、Pinyin（拼音）、Putonghua（普通话）、Dia（嗲）等；社会关系类，如：Ganbei（干杯）、Laowai（老外）、Maidan（买单）、Guanxi（关系）等。

还有更多的学者对中国英语的词汇层面特征进行过相关的论述，这些论述有利于我们更深入地了解中国英语，了解中国英语与其他英语变体在

---

① 引自：Chinglish Goes Viral.（2014.5.27）.CRIENGLISH.com，转引自：China Daily.（2014.5.29）.Retrieved from：http：//www.chinadaily.com.cn/culture/2014 – 05/29/content_17549991.htm.

词汇层面的区别性。这些特色词汇表达中国特有事物和现象，在中国英语诸多层面的语言特征中是较能体现中国文化的语言特征之一。

3. 句式层面

关于中国英语句式层面语言特征的研究很有限。研究者提到的中国英语句式层面的语言特征有：因汉语宣传语中多用简明扼要的缩略语而导致的中国英语"独具特色的短句式"，如：one country, two systems（一国两制）和 safety first and prevention first（安全第一、预防第一）（李文中，1993）；倾向于将修饰成分前置（贾冠杰 & 向明友，1997）；主动句使用较多、而被动句使用相对较少，动态句使用较多、而静态句使用相对较少，动词比名词活跃导致介词使用相对较少（王东波，2004）；状语置动词前、状语从句置主语从句前的语序相对较多、句子短小、结构简单（张伟 & 付大安，2005）；重意义组合而轻形式结构（马文丽，2009）等。

No zuo no die（不作死就不会死，可略为：不作不死）是 2013 年微博十大流行语之一。2014 年网络流行语排行中，处于第 14 位的 no zuo no die 在中文报刊标题中出现了 99 次，微博中被提及 16,792,928 次（陈晓冉等，2015）。此后，在 2019 年 8 月 12 日的新闻联播播报中，主持人使用 No zuo no die 来形容"没事找事，结果倒霉"，表达了一种贬斥的态度。2013 年，它被收入《美国俚语词典》。被收录或提及的其他类似中国英语用法还有：You can you up（如果你行你就去做啊，可略为：你行你上啊）、Long time no see（好久不见）、No can no BB（如果你做不到那就别乱喷，可略为：不行别乱喷）等。

可见，中国英语在句式层面的语言特征与汉语语言习惯有着直接的关系。

4. 语篇层面

中国英语在语篇层面的语言特征是最能反映中国人思维方式的语言特征。

姜亚军和杜瑞清曾经用澳大利亚学者 Andy Kirkpatrick 给的例子讨论了一个中国学生所写的书信结构上的特点：facework + Reason for request + Request（s）+ Sign off，有别于英文书信的一般结构 Request（s）+ Reason for request + facework + Sign off。他们认同语言学习者"在语用和语篇层面上具有的系统的、对英美模式的偏离（deviation），完全没理由看成是错误"（Li，1998；引自姜亚军 & 杜瑞清，2003），认为由于文化和历史的差异，各民族"在语篇组织上很自然具有各自的心理图式"，并在外语使用的过程中将自己的心理图式向外语迁移。

王东波（2004）认为中国的社会历史文化使中国人"含蓄委婉"，因此中国学生缺乏一般特殊型语篇思维，而擅长隐伏型语篇思维。马文丽（2009）也提出，汉语写作中陈述描写崇尚华丽、论述说明直截了当的特点会影响中国人在英语写作中的语言风格。

中国英语语篇中的汉语思维体现比比皆是，但相比较而言没有词汇等特征外显，所以缺少挖掘。

5. 语用层面

从理论上讲，寒暄语如"*Are you eating?*"（明知对方在吃东西）和谦虚语如"*Just so so*"之类可以是中国英语的构成部分。只要不违反英语的基础规范，又正确表达了中国社会文化，就可以进入中国英语的范畴。中国人使用 *Have you eaten up?* 与不同文化背景的人交流而导致的交际问题是由两种文化的差异引起的，而不是语言本身。当然，跨文化交际的成功要求双方相互理解和包容，这样的简单交际习惯我们在与异文化英语使用者交流的时候可以因交际中的"求同"策略而避免使用。我们与英美人寒暄会用"*How are you*"，但这是交际中的策略，而不是绝对要求，就好像英美人与我们寒暄时不一定非要用我们习惯的"明知故问"一样。他们很自然地按照自己的习惯（如 *A nice day, isn't it?*）与我们交流，不怕我们误解他们真的很关心和需要确认天气状况。我们真的没有误解！而当我们按照自己的习惯如用"*Are you reading?*"来和他们交流时，我们却在担心他们会误解我们真的不明白和需要确认他们在做什么，而事实上他们的确会误解。原因在哪里？我们继续因为担心被误解而避免使用自己习惯的交流方式，结果是他们继续不了解我们，继续习惯我们被他们同化。

和词汇层面特征相比，中国英语在语用层面的语言特征应该更能体现中国的文化。但是，目前我国英语教学多将"了解对方"理解为"以对方为标准"，使中国英语在语用层面的特征并不明显。研究者所提到的中国英语语用特征多是根据汉语推测出的语言使用特征，如"吃了吗?"、"上班去?"和"多吃点!"等，其实这些特征在实际中国英语语料中很少出现。

以上是研究者对中国英语语言层面特征的讨论，这些讨论有助于我们更深刻地理解中国英语的内涵。但是，很多讨论似乎都认同一点：只有那些不同于其他英语变体的使用内容和特征才是中国英语的组成部分。但是，区别不等于构成。从广义上来说，所有被中国人使用的英语都是中国英语的构成部分，中国英语各个层面的语言特征形成了它和其他英语变体的区别，而不是其全部内容。

另外，研究者对中国英语语言特征的分析涉及各个层面，但只有词汇层面的特征描述最为详尽，语音、句式、语篇和语用等层面上的特征研究还显欠缺，尤其缺少基于实际中国英语语料的研究。

2.3　中国英语研究与语料库方法

随着中国英语地位的确立，对中国英语的定性研究伴随着质疑告一段落，继之而来的是对中国英语的量化实证和个案研究。这些研究离不开中国英语语料库的开发。

语料库是"按照一定的采样标准采集而来的、能够代表一种语言或某语言的一种变体或文类的电子文本集"。它以"大量精心采集而来的真实文本（authentic text）为研究素材，主要通过概率统计的方法得出结论"。语料库索引软件如 AntConc 和 PowerGREP 等允许我们对不同格式的文本进行编辑、检索和分析。在研究方法上，根据研究者对语料库依赖程度的不同，大致可以分为语料库指导的方法（corpus-informed approach）、基于语料库的方法（corpus-based approach）和语料库驱动的方法（corpus-driven approach）（梁茂成等，2010）。

基于国家社科基金项目"基于语料库的英语本土化研究及应用"所创建的"中国英语语料库"收录了不同领域和文类的中国英语语言材料，由政府文件、学位论文、学术期刊、杂志、报纸、文学著作、网络语言、特色文化等若干个子库构成。以学术期刊子库为例，就收集了数学、物理、化学、生物、计科、航空、地理、农林、社会、政治、经济、教育等诸多领域由中国人撰写的英语学术论文。项目团队同时开发了配套的索引软件，以服务使用者的语料检索需求。中国英语语料库的构建及索引软件的开发将为系统研究中国英语变体的构成提供语料来源和技术保证。

2.4　中国英语研究与中国英语教学

语言学界对中国英语的研究引起了教学界对中国英语教学的思考，英语教学中的语言标准、文化定位和对待语言偏差的态度等问题都凸显出来，不同观点使语言教学者无所适从。下面就以上问题结合已有的研究展开讨论。

2.4.1　英语教学中的语言标准

既然各种英语变体是生态世界的客观存在，没有优劣之分，那么，英语学习还有标准吗？我们认为，"标准英语"的概念是语言领域的"帝国主义"，英国英语和美国英语同其他形式的英语诸如澳大利亚英语和印度英语一样，都是英语的地域变体，其地位是平等的，不存在优劣之别，只存在地域分布和实现形式的差别。

也有人认为英语学习应该以英国人的英语或者美国人的英语为标准，但是英国英语是在方言的基础上发展起来的，现在仍存在不同的地域方言。英语的流行追溯于殖民主义时代的语言扩张，英国的英语在当时无疑是学习过程中的标准语。美国英语最初的独立是三个原因造成的：一是美国说英语人数的绝对优势，二是美国英语与英国英语的客观差异，三是美国在从殖民地国家变成独立国家的过程中民族独立意识的推动。它的地位是英语的一种国别变体，而不是标准。美国英语之所以成为所谓的"标准"，是美国举足轻重的国际地位决定的。换言之，英美国家在国际政治、经济、科技和文化等领域巨大的影响力使其语言成为英语学习者的"目标"。这与语言本身的"标准"是不同的概念。语言变体因其使用主体国际影响力的不同而表现出程度不等的教育吸引力，这不是定位语言标准的杠杆。

但是，语言的规则性是客观存在的。作为教育目标，我们需要一个语言使用的"规范"，这个规范不会让学习者无所适从。规范是存在于各个语言变体之中的抽象体系，只能由某个具体的语言使用来"示范"。英语教育中"示范语"的选择是具有主观性和偶然性的。英美英语因为其国家政治、经济、科技等种种原因成为英语各种变体中最具吸引力的两个分支，它们被教育者拿来作为英语教学中的示范语是偶然中的必然。

如果一个英语学习者有自己特殊的学习目的，如与印度人交流或进行经济往来，那么他一定会选择印度英语作为语言示范和学习目标。搞清楚"标准英语"和"示范英语"的概念区分有助于教育者更好地把握教学要求。示范语是教学需要，而不是语言的绝对标准。因此，我们在教学过程中应该充分意识到中国英语的客观存在，虽然它初成体系，尚不完全成熟和稳定。

2.4.2　英语教学中的文化定位

中国的英语教学需要母语文化教学，但是中国英语教学中的文化教学不应该是纯粹的母语文化教学，不应该以母语文化为绝对标准和导向，而应该提高本土文化教学的比重。

语言是文化的载体，英语可以承载西方文化，也可以承载东方文化。我们在英语教学中重视母语文化教学，是为了在跨文化交际的过程中充分了解和尊重对方文化。但是这不仅是对我们的要求，跨文化交际的双方是平等的，成功的跨文化交际要求双方都充分意识到文化的差异性，从对方的文化和思维角度去动态地调整交流内容和方式。何况我们在"让世界了解中国"的过程中也需要向对方介绍中国的特色文化，如中国的传统精神文化和历史旅游文化等，而不是"圣诞节文化"。更何况，我们并不是仅用英语与英美人交流，也用它与非英语母语者交流。在非母语者之间的交流中，双方借助的是第三方语言，交流的是双方的文化，但不是与该语言绑定的文化。

英语教学中对母语文化过分强调的结果是我们对本土文化了解不够和用英语表达本土文化时力不从心，这将形成很多研究者提到的"本土文化失语症"。的确，跨文化交际中我们需要"知彼"，但也需警惕过犹不及。我们在跨文化交际中不仅需要"知彼"，还需要"知己"。我们需要尊重和在教学中切实体现文化的平等性，不能因为对英语母语文化的强调而忽视本土文化。

因此，中国的英语教学需要增加本土文化的内容如历史文化和特色文化，平衡两种文化的比重，改变中国英语学习者在跨文化交际中对中国文化表达能力不足和围绕着对方文化打转转的现状，使学习者即可以用英语表达英美文化，也可以用英语表达中国文化、甚至世界文化，弘扬民族文化，增强自尊和自信。

2.4.3 英语学习者的"中介语"

"中介语"是由学习者在二语或外语学习的过程中构建起来的语言。通常认为，如果说母语是一个二语或外语学习者关于语言的基础知识和学习起点，中介语就是介于母语和目标语之间的语言状态。中介语的概念本身直接与母语习惯相联系。

我们提出了"中国英语"的概念，承认它作为国别变体的地位，并且主张各英语变体的平等性，否认"标准英语"的存在，是不是等于承认了各种程度"中介语"的合法性，甚至任其发展呢?

如上所述，我们否认"标准英语"的存在，但承认语言的规则性。作为教育目标，我们需要一个语言使用的"规范"，这个规范只能由某个具体的语言变体来"示范"。这个示范语就是我们英语教学中为之努力的目标状态。我们的任务就是在教学中推动和促使学习者不断地向语言学习的目标状态发展。但是，"示范语"只是为学习者提供了努力目标和假想最终状态。总体来说，二语和外语学习者达不到母语者的语言水平，"他们的'最终状态'（final state）语法不会跟目的语语法完全一样"（Ellis，

1997；引自姜亚军 & 杜瑞清，2003）。学习者"一旦感到自己的英语可以使用就会放弃为这一目标而努力"（杜争鸣，1998，p. 13）。当他们的语言使用状态趋于稳定，这些个体语言状态就构成了中国英语的整体，中国英语就存在于这些语言个体之中，中国英语的整体特征就是从这些个体中抽象出来的普遍性特征。

从这个意义上来说，中国英语就是被中国人使用的汉英"中介语"，只是这种"中介语"要具有稳定性和普遍性，并不是任何状态的中介语都是中国英语的细胞，也不是每个个体的"中介语"都代表中国英语。

从英语教学实践的角度来看，我们对待学习者语言的态度要有所调整：一方面，我们在教学实践中的确需要一个操作层面的假想目标，尽管我们很清楚学习者不会完全达到这种状态，也不能放弃对它的要求。当学习者朝着"目标状态"不懈努力的结果仍然不是"示范语"所示范的状态时，我们知道，他根本不需要跟那个"状态"完全一致，他的语言可以满足交流需要就可以了。另一方面，作为教师，我们应该充分意识到中国英语客观存在的现实，对于学习者在学习过程中出现的不违反英语基础规范的语言使用（尤其是语用方面）要给予一定的容忍。

2.4.4　结语

语言的任意性说明语言并不是恪守规约、墨守成规的，任何有生命力的语言也都不可能是一成不变的，我们应该敢于接受语言在提高自身适应性和生命力的过程中产生的变化。但语言的规约性决定了它的变化不是瞬间发生的。中国英语客观存在，而且随着英语在中国的进一步推广和普及，其语言特征也会更加显性化。

对于中国英语的研究从定性研究到定性研究结合个案研究，再到基于大量数据的定量研究阶段，我们已经承认中国英语是客观存在，但是如果要系统地了解其语言特征，需要更有说服力的定量研究和支撑，这要有待于中国英语语料库的进一步开发和系统研究。中国英语语料库的建立，必将使中国英语研究将会走向深入。有了实证研究的支持，中国英语作为英语国别变体这一地位也会得到进一步的确立和巩固。

2.5 中国英语理论研究成果综述

汉语和英语属于不同语系，各有其起源、发展、融合及应用的基本路线和走向；汉语文化与英语文化也分属于两种不同的文化体系，各自形成了自己独有的哲学、思想、价值观念及社会文化的基本特征。可以说，汉英分别代表了东西方两大文化形态。

（1）两种语言与其所代表的文化在当今世界已经成为并存的强势语言；汉语使用人口最多，英语使用范围最广。Bolton（2006）认为汉英已形成强大的"界面"（interface）：两种异质语言、文化、政治、经济、教育及社会生活全面接触和碰撞。所以，这里所说的界面，既包含语言和文本层面的交互，更有深层的文化和意识形态的接触。

（2）两种语言及文化相互影响，相互渗透，既呈现出求同融通的趋同倾向，又存在着矛盾冲突、相互排斥的分化特征。受国家经济和社会发展硬实力的驱动和催化，语言文化逐步形成软实力，在国际交流和利益交互中发挥重大影响。随着中国经济和文化在国际上的强势发展，汉英界面的发展此消彼长，充满变数。两种语言的交互和相互影响将更加广泛和深入，界面效应也将对国际语言和文化产生深远的影响。

（3）语言及文化的影响是一种主动的结果，无论是母体语言文化的自扩张，还是目的语语言文化的主动"借入"，概莫能外。因此，如何基于汉语母体语言文化，融合外来语言文化，同时在国际范围内传播和推广汉语语言文化，是新世纪国家教育战略与语言资源管理必须有所作为的重要问题。同时，开展英语本土化研究，深入分析其在语言、人文、社会政治文化乃至法律经济诸领域的效应，既有重大的理论意义和现实意义，也有极强的社会价值和应用价值。

2.5.1 英语全球化及中国的本土化理论研究

中国英语在二十世纪八九十年代逐渐被大家所接受。有人主张把规范的中国英语与中国式英语区分开来，并把中国英语界定为表达中国事物，受汉语语言文化影响，以规范的国际英语为核心的英语变体（李文中，1993）。所以，中国英语应在世界英语中占一席之地，具有国别变体的地位。人们开始意识中国英语在中国文化全球传播中发挥重要的作用。只有区分中国英语与中国式英语，才能厘清中国英语的概念，为后续中国英语研究奠定基础。虽然二者都是受到汉语语言文化影响而产生的，但是他们之间仍有着明显的不同。它们在接受度上有所差异，中国式英语是有明显错误的、蹩脚的英语使用。但是，在研究方法上，当时的研究仍多为定性研究，使用随机证据，未能对中国英语进行系统的描述。不少学者坚持标准英语观点，对中国英语的观点进行了批评，认为中国英语是一种干扰性变体。到了二十世纪九十年代，更多的学者对中国英语开始采用积极乐观的态度，承认中国英语的客观存在，并正视中国英语使用特点（如杜争鸣，1998；李少华，2006）。

2003 年，香港学者 Kingsley Bolton 出版专著《中国各体英语：一部社会语言学史》，引起了很多学者的关注。该书认为世界各体英语多中心论的确立，将影响人们在英语研究及应用语言学研究上的视野和取向，本族语为标准基础上的传统的甚或经典的学科，如错误分析、中介语分析等都可能需要重新定位。Bolton（2006）将中国英语研究放在英汉界面研究这一框架下，认为英汉两种语言交互的"界面"在"中国及不断扩大的华人社团中继续延伸"（p. 78）。作为对此前学者批评的回应，在对待新出现的英语变体这一问题上，人们似乎一开始总是把某些变体特征与非规范或者错误混在一起，不愿意承认英语本土化的现实。实际上，在世界各种文化并存这一大的社会环境中，英语产生本土化是一种必然，新变体的出现是不可避免的。这是一种客观存在，无论学界是否承认，而充分地描述英语变体的特征则是另一回事（李文中，2006a）。中国英语"表达中国独有事物以及社会价值观念，与中国文化密切相关"，"是一个完整而规范的体系"，"是英语在中国本土化的必然结果"（李文中，2006a，p. 2）。"作为一名外语教师和研究者，只有把自己的学术活动与本国的语言教学和学习现实紧密结合起来，准确定位自己的研究方向和价值，才能在国内外学术交流中做出自己的贡献"（ibid., pp. 2-3）。

英语的全球化表现为英语在全球范围内使用，是来自不同母语背景的人相互交流的需要。中国英语的产生主要受两种相互制衡的力量影响，英语的全球化和本土化。英语的全球化是一种向心的趋同力量，可能导致英语在全世界形成核心性规范，语言与文化间的差异逐渐缩小，并最终消解；英语的本土化是一种离心的变异力量，其极端结果可能是英语在各种文化中发生本土化改变，显出地方特征，从而"演变为特色各异的语言变体，以至变成相互独立的语言"（李文中，2006b，p. 131）。中国英语对中国本土文化的承载和表达作用无可置疑，中国英语更是中国文化在世界范围传播的正面能量。

2.5.2　中国英语的生态学研究[①]

中国英语研究广泛开展，研究视角多样化。从生态语言学角度分析中国英语形成的生态学机制，可以看出英语日渐成为全球通用语，英语在不同国家和地区的使用必然会导致出现不同英语标准，也就是各种国别变体或地区变体的形成（刘国兵，2009）。中国英语的形成就如同生物学中"新物种的出现和发展"，遵循生态学基本规律。首先，语言使用存在相互竞争，其结果是"弱势语言衰落与消亡"，同时也"促进了现存语言生态特性的多样化"（ibid.，p. 8）。强调了语言变体对语言竞争的缓解作用，英语变体的出现使语言间潜在的竞争关系得以缓和，显性与外在的文化冲突得到暂时缓解。在世界语言群落中，共核语言固然流行，而语言变体作为一种新生事物也有其特定的生存和发展空间。

语言与变体之间的关系特征可以看作物种之间的"双向互惠关系"存在差异的表现，是一种"中介链状互惠关系（intermedia chain's relationship）"，"中国英语在汉语和英语两种主流文化的碰撞和接触中产生并且承担着中介文化载体的角色，只是作为中介文化载体时对两种语言承载的文化密度（cultural diversity）不一样。文化密度值（the value of cultural diversity）不是一个常数，而是随着共核英语和中国英语变体的发展而变化

---

① 本节为刘国兵撰写。

的。"（ibid., p. 9）刘国兵还通过生物多样性视角，讨论了中国英语对中国文化的承载，"中国英语变体的出现实现了中国本土文化与英语语言的有效嫁接，发挥了嫁接植物强大的双重物种优势，其存在符合事物的发展规律"，"生物多样性是维持生态平衡的基础，语言多样性是有效储存人类知识的基本手段。如果一味忽视中国英语或者人为地反对其客观存在，就像忽视生态系统中某一生物物种的存在一样，其结果必将给中国英语这一新生事物的发展带来不利影响，甚至导致这一英语变体灭绝，最终破坏世界语言文化的多样性，从而破坏了语言的生态平衡。"（ibid.）

刘国兵还发表了论文《语言变体存在的生态学解读》。在该篇论文中，他发展了自己的学术观点，进一步明确了中国英语在语言生态中的积极作用，"作为英语的一种重要国别变体，中国英语的存在和发展对共核英语的发展起到了积极的促进作用，同时也对保持语言生态系统的多样性，保护世界范围内的语言生态平衡作出了积极的贡献。"他阐述了中国英语作为一种变体在共核英语中的地位和发展，"在语言系统中，与共核语言相比，中国英语变体虽然处于相对从属地位，从生物属性上来讲属于弱势语言，但它在进化过程中，庞大的使用人群赋予了中国英语广阔的生存发展空间。由此我们也相信，随着中国经济的快速发展，中国英语作为世界语言变体中的重要一员，与其他英语国别变体一样，也必将得到快速发展"（刘国兵，2009b，p. 198）。

2.6　语料库语言学理论与方法研究成果综述

语料库语言学作为一门交叉学科，充分融合了语言学、语言哲学、社会学、自然语言处理、语言工程、计算机科学及网络技术等多个学科，是综合人文社会科学及自然科学的新兴交叉学科。语料库语言学把语言看作一种社会现象和人类行为，以意义研究为主要目标，以语言实际运用为基本材料，以文本为依据，以实证研究为主要手段。语料库语言学认为，人类的一切经验和知识都存在于文本；文本是文化和知识传承的主要承载媒介。

在方法学上，语料库语言学通过技术手段，对大规模语料进行处理和检索，基于大量语言运用实例，以概率为基础，采用归纳方法进行分析和研究。近年来，语料库语言学在语言研究、社会学研究以及自然语言处理等多个领域发展迅速，成为一种主流的研究范式。

在技术上，语料库建设技术及文本分析工具愈来愈与网络结合在一起，其构成由单一文本向多媒体多模态发展，成为一种功能强大的资源平台和工具平台。

语料库在中国的发展瓶颈，表现在语料库建设规模小，重复项目多，资源分散，可持续性差；各学科方向条块分割，囿于旧有的学科分立体制，缺乏有效沟通和交流，严重制约了语料库研究向纵深发展以及高层次突破。主要解决途径是，通过同类项目和资源的整合，集中主攻方向，真正解决语言研究和语言工程中的重大难题。

语料库技术开发，包括开放语料库建设平台、大规模网络语料库开发、监控语料库开发、多媒体语料库开发、多模态语料库开发、面向语言教育语料库应用平台、Web 服务语料库软件开发等。

2.6.1　语料库语言学理论和方法研究

利用语料库技术和方法，建设大规模中国英语语料库，为中国英语研究提供了本地化平台和资源。语料库语言学的学科属性、地位、研究视野和方法都已经被系统地阐述过，语料库语言学的学科地位已经确立。首先，语料库语言学有深刻的语言学理论，如 Firth 和 Sinclair 的语言观和意义理论，以及 Teubert 语料库语言学哲学观等。然后，有了既相互补充又各具特色的研究方法，语料库驱动研究与基于语料库研究。其次，拥有体制化的学术成果和研究体系，如大量出版的词典、学术专著与论文，以及各种学术会议、研究中心、学术组织和各种层次的学历学位体制。接下来，拥有广泛的应用领域，如语言研究、自然语言处理、语言教学、翻译研究等。最后，拥有明确的研究对象和独特的取向。语料库语言学研究语言使用，语言使用产生意义。语料库语言学的目的是"研究语言意义"，"在语料库语言学的一元观中，语言的形式、结构与意义及功能是一个统一的整体，它们都在使用中得以体现"（李文中，2010a，p. 38）。

　　语料库语言学对意义的研究视角是，把词语、语法和语义看成一个意义的连续体，意义和结构相互依附，不可分割；词语的语法和功能属性不是预设的，而是在具体使用中得到体现，并通过语境确立。对于语料库语言学两种并行不悖的方法，即基于语料库方法与语料库驱动方法，我们可以采用一种兼容并蓄的态度。两种方法"同源而分流，在研究理念上既有分歧又相互补充，在方法上既有冲突又有调和，二者可以并存。但是我们应该看到，随着语料库语言学的发展，传统的语法理论体系越来越难以容纳新的证据和发现，语料库语言学已经形成自己独有的理念和方法，正在验证乃至颠覆旧有的语法传统，这在目前已是不争的事实。"（同上，p. 40）。

　　语料库研究是语言理论研究的回归和收拢，是在二十世纪语言学理论和方法严重分化后，代表一种"合"的趋势和范式。语料库语言学以其独特的研究视角及可靠的方法和工具，在语言学研究中必将获得越来越丰富的重要发现，这些发现必将对语言学研究做出新的贡献，甚至从根本上改变我们对语言的态度和认识。

2.6.2　对比中介语分析理论研究

　　在中国英语这一连续体中，学习者英语是一个重要的组成部分，体现了中国英语在形成和发展过程中的初始状态。对比中介语分析（CIA：Contrastive Interlanguage Analysis，以下简称 CIA）旨在基于语料库分析学习者英语典型特征，诊断困难，以期为补偿式英语教学提供依据和反馈。但CIA 研究如果仅仅停留在学习者错误分析层面，并坚持参照本族语标准，容易走回错误分析的老路。为此，需要对 CIA 的方法及其在中国的研究实践进行系统的审视和思考。"学习者语料库的兴起是二十世纪语言学及应用语言学研究范式三个重要转向的结果。其一，语言学研究从可能性原则转向概率原则，从理性主义转向实证主义，而语料库研究为语言研究提供真实可靠的资源和证据。其二，语言描述从以英语本族语为主导的研究转向非本族语运用研究；有关英语标准和所有权的讨论，"真正推动了非本族人英语的研究和描述，为二十一世纪的语言学及应用语言学研究带来了更宽豁的视野，也为研究者提供了丰富的资源和愈来愈多元化的平台。"（李文中，2009，p. 14）其三，应用语言学研究从教学研究转向学习者研究，尤其是学习者语言输入研究的深入和推进。在传统的语言对比分析中，研究者以决策者和评判者的姿态，试图通过语言对比预测和诊断学习者的困难及错误；而错误分析研究者则以指导者的身份俯视学习者的语言运用，试图发现错误的来源及纠正方法。这两种方法要么因为研究者结论难以获得有效验证，要么因为其关注的视野过于狭窄，都未能取得预期的成功。对比中介语分析可以在国际英语框架下进行，将学习者语言视作一种混合了本族英语变体、二语英语及外语英语特征的亚语言体系。

目前，对比中介语分析存在一些问题。在国际英语这个大体系下，对比中介语分析及机助错误分析作为学习者语料库的理论框架，脱胎于中介语分析和错误分析。其目标是针对本族语学习者的，以本族人的眼光和标准评判和批评非本族语学习者，其根基并不牢靠，也不适合语料库研究这种客观冷静的描述方法。为此，我们需要区分语言描述标准和语言学习目标这两个概念，因为"前者属于社会语言学视角，强调语言的变异性特征和描述的客观性，避免对描述对象的价值判断；而后者属于语言教育视角，注重语言的普遍性特征和教育目标的预设性和规定性"（李文中，2009，p. 15）。对于英语学习者而言，既不能照搬英语本族语的标准和本族语学习者的目标，也不能无视语言的交际性和可接受性标准，面对学习者的语言运用缺陷而无所作为。在 CIA 的研究实践中，"研究者基于学习者英语语料库与英语本族语语料库对数据进行描述和分析，在对结果的解释和判断时，注意力都放在了学习者语言运用的'过度使用'、'误用'或'过少使用'上，认为这些特征是错误的，是由于学习者语言资源不足或学习不足造成的"（ibid., p. 16）。"简单地把学习者的差异特征解释为错误，既削弱了对比分析的价值，又使研究结果的评判呈现简单化倾向"，这样，会"陷入一种循环的怪圈：即先假定学习者语言与本族语相比含有错误，再通过对比发现差异特征，并以此验证学习者错误的存在"（ibid.）。

尽管对比中介语分析方法存在一些问题，但我们不能否认学习者语料库的存在价值。在国际英语的语境中，未来的学习者语料库研究应摆脱

CIA 方法的制约，在外语教学和学习研究中发挥其应有的作用。但是，学习者语料库的建立和应用面临一些挑战。学习者语料库解决自身难题的途径及应用前景在于：（1）以教师为主体开发小型的针对性学习者语料库，旨在解决给定的语言学习与教学环境中的实际难题：如教材、课堂教学、口语、写作、阅读、听力等；主要特征是总体有限，样本小，目的性强，操作灵活。这种语料库具有更强的针对性和功能性；（2）建设动态监控性学习者语料库，开展纵向观察和分析；利用学习者语料库进行共时和历时两个维度的研究，注重学习者语言发展的动态过程，而不是孤立地观察其片段；（3）建设学习者输入材料语料库，并通过学习者语言输入和输出对比分析，研究二者之间的内在联系，探索学习者语言的发展路径；（4）在语料库技术方面，突破纯文本检索和分析，开发与语言学习相关的文本多维信息检索，如现代教育技术中多媒体信息，比如图片、动画、音频、视频，以观察和研究学习者的语言暴露和综合应用能力。

2.6.3　中国语料库研究存在的问题与展望

为了将语料库语言学理念和方法应用于中国英语研究，有必要思考中国语料库语言学研究存在的问题，并对语料库语言学研究在中国的发展进行展望。首先，语料库开发问题。语料库开发正在向两头快速发展和延伸：一是通用型的、基于网络的超大型语料库开发，其主要特征是应用新技术新方法，如网络服务和云计算，提供可定制的动态开放语料库，以满足使用者日趋多元的需求和应用取向；二是个性化、专门化、行业化的小型语料库开发。前者需要大规模的投入和专业化的开发队伍，愈来愈注重数据挖掘、信息智能处理，以及知识挖掘，强调语料库数据的组织结构和呈现方式；而后者仅需要小规模、小投入，开发者即是研究者，又是研究成果的田野使用者，更强调语料库的整体平衡性和代表性。当然，二者虽离心发展，但之间的界限却非泾渭分明，而是相互借鉴，互为发明，互相促进。然后，语料库研究的发展问题。语料库研究需要更大的发展纵深，要解决如何从描述到解释，以及如何从发现到理论建构等难题。描述须完备，解释须充分；研究发现强调可靠性，理论建构则注重可验证性。其次，语料库研究方法和视野问题。无论是基于语料库的研究，还是语料库驱动研究，我们都可能需要解决如何从词语分析、短语学分析到文本分析、话语分析以及文本群落分析的视角和方法问题，把具体的、散点的词语层研究统一到多维纵深的文本整体研究上，这使得语料库研究方法和视野呈收敛趋势：不是用其他各个学科的理论和观点来观照和审视语料库语言学，而是拿语料库语言学来观照和审视相关的研究发现和成果。最后，语料库研究应用问题。语料库研究应用越来越多元化和日常化。方法、工具和应用是语料库语言学学科从一开始就不可或缺的要素。它既不是纯理论的推演，也不是机械的泛工具。纯粹把语料库当作工具的学科需要谨慎，他们可能要么为语料库大量产生的"废料"感到头疼，要么为无限增长的反证而感到束手束脚。

我们认为需要解决的问题有以下三个。第一，如何使语料库服务语言教学的目标、内容、过程以及评价，使语料库应用纳入到教育教学这个整体框架下。语料库研究成果不仅需要融合应用语言学理论，还需要教师行动研究来具象，使之语境化、具体化，更富于针对性。第二，基于语料库的学习平台应与网络无缝连接。第三，多媒体语料库集成语料库检索技术、网络音视频流媒体技术及人机交互界面，在学科教学理论指导下，为语言教学提供底层数据支持，真正实现虚拟语料驱动学习。

2.6.4 语料库应用研究

基于语料库语言学理论及中国英语语料库的建设，课题组成员展开了一系列的应用研究，主要集中在以下三个方面：基于语料库的学习者语言特征研究、语料库技术与外语教学、语料库与翻译研究。

2.6.4.1 基于语料库的学习者语言特征研究

李文中和闫洁（2010）研究了大学生英语口语讯息向词块运用特征。该研究以中国大学生非专业英语口语的讯息向词块为研究对象，采用定量与定性研究相结合的语料库方法，分别从结构、分布、功能等不同角度描述学生口语讯息向词块的特点以及其对口语水平的影响。研究表明不同水平的学生在供语量和讯息向词块的使用呈现差异，学生口语交际策略运用不足。水平较高学生的供语量高于水平较差学生的供语量。这说明学生的语言能力与口语供语量密切相关。在对话质量方面，学生的语言能力体现在对语块的掌握和运用上：高分组学生较多地运用基本讯息单位类词块，而较少运用讯息碎片类词块，这使得他们的口语流利而准确；与此相比，在中间组和低分组学生的口语中，结构完整的基本讯息类词块出现较少，讯息碎片类词块出现较多，这使得他们的口语不流利，也不准确。以上结果表明，学生对词块的使用，以及对不同类型词块使用的多寡，将直接影响到学生的口语水平。他们认为外语教学应摆脱以单词为中心，强化学生的词块学习和策略学习。

孙海燕（2008）研究了中国英语学习者的搭配能力发展特征。她在语料库数据驱动的基础上，通过计算显著搭配词和提取索引行的方法，探讨了三个不同水平层次的中国英语学习者词语搭配和语法搭配行为。她发现中国学习者在词语搭配使用方面有下列特点：首先，中国学生的词语搭配能力随着语言水平的提高有相应的进步，高水平的学习者所用的搭配词更接近英语本族语者的习惯。第二，和本族语者相比，中国学生整体上显示出搭配词使用的不自然性和不地道性，某些搭配不当的词语显示出母语迁移的痕迹。即使是英语专业的学生，搭配能力仍亟须提高。第三，学生倾向于使用较早习得的比较熟悉的搭配词，而高难度词很少使用。她认为词语搭配反映语言使用的地道性，由于搭配因语言文化而不同，中国学生常常使用一些不合乎英语本族语规范的词语搭配；随着学习阶段的提高，学生的词语搭配能力有显著发展。语法搭配反映语言使用的复杂性，研究发现处于较低阶段的学习者倾向使用简单的语言结构，较少使用语法搭配。因此她建议教学过程中要从词语搭配和语法搭配两方面入手，全面提高学生的搭配能力。

娄宝翠（2010）基于国际学术英语语料库的应用语言学期刊论文子语料库和中国英语语料库中的学习者子语料库，调查了我国英语专业硕士论文中四词词串的结构和功能特征。她发现学习者在写作中能够正确使用大量的词串，但是显示出对某些词串的过度依赖，不能充分意识到笔语和口语语体的差异。学习者频繁使用一些在国际期刊论文中不经常出现的词串，但没有或较少使用国际期刊论文中经常出现的一些词串，或者能够使用有些词串，但是忽略其用法限制。娄宝翠（2011a）利用中国英语语料库中的学术英语子语料库，研究了学习者英语硕士论文中转述动词的使用特点以及立场表达。她发现学习者能够使用不同种类型的转述动词来引用他人观点，能够恰当地使用表达积极意义和中性意义的转述动词，但在表达积极肯定的立场时，学习者也不恰当地使用了通常用来表达消极立场的词汇。

张军民（2012）基于语料库数据，对中国英语学术语篇做了对比分析，结果发现中国学者能够恰当使用转述动词，但在语义特征方面，中国学者倾向于选择试探性的或中立的转述动词，避免使用绝对的、批判性的转述动词，语气较为温和。

2.6.3.2　语料库技术与外语教学

在广东外语外贸大学举办的"语料库语言学与外语教学"高层论坛上，桂诗春等（2010）为语料库应用于语言教学的研究指出了方向：（1）如何使语料库服务语言教学的目标、内容、过程以及评价，使语料库应用纳入到教育教学这个整体框架下。语料库研究成果不仅需要融合应用语言学理论，还需要教师行动研究来具象，使之语境化、具体化，更富于针对性。（2）基于语料库的学习平台应与网络无缝连接。（3）多媒体语料库集成语料库检索技术、网络音视频流媒体技术及人机交互界面，在学科教学理论指导下，为语言教学提供底层数据支持，真正实现虚拟语料驱动学习。

吴进善（2010a）将语料库技术和多媒体资源进行整合，提出了基于多媒体语料库的数据驱动学习模式。他指出，基于多媒体语料库的数据驱动学习模式把计算机技术、语料库技术、数据驱动学习理念及外语多媒体教学资源全面整合，构建超媒体的外语学习环境，既可以为学习者提供真实、直观、生动有趣的语言学习环境，又可以让学习者通过自己的质疑、探索、思考来自主学习掌握语言。这对国内现有的语料库辅助的英语多媒体教学模式是一个很好的补充和发展。

2.6.3.3　语料库与翻译研究

吴进善（2010b）从双语文本的视角，运用语料库驱动的研究方法对李文中提出的"对应单位"概念的操作进行初步研究。该研究对"对应单位"的理论基础、定义以及识别标准进行了界定。对应单位是在"意义单位"（unit of meaning）备受争议，而 Wolfgang Teubert 提出的"翻译单位"（Translation Unit）又不能满足需要的情况下提出的。在实际操作中，他把一个"对应单位"分为"源语言对应单位（CUS）"和"目标语对应单位（CUT）"两部分。他认为"对应单位"是一个由源语言对应单位和目标语对应单位组成的二元组。源语言对应单位和目标语对应单位应满足以下两个条件：（1）源语言对应单位在形式上应该是源语言文本中的具有语义自足性、句法自足性和边界动态性特征的一个或者一组词。（2）目标语对应单位是源语言对应单位的翻译。基于汉英平行语料，他还对"对应单位"的分布特征进行了描述，对汉英文本"对应单位"的翻译转换关系进行了实证分析。

吴进善（2010c）对"对应单位"这一面向应用提出的概念进行了初步探讨，并对"对应单位"在平行语料库研究中的应用价值进行了论述。"对应单位"这一概念为平行语料库的构建、应用及后续开发提供了一个新的研究视角和思路。

第三章　中国英语语料库建设：设计与开发[①]

　　开发和建设中国英语语料库（Chinese English Corpus，以下简称 CEC）为开展中国英语研究及应用研究提供资源保障和技术支持。基于以往的语料库建设经验，充分汲取语料库最新技术和方法，我们设计并开发了中国英语语料库建库与检索系统。

　　现代计算机语料库的发展开始于二十世纪六十年代美国布朗大学的 Brown Corpus（参见 McEnery & Wilson，1996），经过七十年代的低潮期，在八十年代经过北欧和英国学者的不懈努力，渐入佳境。到上个世纪末，进入快速发展时期，大型语料库如柯林斯与伯明翰大学的 COBUILD 语料库（Sinclair，1987）在理念上突破传统的静态封闭语料库，首次应用监控语料库技术（monitor corpus），实现动态追踪语言变化和发展（Sinclair，1991a）。该语料库基于服务器开发相关索引和分析软件，允许远程登录，并实现基于 Web 的语料库索引分析。COBUILD 的特点是库容大，如今已达到 5 亿多词，但由于其基于服务器构架，未发行单机版，应用范围受到限制。英国国家语料库 BNC（Aston & Burnard，1998）库容量为一亿词，且开发有完备的附码系统（CLAWS）、客户端索引分析软件（SARA）及库文件检索软件（BNC Indexer），并公开发行光盘版，应用范围较广，影响也比较大。BNC 语料库开始采用 SGML 标准标注库文件，后来采用 XML 技术标准转换其部分语料，受到普遍欢迎（Burnard，2001）。二十世纪九十年代末的国际英语语料库（ICE）是结构最为精致的语料库，其标注系

---

　　① 本章内容为李文中领导课题组成员多次讨论，制定开发方案，具体程序编写和技术实现由韩朝阳施行。

统及句法分析为索引分析提供了丰富的检索语境，但由于其结构过分复杂，开放性差，库容量有限。二十世纪末，语料库开发另一个有代表性的成果是网络语料库的出现，以 Antoinette Renouf 为首的 RDUES 小组率先在利物浦大学开发了 Webcorpus，该项技术利用网络搜索引擎，结合 KWIC 索引技术，对网络上的语料进行动态检索，体现出一种崭新的理念：即网络就是语料库（Renouf，2003）。但该项目由于缺乏后续开发，相关应用和技术缺乏新意，影响不大。

总结语料库的发展历程，其开发及研究应用逐步形成相互影响、相互促进的界面特征，分述如下：一，语料库开发与计算机技术界面。语料库容量的线性增长与多语种增殖（参见李文中，2002a），得益于计算机技术的飞速发展及可用的电子文本数据源的高速扩张；现代数字化技术与语料库开发由单向增益发展为互补式推进，语料库思想及技术的发展深刻影响了自然语言处理和与之相关的文本数据处理和标记规范。二，语料库研究与语言教育的互动界面。在欧洲和英国，大型语料库建设及开发，得到不断扩大的英语学习市场需求和出版业竞争的强力推动，使得语料库研究从开始就与语言教育应用结下了不解之缘。三，语料库与网络界面。网络及网络应用的强劲增长不断冲击传统的语料库观念，如语料库的设计及标注、语料库的开放性问题、语料的动态检索及应用问题等。

在中国，语料库开发与应用始于二十世纪八十年代初，其主要标志是杨惠中主持的上海交大科技英语语料库（JDEST）建成，该库成为国际上第一代语料库，也是首批出现的专用语料库。该项研究主要成果一个是容词两百万的上海交大科技英语语料库、AGTS 赋码系统，以及语料库检索和索引系统（杨惠中 & 黄人杰，1982），此外就是杨惠中教授利用语料库对比方法，提出了析取科技英语技术词汇和准技术词汇的重要思想和算法（黄人杰 & 杨惠中，1985；Yang，1986）。之后十年中，语料库研究在国内并没有引起学界多少兴趣，也极少有基于语料库的相关研究。二十世纪九十年代中期，杨惠中教授在上海交通大学开始招收语料库语言学方向的博士生。之后两年，广东外语外贸大学桂诗春教授与杨惠中教授联合申报并获得国家"九五"规划项目"中国学习者英语语料库研究"。二十一世纪初，中国语料库研究成果频出，进入兴旺期，如1999年建设完成的"中国学习者英语语料库（CLEC）"及基于该学习者语料库一系列的学习者语言研究论文和专著，标志性成果如：桂诗春和杨惠中（2003）的同名结项专著、卫乃兴等（2002）的《语料库语言学导论》以及桂诗春等（2005）的《基于 CLEC 语料库的中国学习者英语分析》等。该项目的主要意义还在于触发了多项国家级课题研究和相关专著出版，如"中国学习者英语口语语料库研究"（卫乃兴、李文中、濮建忠，2005b）、卫乃兴、李文中、濮建忠等（2005a）的"语料库应用研究"、文秋芳等（2008）的"专业英语口笔语语料库研究"、梁茂成等（2010）的《语料库应用教程》。值得注意的是，王克非（2004）利用语料库技术，创建大型汉英平行语料库，开展汉英翻译研究，建立语料库翻译学；刘泽权（2010）基于语料库的红楼梦研究在中国语料库研究中独树一帜。

　　纵观语料库语言学在中国几十年的发展，可总结出以下几个重要特点：一是独立性和本土意识。二十世纪八十年代初，杨惠中教授在英国伯明翰大学与 John Sinclair 进行合作研究，致力于 JDEST 的研制，当时 Sinclair 正领导他的团队编制 COBUILD，二者各有偏重，相互借鉴。可以说，中国的英语语料库研究在开始时间上与西方同步，并在思想和技术上呈现出自主和独立的特征，而不是对西方学术简单地引介和追随。JDEST 的主要目的之一是中国大学英语教学应用，具有很强的本土应用取向。

　　二是应用取向和学科特征。从 JDEST 到 CLEC、SWECCL 及 COLSEC，包括各种平行语料库和专用语料库，其设计目标无不与外语教育与研究紧密相连；中国的英语语料库不是为了纯粹的语言描述，也不是单纯的技术开发，而是根植于外语教学研究和应用之中。二十世纪九十年代初，杨惠中教授就把语料库语言学作为其博士点两个主要研究方向之一，并以一系列国际国内合作项目为依托，对语料库的建库、研发及应用开展了系统研究，表明语料库研究在中国一开始就在学科的框架下进行，而不仅仅是作为一门课程或方法工具。

　　三是团队的凝聚力和学科的收敛性。从最早杨惠中教授的上海交大研究团队及广东外语外贸大学桂诗春教授的团队，到目前上海交大卫乃兴教授团队、南京大学及北京外国语大学文秋芳教授团队、河南师范大学李文中教授团队、华南师范大学何安平教授团队及解放军外国语学院濮建忠教授和燕山大学刘泽权教授等，各个研究团队相互联系紧密，交流频繁，学术气氛严肃而和谐。此外，语料库研究在中国经过几十年的发展，在学术理念和研究取向上逐步深入和丰富，学科发展凝而不散，和而不同，呈现出简约收敛的态势。

四是无私共享精神及企业支持。资源共享、平台共享、合作研究、培训交流等活动成为国内语料库研究重要的驱动力量，并呈现出勃勃生机。外研社连续多年的暑期语料库研修班，参与高校数百所，参训教师上千人，且参训者大多为教授、博士、硕士，他们起点高，上手快，成效显著。这种培训和交流不仅规模为我国所独有，其潜在的影响和价值也无与伦比，难以估量（引自李文中，2008：《外研之声》"专访梁茂成教授、李文中教授和许家金博士"）。

3.1　CEC 设计与理据

3.1.1　设计目标

中国英语语料库系统是本项目的一个核心组成部分，其目标是建立一个包括自然科学、应用科学等在内的 11 个领域和诸如数学、化学等 56 个分类的多维标注纯文本语料库（以下简称：中国英语语料库），其容量超过 3 千万英文字符；为保证中国英语语料库建设的顺利进行，系统还应提供一个能够支持多用户同时对语料库进行语料添加、修改等操作的功能（以下简称：建库功能）；同时，系统还应具有方便快捷的语料检索分析功能（以下简称：检索功能），可为研究人员提供相关数据支持服务。

1. 总体架构

为满足中国英语语料库的设计要求，我们将比较成熟的大型数据库系统 SQL Server 应用到该系统中（参见附件 1：中国英语语料库工具用户需求分析；附件 2：中国英语语料库工具开发方案）。首先，利用 SQL Server 提供的数据库对语料进行存储和管理，可以克服传统语料库磁盘文件存储、管理模式的致命弊端，如对语料实现多维标注管理时的僵硬性、复杂性和局限性；另外，利用 SQL Server 提供的一些优化功能，不但可以提供多用户同时对语料库的访问，还能够提供多种快速检索，从而提高系统的检索速度以及降低软件开发的复杂度。

随着网络的发展，基于 B/S（Browser/Server）架构的应用软件正在不断地被人们所青睐。这种基于浏览器/服务器架构的应用软件，不但可以降低对用户机的配置要求（仅需相应的浏览器），还非常便于开发管理人员对软件的升级维护。同时，该架构的应用软件还能支持多用户同时运行。

基于 XML（Extensible Markup Language）的 Web Service 技术是当前正在兴起的一种跨平台通信技术。利用 Web Service 可以构建数据库与应用程序之间的数据通道，使得数据库与应用程序之间实现松耦合，便于程序开发和后期的维护。

因此，我们采用以 B/S 为运行模式，通过 Web Service 建立 SQL Server 数据库系统与应用程序的访问通道为中国英语语料系统的总体架构。

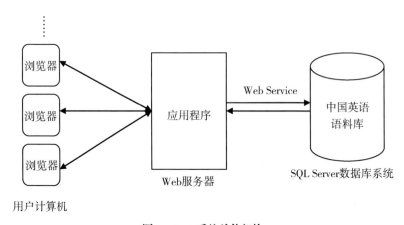

图 1 CEC 系统总体架构

根据设计目标和总体架构，我们开发的中国英语语料库系统主要包括：（1）语料库子系统；（2）语料库建库子系统；（3）语料库检索分析子系统。

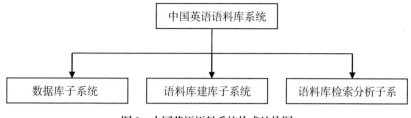

图2　中国英语语料系统构成结构图

2. CEC 元信息标记

A. 定义

标记与标注即是为语料库添加信息。我们把语料库标记与标注两个概念区分开来：标记是指利用标记语言，为语料库添加文本外部信息，包括文献信息以及文本的检索信息；标注是指利用赋码方案，为语料添加语言信息，包括词性赋码、句法分析，以及其他赋码（参见李文中，2012）。元信息（metadata）是指关于信息的信息。在一个语料库文件中，元信息是对语料文档外部信息的说明，一般放置在文件的头部，表明的语料属性、类型、作者、出版者等。元元信息（metametadata）是对元信息的说明，表明元信息的来源、获取方法、来源、版权等有关语料库创建者需要添加的信息。CEC的标注包含四层信息，第一层信息为元元信息，为所有语料库文件的全局信息；第二层为语料的文献信息，参照 APA 标准，说明语料文本的基本文献信息；第三层信息为语料文本的结构和形态信息；第四层信息为词性信息。第一、二层信息放置在语料库文件的头部；第三、四层信息嵌入语料文本中。CEC 标注采用 XML 标准进行标记（参见刘国兵，2008）。

B. 说明

CEC 所有文件以 XML 标记声明开头，包含 XML 的版本信息及文本的编码信息，即 UTF-8（参见附件3-4）。之所以采用 UTF-8 格式，主要是考虑文本的语言为英语，并夹杂少量汉语和其他西方语言，这样既可以节省文件的存储空间，也能保证各种字符的正确显示。XML 声明语句如下：

```
<? xml version=" 1. 0" encoding=" UTF-8"? >
```

- 在保存文件时，选择编码为 UTF-8。
- 注释信息放置在<!--xxx-->中，主要包括国家课题名称、批准时间和编号、完成单位等，具体语句如下：

<!--Faculty of International Studies, Henan Normal University-->
<!--Corpus-based Research on the Nativization of English in China-->

- 最外层标签为<cec>，所有语料库文档以该标签开始，并以该标签结束（</cec>）：

<cec>

- <cec>的下一层标签有二层平行标签：文本头部信息（<text_head>）和文本正文（<text>）：
- 文本头部信息（<text_head>）包含二层平行标签：元元信息标签（<data_info>）和文献信息标签（<file_info>）；标签的命名格式一律采用小写字母，并尽量使用完整词语，两个以上的词语用下划线加空格连接：

<text_head>
  <data_info>

- 元元信息的第一对标签是语料类型，参照 APA 文献分类，包括以下类型：

名称	英文	编码
学术期刊文章	journal article	JA
著作	book	BK
学位论文	thesis	TS
会议发言	conference proceedings	CP
个人通信	personal communication	PC

报纸文章	newspaper article	NA
论文集	book section	BS
杂志文章	magazine article	MA
编著	edited book	EB
报告	report	RP
网页	webpage	WP
手写稿	manuscript	MS
电影脚本	movie script	MO
广播稿	broadcasting script	BC
电子文稿	electronic article	EA
电子书	electronic book	EK
在线数据库	online database	OD
政府文件	government document	GD
会议论文	conference paper	CP
典籍	classical works	CW
法律法规	legal rule/regulation	LR
菜谱	menu	MN
广告	advertisements	AD
宣传单、材料	leaflets, booklets	LB
演讲稿	speech articles	SA

语料类型标签如下：

<data_type></data_type>

• 语料来源标签注明生产语料的机构和个人，如果是电子语料，则为主域名或网站名称；该标签具有一个属性"href"，注明主页网址，标签如下：

<data_source href=" " ></data_source>

• 文件字数标签注明正文的字数（tokens），标签如下：

```
<data_size></data_size>
```

- 主题领域标签注明语料的主题分类参照《中国图书分类法》。该标签有两个属性：序号和编码。考虑到主题分类的重叠，允许有一个以上分类，按重要性排序；编码由英文字母和数字组成，英文字母为大写 A－Z，表示主要领域归属，后跟的数字表示子类，参照《主题领域分类及编码》；领域名称用英文，标签如下：

```
<domain>
   <domain_name no=" 1" code=" " ></domain_name>
   <domain_name no=" 2" code=" " ></domain_name>
   </domain>
```

- 本语料库包含一些英汉平行文本，对带有对应汉语文本的语料注明文件名和路径，如果只有单语文本，则该标签为空：

```
<parallel></parallel>
```

- 检索日期是指获得语料的时间，日期格式为 YYYY-MM-DD，十位数为空时加 0，如 2007-09-01。由于连字符 "-" 为 XML 保留字符，使用编码 "-" 表示，如上述日期表现为：2007- 09 $ #45；01：

```
<retrieval_date></retrieval_date>
```

- 不同类型的语料文本除全局信息外，分别设计标注方案，标注方案标签注明使用了哪一套方案：

```
<markup_scheme></markup_scheme>
```

• 关闭全局语料信息标签：

```
</data_info>
```

• 文本信息标签包含详细文献信息，参照 APA 分类标准设置标签层，该部分信息以<file-info>为最外层，为一对开始和关闭标签，该部分信息为可变标记，根据文献类型设置不同的标注方案，当前标注方案以学术期刊文章为例，以下是开始标签：

```
<file_info>
```

• 作者信息，包括作者名、所属单位、性别；允许标记多个作者，在属性 id 注明顺序：

```
<author_info>
  <author no=" " >
    <author_name></author_name>
    <affiliates></affiliates>
    <author_gender></author_gender>
  </author>
</author_info>
```

• 出版年，格式为 YYYY：

```
<publish_year></publish_year>
```

• 文献标题，包含两个子标签，为主标题和副标题：

```
<file_title>
  <main_title></main_title>
  <sub_title></sub_title>
</file_title>
```

- 主题词标签，由语料创建者提供，可提供多个主题词，用逗号隔开：

```
<keywords></keywords>
```

- 文献所在页码，包括起始页码和结束页码，中间连字符用编码表示，如 23&#45；30：

```
<pages></pages>
```

- 期刊信息标签，包含期刊的公共信息，包括期刊名称、卷数、期号、ISSN 号等：

```
<journal>
  <journal_name></journal_name>
  <volume></volume>
  <issue></issue>
  <issn></issn>
</journal>
```

- 文献信息关闭标签：

```
</file_info>
```

- 头部信息关闭标签：

```
</text_head>
```

- 文本开始和结束标签，所有文本内容都必须放置在此标签内：

```
<text>
…
</text>
```

- 文件关闭标签：

```
</cec>
```

附：元元信息标注样例：

```
<? xml version=" 1. 0" encoding=" UTF-8"? >
<! --Faculty of International Studies, Henan Normal University-->
<! --Corpus-based Research on the Nativization of English in China-->
<cec>
  <text_head>
    <data_info>
      <data_type></data_type>
      <data_source href=" " ></data_source>
      <data_size></data_size>
    <domain>
          <domain_name no=" 1" code=" " > </domain_name>
          <domain_name no=" 2" code=" " > </domain_name>
    </domain>
    <parallel> </parallel>
    <retrieval_date></retrieval_date>
    <markup_scheme></markup_scheme>
    </data_info>
```

```
<file_info>
  <author_info>
    <author>
      <author_name no="  ">< /author_name>
      <affiliates></affiliates>
      <author_gender></author_gender>
    </author>
  </author_info>
          <file_title>
    <main_title></main_title>
    <sub_title></sub_title>
  </file_title>
  <publish_year></publish_year>
  <pages></pages>
  <keywords></keywords>
  <journal>
    <journal_name></journal_name>
    <volume></volume>
    <issue></issue>
    <issn></issn>
  </journal>
</file_info>
</text_head>
<text>
</text>
</cec>
```

3. 语料库子系统

语料库子系统由两个名称为 ChEnSourceDB 和 ChEnDataWarehouse 的
SQL Server 数据库组成，其功能主要是实现语料的计算机存储和管理。

A. 生文本库（ChEnSourceDB 数据库）

该数据库主要用来存储和管理建库者提交的原始语料。所谓的原始语料是指还没有被系统进行如赋码、分段、分句等处理的生语料（Raw Data）。这些生语料信息包括：1）纯文本模态下的语料内容；2）纯文本语料来源的原始文件（以下简称：语料原始文件），如 Word 文档、HTML 网页、PDF 文件等；3）语料的元信息（Meta data），如语料的提交者、提交时间、头部信息（Head Information）等。

该数据主要有名称为 tbSource 和 tbMetaData 两张数据表组成，其数据结构分别为：

表1　　　　　　　　　　数据表 tbSource 中主要字段的说明

字段名称	数据类型	说明
FileID	Int	每篇语料的系统唯一标识符
FileObject	Image	存放语料原始文件的压缩文件
FileType	NVarchar	记录语料原始文件类型，如 Word，PDF 等

```xml
<?xml version="1.0" encoding="utf-8"?>
<text_head>
  <data_info>
    <data_source>Tsinghua University</data_source>
    <retrieval_date>20080705</retrieval_date>
    <data_type>WP</data_type>
    <data_status>original</data_status>
    <markup_scheme>web</markup_scheme>
    <domain><domain_name>C</domain_name>
    <sub_domain_name>C7</sub_domain_name>
    </domain>
  </data_info>
  <file_info>
    <title_cn strType="file_title" />
    <title_en strType="file_title">
      Competing in the Age of Globalization
    </title_en>
    <sub_title_cn strType="file_title" />
    <sub_title_en strType="file_title" />
    <date strType="publication">20010625</date>
    <place strType="publication">Tsinghua University,Beijing</place>
    <publisher strType="publication">
      News Center of Tsinghua University
    </publisher>
    <keywords>
      general managers, executive education program,Harvard Business School,
      Tsinghua University School of Economics,Age of Globalization,Competing,
      case study method
    </keywords>
  </file_info>
  <local_info>
    <web>
      <url>http://news.tsinghua.edu.cn/eng_news.php?id=62</url>
    </web>
  </local_info>
</text_head>
```

图3　某篇语料头部信息的 XML 形式

表2   数据表 tbMetaData 中主要字段及说明

字段名称	数据类型	说明
FileID	Int	每篇语料的系统唯一标识符
UserID	NChar	当前语料提交者的系统编号
CreateTime	Date	当前语料的提交时间，精确到秒
HeadInfo	XML	以 XML 形式存放当前语料的头部信息

B. 数据仓库（ChEnDataWarehouse 数据库）

在系统中该数据库扮演数据仓库角色，即语料库建库子系统的数据加工处理模块。把 ChEnSourceDB 数据库中的原始语料进行词性赋码（POS）、归元处理（Lemmalization）、文本段落和句子的 XML 标注、切词等处理后，将这些信息分类保存在这个数据库中，以方便语料库检索程序快速检索。

在 ChEnDataWarehouse 数据库中，除了一些相对固定的数据表如用来管理存储句子信息的数据表 tbSentences、单词信息的 tbWords 以及单词类符（Type）信息的 tbTypes 外，系统还会随着语料的增加为每个单词动态创建一张记录该单词更加详细信息的数据表。下面将对该数据库中主要数据表的数据结构及相关信息以图表的形式进行说明。

表3   数据表 tbSentences 中主要字段及说明

字段名称	数据类型	说明
FileID	Int	每篇语料的系统唯一标识符
Sentence	NVarchar	当前句子内容
SLength	Int	当前句子的长度，即句子所包含的字符数
PID	BigInt	当前句子所处的段落编号
SIDInParagraph	Int	当前句子在段落内的编号
SIDInArtical	XML	当前句子在语料文本中的编号
SID	BigInt	当前句子在系统中的唯一标识符

表 4 　　　　　　　　　数据表 tbWords 中主要字段及说明

字段名称	数据类型	说明
FileID	Int	每篇语料的系统唯一标识符
Word	NVarchar	当前单词的内容
WLength	Int	当前单词长度，即单词所包含的字符数
WIDInArtical	BigInt	当前单词在文档中的顺序编号
SIDInParagraph	Int	当前单词所处的句子在段落内的编号
PID	Int	当前单词所处的段落编号
WordPOS	NVarchar	当前单词的词性赋码值
SID	BigInt	当前单词所处句子在系统中的唯一标识符
WID	BigInt	当前单词在系统中的唯一标识符

```xml
<?xml version="1.0" encoding="utf-8"?>
<text>
  <p id="1" sentenceCount="3">
    <s id="1">
    According_II21 to_II22 the_AT Chinese_JJ Constitution_NN1 ,_,
    "_" The_AT People_NN "_" s_ZZ1 Republic_NN1 of_IO China_NP1
    is_VBZ a_AT1 socialist_JJ state_NN1 under_II the_AT people_NN "_" s_ZZ1 democratic_JJ
    dictatorship_NN1 led_VVN by_II the_AT working_JJ class_NN1 and_CC based_VVN on_II
    the_AT alliance_NN1 of_IO workers_NN2 and_CC peasants_NN2 ._. "_"
    </s>
    <s id="2">
    The_AT government_NN1 system_NN1 that_CST accords_VVZ with_IW such_DA a_AT1 form_NN1
    of_IO state_NN1 is_VBZ the_AT system_NN1 of_IO people_NN "_" s_ZZ1 congresses_NN2 ,_,
    and_CC the_AT political_JJ party_NN1 system_NN1 that_CST accords_VVZ with_IW it_PPH1
    is_VBZ that_DD1 of_IO multi-party_JJ cooperation_NN1 and_CC political_JJ consultation_NN1
    under_II the_AT leadership_NN1 of_IO the_AT CPC_NP1 ._.
    </s>
    <s id="3">
    The_AT systems_NN2 of_IO people_NN "_" s_ZZ1 congresses_NN2 ,_,
    multi-party_JJ cooperation_NN1 ,_, regional_JJ ethnic_JJ autonomy_NN1 ,_,
    and_CC self-governance_NN1 at_II the_AT primary_JJ level_NN1 of_IO society_NN1 together_RL
    constitute_VV0 the_AT kernel_NN1 and_CC fundamental_JJ framework_NN1 of_IO China_NP1 "_"
    s_ZZ1 political_JJ system_NN1 ,_, and_CC are_VBR the_AT embodiment_NN1 of_IO socialist_JJ
    democracy_NN1 ._.
    </s>
  </p>
  <p id="2" sentenceCount="1">
    <s id="1">
    As_CSA one_MC1 of_IO China_NP1 "_" s_ZZ1 fundamental_JJ political_JJ system_NN1 ,_,
    the_AT multi-party_JJ cooperation_NN1 system_NN1 identifies_VVZ the_AT status_NN1 and_CC
    functions_NN2 of_IO the_AT CPC_NP1 and_CC the_AT eight_MC other_JJ political_JJ parties_NN2
    in_II the_AT political_JJ life_NN1 of_IO the_AT state_NN1 ,_, and_CC
    the_AT relations_NN2 between_II the_AT parties._NNU
    </s>
  </p>
  .
  .
  .
</text>
```

图 4 　某篇语料经过 POS 赋码、分段、分句等处理后 XML 形式的部分截图

表5 数据表 tbTypes 中主要字段及说明

字段名称	数据类型	说明
Type ID	BigInt	当前类符在系统中的唯一标识符
Type	NVarchar	当前类符的内容
Count	Int	当前类符在语料库中出现的总次数
Files Count	Int	包含当前类符的文档的数量
SIDs	NVarchar	包含该类符的所有句子的编号序列

在大型语料库系统中引入数据仓库技术，开发服务器端软件，把不同层次的语料按照数据集市的概念进行整理、存储，不但能提高对语料库的检索速度，还可为基于语料库的信息数据挖掘提供支撑。目前，这种创新应用已经达到预期效果，对于具有4千万单词量的中国英语语料来说，其远程常规检索速度不超过秒级。

4. 语料库建库子系统

语料库建库子系统主要功能包括：一是生语料入库功能，即向用户提供添加语料的操作界面接口，利用该界面用户可以方便地将一篇语料的元信息、纯文本模态下的语料内容、语料原始文件等信息提交到数据库中；二是语料加工处理功能，即该子系统位于服务器端的生语料处理程序定时自动对用户提交的保存在 ChEnSourceDB 数据库中的生语料进行各种预设

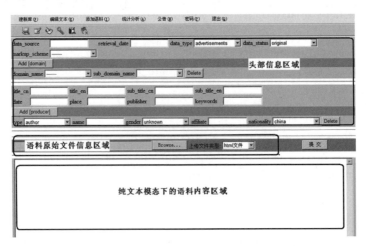

图5 语料添加操作界面

的加工处理操作，并将操作后的语料信息按照一定方式保存在数据库 ChEnDataWarehouse 中。

用户登录中国英语语料库系统，启动添加语料功能模块后，系统会给用户展示一个如上图的语料添加操作界面。通过该操作界面，用户可以向中国英语语料库系统的 ChEnSourceDB 数据库提交生语料，完成生语料库的入库操作。该界面包括三个区域，分别为：头部信息区域、语料原始文件信息区域和纯文本模态下语料内容区域。

在头部信息区域中，用户可以通过单击按钮 Add ［domain］在界面中增加语料的 domain 信息，单击每行 domain 信息后的 Delete 按钮可以删除该行的领域信息。同样，通过单击按钮 Add ［Producer］和每行 producer 信息后的 Delete 按钮来增加和删除该行 producer 信息。在语料原始文件信息区域通过单击 Browser 按钮选定即将提交的语料原始文件压缩包，然后在上传文件类型下拉框中选定语料原始文件的类型，这样即完成语料原始文件信息区域内容的设定。当前系统可支持的语料原始文件的类型包括有 Html、音频、视频、PDF、Word 和 Text 六种。在纯文本模态下的语料内容区域用户通过复制粘贴的方法将纯文本形式的语料显示在该区域。以上三个区域的信息都填写完毕后，单击界面上的确定按钮即可完成生语料的入库操作。

为提高软件的开发速度，降低维护成本，在该功能模块的开发过程中，我们自主创新并应用了 Sjax 和"模块热插拔"（Modular hot plugging）两项新技术。Sjax 即 Self-adapted javascript + XML 的缩写，是在 HTML、javaScript、XML、CSS 技术基础上，为提高 Web 应用程序开发效率而进行整合的一项创新技术。该技术能够以指定的 XML 文档为标准，动态生成用来提取用户数据的 HTML 页面。同时，还能够在用户提交数据时自动提取 HTML 页面上的信息内容并输出到一个标准的 XML 文档，以实现与目前流行的 Ajax（Asynchronous JavaScript and XML）技术的无缝对接，为 Ajax 技术在实际开发应用过程中提供最前端的便利服务。Modular hot plugging 技术是指在不必进行二次编程、不增加或改变数据表字段的前提下，仅通过定制或改变指定 XML 文档内容，程序即可实现用户对语料标注或者操纵语料的需求。

　　用户直接向系统提交的语料是没有经过处理的生语料。这些语料往往不便于检索且附件信息较少，不利于相关的语言分析研究，为此，我们要对这些生语料进行加工处理，使其满足研究与应用需求。

　　在中国英语语料库系统中，用户提交生语料后，驻留在服务端的生语料加工处理模块程序就会被调用，利用服务器不太繁忙的时间段，对生语料进行赋码、分段、分句、切词等操作，并将操作后的结果保存到数据仓库的不同数据集市中，以备检索分析。

　　生语料加工处理模块程序采用多线程运行模式，可以减少独占服务器 CPU 的运行时间，提高服务器的运行效率。另外，这种探索性地把加工处理后的语料交由数据仓库进行存储管理的模式，还为大型文本语料库的构建与应用开拓了一条新途径。

图6　语料加工处理程序在运行切词处理时的界面截图

　5. 语料库检索子系统

　　只有为语料库配备了有效的检索系统，语料库的作用才能充分发挥。根据中国英语语料库的特点，我们专门为其开发了基于 Web 的检索系统。用户通过远程客户端的浏览器设置检索条件并提交给服务器上相应的 Web Service；Web Service 从语料库检索出符合条件的数据后就将这些数据直接返回到客户端的浏览器。

　　用户在使用中国英语语料库系统进行检索时，应先登录语料检索子系统后，然后按以下步骤进行操作：

　　A. 设置检索范围，即设置将要检索的子语料库。用户首先在设置选择

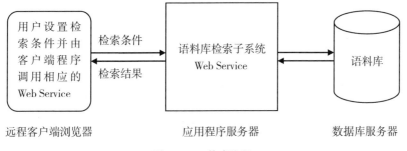

图7　CEC检索流程

子语料库条件界面中，设置将要查询的语料的头部信息，单击确定按钮后，检索系统就会根据用户设置的头部信息条件从语料库中检索虚拟出符合条件的子语料库，以保证后继的查询操作仅在这个子语料库内发生，这样可以较大地提高检索速度。

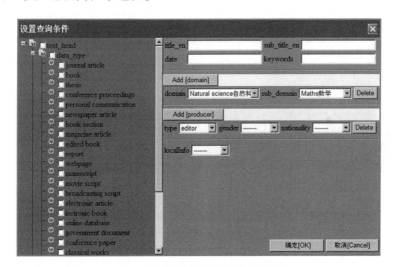

图8　设置选择子语料库条件界面

B. 设置子语料库选择条件后，系统就为用户返回该子语料库的基本信息，并给出后继的操作按钮。

图9　某选定的子语料库基本信息界面

C. 在子语料库基本信息界面中，单击设置查询节点词按钮，用户即可设置将在选定的子语料库中检索的单词。节点词设置完成后，单击确定按钮，系统将根据设定的节点词响应后继的查询操作。

图10　设置检索节点词界面

D. 以设置节点单词"study"为例，单击子语料库基本信息界面中的 Concordance 按钮，即可进行以 study 及其屈折形式为节点词的索引行检索，其结果如下图所示。图中显示从选定的子语料库中共检索出符合条件的索引行4202条。单击该图中所示界面中的下一页按钮，即可显示后继30条索引行的信息。在这个界面中还可通过设置跨距文本框的值来改变显示在界面中节点词两边的单词数；另外，通过设置复选框显示 TAG 的状态来控制是否在界面中显示每个单词的 POS 赋码值。

图11　以单词 study 及变形为节点词的索引行检索界面

E. 在搭配词文本框中输入一个单词后，单击 Collocate 按钮，系统即可检索并统计出该单词与节点词的搭配关系。单词 of 与节点词 study 及其屈折变换词的搭配关系的检索统计结果如下图所示。

图 12　单词 of 与 study 及其曲折变换词的搭配关系

F. 单击 btnWordList 按钮，检索系统即可检索统计出给定子语料库的词表信息。

序号	Word	频数	频率(%)	篇次	分布率(%)
1	the	84801	7.2492	963	99.8963
2	of	48510	4.1469	959	99.4813
3	and	39819	3.4039	958	99.3776
4	to	28797	2.4617	950	98.5477
5	in	27154	2.3213	957	99.2739
6	a	21589	1.8455	941	97.6141
7	is	15175	1.2972	813	84.3361
8	for	9999	0.8548	880	91.2863
9	that	9035	0.7724	726	75.3112
10	as	8088	0.6914	771	79.9793
11	be	7771	0.6643	657	68.1535
12	with	7683	0.6568	828	85.8921
13	by	7091	0.6062	777	80.6017

图 13　词表信息

以上的查询统计结果均可以通过单击输出当前显示数据按钮将其输出到 Excel 表格中，以方便用户进一步对检索统计结果进行分析研究。

3.1.2　CEC 基本构成

中国英语语料库系统是语料库语言学专家与计算机技术专家共同努力的结晶。在团队成员的积极努力下，中国英语语料库已经拥有包括自然科学、应用科学、社会科学、世界事务、经济、文学、艺术、休闲、信仰与思想等 10 个领域，56 个分类，22 个来源形式的语料共 19,091 篇，单词总数已超过 4,000 万（其中英文形符数为 42,485,722；类符数为 40,856）。详细统计结果如下：

表 6   **CEC 文本类型统计**

序号	文本类型	篇数	编码	备注
1	网页	7830	WP	
2	杂志文章	3965	MA	
3	期刊论文	1815	JA	
4	报纸文章	3842	NA	英文报刊网站
5	学位论文	792	TS	
6	广告	287	AD	
7	法律法规	207	LR	网站公开资料
8	著作	161	BK	
9	报告	93	RP	
10	政府文件	87	GD	
11	电子文章	6	EA	
12	手稿	3	MS	
13	个人通信	2	PC	
14	在线数据库	1	OD	
	总计	19091	14	

表 7   **按主题领域统计结果**

序号	主题领域	篇数	编码	备注
1	世界事务	4698	D	含国内事务
2	社会科学	4548	C	
3	休闲	2511	H	
4	艺术	1931	F	
5	经济	1760	E	
6	自然科学	1524	A	
7	信仰思想	989	G	
8	应用科学	975	B	
9	文学	277	I	
10	其他	1308	J	

　　注：为便于检索，同一篇文本标注的主题领域存在交叉，即包含在两个以上主题领域内。

表 8　　　　　　**CEC 主题子领域文本篇数统计结果**

序号	主题子领域	篇数	编码	备注	序号	主题子领域	篇数	编码	备注
1	数学	39	A1		29	农业	104	E3	
2	物理	259	A2		30	工业	298	E4	
3	化学	216	A3		31	服务业	63	E5	
4	生物	704	A4		32	就业	52	E6	
5	天文	306	A5		33	其它艺术门类	184	F0	
6	工程学	21	B1		34	视觉艺术	135	F1	
7	通讯	128	B2		35	书法	14	F2	
8	技术	574	B3		36	绘画	169	F3	
9	计算机	97	B4		37	瓷器	152	F4	
10	能源	50	B5		38	武术	11	F5	
11	交通运输	48	B6		39	建筑	83	F6	
12	航空航天	57	B7		40	表演（音乐、舞蹈、戏剧）	902	F7	
13	社会学	396	C1		41	媒体（电视、电影）	246	F8	
14	地理	201	C2		42	雕刻	34	F9	
15	人类学	82	C3		43	宗教	48	G1	
16	医药	537	C4		44	哲学	2	G2	
17	心理学	10	C5		45	民俗	939	G3	
18	法律	360	C6		46	饮食	199	H1	
19	教育	2258	C7		47	旅游	1211	H2	
20	语言学	704	C8		48	时尚	191	H3	
21	历史	101	D1		49	运动	805	H4	
22	政府	479	D2		50	家居	47	H5	
23	政治	2940	D3		51	古玩	10	H6	
24	军事	72	D4		52	爱好	38	H7	
25	考古	60	D5		53	园艺	8	H8	
26	社会发展	1046	D6		54	小说	120	I1	
27	商业	858	E1		55	散文	23	I2	
28	金融	385	E2		56	经典文学	134	I4	

除了一些相关软件技术的创新外，中国英语系统的开发建设还向用户提供具有丰富、真实可靠的中国英语数据资源的语言分析平台，将对中国的英语学习、教学、语言研究以及"让世界了解中国"起到积极推动作用。

3.1.3 CEC 的其他说明

任何大型语料库的建设都要首先考虑以下问题：文本来源、文本的大小和状态、代表性、文本分类和文本格式。以下分别讨论。

1. 文本来源

文本来源即从何处获得文本。CEC 文本的主要来源是现有的各种专著、文章、文件、网页的电子文本，基本属于公共资源。不可否认，其中一些文本仍有版权保护。但本语料库建成后主要用于语言分析及教学科研，并不用于商业开发，此外，整个语料库并不对外公开发行，同时在语料入库时详细记录了语料文本的全部来源信息，以便使用者引用时标明。

2. 文本大小

CEC 在收集文本时，强调文本的完整性，并不强制分割文本。虽然保持文本的整体性在语料库建库实践中是一个见仁见智的问题，但我们仍然坚持文本完整性原则。任何一个自然的笔语文本都是有头有尾、完整连续的。我们无法预测以后的语料库使用者观察和分析文本的视角，但尽可能不强加人为的局限（如只取文本的片段），保持文本的本来面目，总是一个安全的策略；由于文本类型的不同，也不强制规定单篇文本的大小。我们的理据是：等长的文本固然便于分析和统计，却不是文本的自然状态。如强制规定文本的大小，必然会滤除掉大量真实自然的文本或文本信息。比如新闻报纸语料，单篇新闻基本为 300-1000 词，如果限定文本最小值 >2000，大部分新闻语料都难入库。

3. 代表性

不少语料库语言学学者都把语料库的代表性看成是一个关键问题，认为一个语料库是否具有代表性，决定了语料库的价值。这个观点对早期静态的、结构完整的语料库而言，毋庸置疑。但语料是否具有代表性是一个语料库使用时现场产生的问题，取决于语料库的使用者对语料的选取，即使用者决定选取什么语料代表哪一个总体。从语料库本身而言，任何一个语料库，无论其容量多大（我们可以设想一个100亿词次的语料库），其相对于语言使用的总体而言都是有限的。任何研究者在使用语料库时，其观察和分析的视角和视野也是有限的，通常不存在全视角的观察和分析。所以，CEC在建库时，通过标记、分类以及人机界面，让使用者自己选择语料的类型和大小，并决定其使用语料的代表性。又由于CEC是一个动态的语料库，语料持续增长，整体语料库的代表性被解构。

4. 文本分类

我们参照了各种语料库的文本分类标准，发现其要么过于粗疏，要么过于繁杂。为此我们对文本类型的分类采用了APA的分类标准，而对主题领域基于中国图书分类法，只选取其一级和二级分类。在操作中，允许对单篇文本附加交叉分类，即同一篇文本可以附加多个主题领域标签，以便于语料检索（参见附件4：文本主题领域编码方案）。

5. 文本格式

真实的文本不仅仅是数字字符流（李文中，2012）。文本具有多模态性、多格式性。现有的语料库检索技术尚不能全文检索格式文本，我们的解决方案是备份文本的原始格式，在检索时允许浏览格式文本。进一步的更精细的检索技术有待语料库技术的发展。

3.2　开放语料库研发平台

开放语料库平台（Opening corpus platform）是在中国英语语料库系统开发技术的基础上研制的一个面向大众的语料库自动建构系统。利用该平台，用户能够在不用兼顾计算机技术因素的前提下实现个性化语料库的构建与应用。其主要功能特点包括语料头部信息标注、语料消息添加、语料信息的自动存储和管理、语料的自动标注和语料库的检索分析等。

3.2.1 语料头部信息标记结构的图形化设计

语料头部信息（head information）标注的详略直接影响着语料库功能的挖掘。由于语料头部信息的标注结构复杂，设计实现困难，使得大多数语料库建库者望而却步。为解决这个问题，开放语料库平台为建库者提供了图形化的语料头部信息结构设计界面，使得建库者可以直接在具有鲜明层次结构的图形界面上进行任意一个头部信息项的添加、删除操作。建库者在图形界面上完成头部信息结构的设计后，软件将自动生成一个 XML 文档用来记录和描述语料的头部信息标注结构。例如，图 14 即为开放语料库平台为某语料库创建者提供的头部信息标注结构的图形化设计界面。若建库者想添加一个用来表示出版商信息（Publisher）的结构项时，可先用鼠标右击图 14 中的第一个节点（text_head），此时在该节点附近就会产生一个如图 15 中所示的 AddNewNode 按钮；单击该按钮，就会产生一个对话框，在对话框的文本框中输入 Publisher，如图 16 所示；单击对话框中的

图 14　头部信息标注结构的图形化设计界面

OK 按钮，名称为 **Publisher** 的信息项就会被添加到界面上，如图 17 所示。头部信息结构设计完成后，软件就会在后台生成一个如图 18 所示的 XML 文档。除节点（text_head）外，其它节点也可用同样的方法给其添加子节点项，或删除这个节点本身。

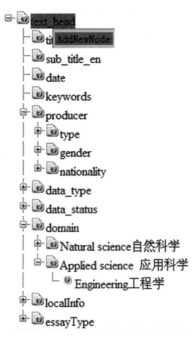

图 15　鼠标右击 text-head 节点项产生一个 AddNewNode 按钮

图 16　单击 AddNewNode 按钮并在对话中输入 Publisher

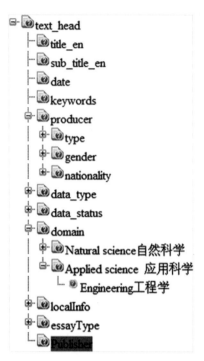

图17　单击对话框中的 OK 按钮后 Publishers 被添加到界面中

```
<?xml version="1.0" encoding="utf-8"?>
<text_head>
  <title_en fieldText="title_en" addFlag="no" />
  <sub_title_en fieldText="sub_title_en" addFlag="no" />
  <date fieldText="date" addFlag="no" onkeypress="validatingNum" length="8" />
  <keywords fieldText="keyWords" addFlag="no" />
  <producer add="true">
    <type fieldText="type" deleteFlag="no">
      <author fieldText="author" />
      <editor fieldText="editor" />
      <translator fieldText="translator" />
      <reporter fieldText="reporter" />
      <speaker fieldText="speaker" />
      <other fieldText="other" />
      <timeSubmit fieldText="timeSubmit" addAndDelete="addAndDelete" />
    </type>
    <gender fieldText="gender" deleteFlag="no">...</gender>
    <nationality fieldText="nationality" deleteFlag="no">...</nationality>
  </producer>
  <data_type>...</data_type>
  <data_status>...</data_status>
  <domain add="true">
    <A fieldText="Natural science自然科学" addAndDelete="addAndDelete">
      <A1 fieldText="Maths数学" />
    </A>
    <B fieldText="Applied science 应用科学" addAndDelete="addAndDelete">
      <B1 fieldText="Engineering工程学" />
    </B>
  </domain>
  <localInfo>...</localInfo>
  <essayType fieldText="essayType" addAndDelete="addAndDelete">...</essayType>
  <Publisher fieldText="Publisher" addAndDelete="addAndDelete" />
</text_head>
```

图18　存储头部信息标注结构的 XML 文档

3.2.2　语料信息添加界面

用户在建库伊始设计好语料的头部信息标注结构后即可通过开放语料库平台的语料信息添加界面向语料库添加语料。当建库进入语料信息添加界面时，软件就会依据存储头部信息标注结构的 XML 文档利用 Sajx（Self-adapted javascript + XML）技术在该界面的头部信息区域自动生成相应的文本框和下拉选项框，以方便建库者输入当前语料的头部信息。以图 18 所示头部信息标注结构的 XML 文档为基础软件自动生成的语料信息添加界面，如图 19 所示。当前语料信息添加完毕后，单击界面上的 Submit 按钮，软件就将语料的头部信息、语料的原始文件信息以及文本语料按照约定的数据格式提交给平台的语料库存储管理模块。

图 19　语料信息添加界面

3.2.3　语料信息的自动存储和管理功能

建库者将语料信息提交后，开放平台的语料库存储管理模块就会将语料信息进行解析，并自动将解析结果存放到相应的数据表中，从而实现语料信息的自动存储和管理，使建库者轻松实现语料库的建构。例如图 20 所示即为语料库存储管理模块把编号为 000179 的建库者提交的语料信并存储在记录头部信息数据表后的结果。

fileID	headXml	userID	createTime
23016	\<text_head\>\<data_info\>\<data_source\>...	000179	2009-3-22 10:17:00
23058	\<text_head\>\<data_info\>\<data_source\>...	000179	2009-3-22 15:22:00
23062	\<text_head\>\<data_info\>\<data_source\>...	000179	2009-3-22 15:29:00
23067	\<text_head\>\<data_info\>\<data_source\>...	000179	2009-3-22 15:34:00
23071	\<text_head\>\<data_info\>\<data_source\>...	000179	2009-3-22 15:38:00
23077	\<text_head\>\<data_info\>\<data_source\>...	000179	2009-3-22 15:42:00
23079	\<text_head\>\<data_info\>\<data_source\>...	000179	2009-3-22 15:45:00
23082	\<text_head\>\<data_info\>\<data_source\>...	000179	2009-3-22 15:49:00
23088	\<text_head\>\<data_info\>\<data_source\>...	000179	2009-3-22 15:54:00
23091	\<text_head\>\<data_info\>\<data_source\>...	000179	2009-3-22 15:56:00
23097	\<text_head\>\<data_info\>\<data_source\>...	000179	2009-3-22 16:01:00
23099	\<text_head\>\<data_info\>\<data_source\>...	000179	2009-3-22 16:04:00
23104	\<text_head\>\<data_info\>\<data_source\>...	000179	2009-3-22 16:09:00
23108	\<text_head\>\<data_info\>\<data_source\>...	000179	2009-3-22 16:12:00

图 20　头部信息在数据表中的存储示意图

3.2.4　语料的自动标注

建库者提交语料信息后，开放语料库平台就会对语料自动进行 POS 赋码标注、文本结构信息标注等操作。通过对语料进行 POS（Part of Speech）赋码，可以帮助人们进一步分析语料内部的语法特征，因此在建库时经常要对语料进行 POS 赋码操作。通常，POS 赋码是通过第三方赋码软件如CLAWS、TreeTag 等来完成的，这不但要求赋码者熟悉并掌握这些工具的用法，而且颇为费时费力。开放语料库平台通过自动调用赋码软件的内核程序，在不需要建库者进行任何操作的情况下完成语料的 POS 赋码。文本结构信息标注是指在语料文本的基础上，利用 XML 技术对文本的段落信息、句子信息、标点符号信息进行详细标注，以备检索分析使用。

```
BEIJING_NP1 -_- Stricter_JJR air_NN1 quality_NN1
standards_NN2 will_VM be_VBI adopted_VVN in_II
cities_NN2 ,_, the_AT State_NN1 Council_NN1
announced_VVN on_II Wednesday_NPD1 ._.
Readings_NN2 for_IF ozone_NN1 and_CC concentrations_NN2
of_IO PM_NP1 2.5_MC ,_, particulate_VV0 matter_VV0
smaller_JJR than_CSN 2.5_MC micrometers_NN2 in_II
diameter_NN1 ,_, will_VM be_VBI included_VVN in_II
the_AT standards_NN2 ,_, according_II21 to_II22 a_AT1
statement_NN1 issued_VVN by_II the_AT State_NN1
Council_NN1 after_II an_AT1 executive_NN1 meeting_NN1
presided_VVN over_II by_II Premier_JJ Wen_NP1
Jiabao_NP1 ._.
```

图 21　语料被自动赋 POS 码后的内容截图

3.2.5　语料库的检索分析

目前，虽然已有一些诸如 AntConc、WordSmith 等软件支持对文本语料的检索分析，但这些软件由于专业性比较强且设计复杂，对于一般用户来说，使用起来相对比较困难。鉴于此，开放语料库平台为用户提供了如索引行（Concordance lines）检索、搭配（Collocation）信息检索、词表（Word list）生成等一键式语料库基本检索分析工具。这些一键式检索分析工具通过开放语料库平台与语料库直接对接，不仅操作简便而且速度快。在索引行检索结果界面中，用户不仅能够方便设置节点词左右的跨距，还能将界面设置为带 POS 码或不带 POS 码显示，而且可以进行多种排序以及查看索引行所处的段落、篇章等信息（如图 22 所示）。搭配信息检索功能能够向用户提供任意一个单词与节点词之间的搭配关系如位置关系、Z 值等（如图 23 所示）。在词表生成界面，用户能够实现按频数、按字母顺序等维度对词表进行排序（如图 24 所示）。同时，开放语料库平台还提供了将所有检索结果即时输出到 Excel 文件的功能，以方便用户对检索结果的进一步分析。

设置查询节点词　搭配词　跨距 5/5　显示TAG　高低频统计　Concordance　Collocate　btnWordList　输出当前显示数据

序号	类型	语域	时间	段落	L5	L4	L3	L2	L1	key	R1	R2	R3	R4	R5	WID	SID	SPos (%)	PPos (%)
1	NA	E	080208	4				BEIJING	China	made	remarkable	progress	in	wind	power	15	4	0.12	0.1304
2	NA	E	080630	6	and	special	product	sales	has	made	significant	progress	in	converting	a	157	9	0.4375	0.4828
3	TS	C	200703	22	same	time	in	order	to	make	the	study	more	appropriate	and	842	43	0.25	0.1638
4	TS	C	200703	23	by	modern	statistical	methods	to	make	the	research	objective	and	authentic	1001	50	0.6667	0.9254
5	TS	C	200703	40	is	information	people	need	to	make	sound	decisions	about	their	lives	1441	74	0.5333	0.6154
6	TS	C	200703	47	experiences	of	everyday	life	to	make	news					1816	95	0.8636	0.2405
7	TS	C	200703	48	situation	needs	attention	and	will	make	it	newsworthy				1928	103	0.75	0.963
8	TS	C	200703	49		Any	story	that	can	make	the	readers	laugh	or	cry	1973	106	0.2083	0.7288
9	TS	C	200703	50	or	qualities	that	he	thinks	make	some	stories	more	compelling	than	2061	110	0.5714	0.7129
10	TS	C	200703	51	to	attract	readers	attention	and	make	them	feel	relaxed	and	released	2202	115	0.7407	0.9256
11	TS	C	200703	60	of	summarizing	main	idea	to	make	it	informative.				2764	144	0.9167	0.9429
12	TS	C	200703	67	of	summarizing	main	idea	to	make	it	informative.				3154	166	0.9167	0.9429
13	TS	C	200703	70			Some	news	agencies	made	it	a	rule	that	words	3295	178	0.1176	0.5328
14	WP	F		2	more	details	an	effort	to	make	the	models	look	more	real	105	3	0.7429	0.4
15	WP	F		3			The	major	contribution	made	by	Tang	dynasty	616-906	A.D.	148	6	0.1905	0.0833
16	WP	F		14	as	the	'export	porcelain	wares	made	during	the	transition	of	Ming	881	42	0.2353	0.6293

图 22　索引行检索结果界面

设置查询节点词　搭配词 of　跨距 5/5　显示TAG　高低频统计　Concordance　Collocate　btnWordList　输出当前显示数据

序号	Word	With	Z	Total	TotalLeft	TotalRight	L5	L4	L3	L2	L1	R1	R2	R3	R4	
1	of	make	2159.4302	2660	954	1706	295	306	242	105	6	281	304	369	418	3

图 23　单词 of 与节点词 made 的搭配关系结果图

序列码	Word	频数	频率(%)	篇数	分布率(%)
1	the	84801	7.2492	963	99.8963
2	of	48510	4.1469	959	99.4813
3	and	39819	3.4039	958	99.3776
4	to	28797	2.4617	950	98.5477
5	in	27154	2.3213	957	99.2739
6	a	21589	1.8455	941	97.6141
7	is	15175	1.2972	813	84.3361
8	for	9999	0.8548	880	91.2863
9	that	9035	0.7724	726	75.3112
10	as	8083	0.6914	771	79.9703
11	be	7771	0.6643	657	68.1535
12	with	7683	0.6568	828	85.8921
13	by	7091	0.6062	777	80.6017
14	on	7045	0.6022	847	87.8631
15	are	6872	0.5875	649	67.3237
16	or	5869	0.5017	454	47.0954
17	it	5746	0.4912	696	72.1992

图 24　词表界面

第四章 多媒体语料库平行定位检索播放系统（MCORPS)[①]

4.1 基本理据

4.1.1 引言

外语视听说教学媒体主要由音频、视频、实物教具（包括图片、幻灯片等）及教材构成。我国外语视听说教学的媒体应用经历了三个主要发展阶段：从二十世纪七十年代末到八十年代中期，外语教学媒体应用表现为"一对一"，即一种媒体形式对应一种物理设备，基本媒体有磁带、录像、电影、图片、幻灯及自制教具，对应物理设备包括录音播放机、录像机、电影机、幻灯机、投影仪等，媒体相互孤立、离散、封闭，缺乏交互性。二十世纪八十年代中期到九十年代中期，集成性的语言实验室成为主流应用，媒体特征表现为"多对多"，媒体整合性强，但媒体内容仍为孤立离散状态，其交互性主要表现为所提供的设备环境。九十年代中期到二十一世纪初，计算机多媒体逐步替代了传统的语言实验室，媒体特征表现为"一对多"，媒体应用表现为平台化（李文中，2004a）。近年来，外语教学从信息时代走向网络时代，媒体特征表现为开放性强、可传递、可共享的网络流媒体（ibid.），外

---

① MCORPS 的基本构架和运行原理由李文中总体设计，韩朝阳负责技术实现。

语视听说教学设备终端化，即网络通过云技术提供各种资源服务和交互服务，教学成为日益庞大的互联网资源一个节点事件。

然而，外语视听教学模式的成长与网络技术发展并不同步，具体表现为：（1）内容依赖，即预制的教材与媒体内容整体封装，缺乏索引服务，难以满足学生个性化需求；（2）设备依赖，由于播放软件长于线性进退，但定位性差，不能进行基于语言特征的定位播放和散点式点播；（3）以情节为焦点，而不是以语言为焦点；学生在视听课上往往为影视情节所吸引，而忽略语言特征；（4）组合性强，而聚合性差，教学无法针对某一具体语言特征，整合多个媒体内容进行集中训练。

为此，笔者和团队开发了"多媒体语料库平行定位检索播放系统（Multimedia Corpus Parallel Positioning Concordancing and Playing System，简称 MCORPS）"，通过构建多媒体语料库平台，融合语料库 KWIC 索引技术及多媒体技术，实现单、双语平行检索、文本索引、实时定位播放，以期对外语视听说教学、影视翻译及教学、辅助外语教学动态课件制作以及外语自主视听学习提供一个开放的解决方案和开发平台。

MCORPS 自 2008 年开发完成最初的版本，通过组织专家论证，并在全国部分高校推出试用版，广泛收集反馈，同时组织团队进行了一系列的教学实验和展示，该软件构架和应用日趋完善。本节就 MCORPS 的设计功能以及在外语视听教学中的应用进行分析和讨论。

4.1.2 MCORPS 的设计功能

MCORPS 的设计特征包括：

（1）构架多媒体语料库建库交互界面。多媒体语料库由文本及与之对应的音频、视频文件构成，应用"数据仓库"技术实现多媒体文件短语和句子级自动对齐。软件系统不是一个静态的、封装严密的内容产品，而是一个动态开放的开发工具。使用者可以根据自己的教学和学习需求，构建自己的多媒体语料库，体现了以教师和学生为中心的语料库建库思想，充分满足外语教学和学习的个性化需求。在技术层面上，体现了面向用户、面向需求的开发思想，使软件可定制、可开发、可延展。

（2）实时文本——多媒体对齐。实现脚本与音、视频内容实时对齐，以使教师能够制作自己的多媒体材料。

（3）实时多级、多次多形态标注。用户根据自己的教学和研究需求，基于给定的理论框架，对多媒体语料库进行特征、场景、词语、音韵标注。软件系统把标注信息自动转换为标准的 XML 文件，以供应用端查询、检索和提取。

（4）文本—多媒体文件双向定位检索和播放。传统的多媒体为单向的播放，即通过音像查看文本，定位基点为播放的时间，而 MCORPS 实现从文本到影像、从影像到文本索引行的定位播放，定位基点为索引行中的词语或短语。

（5）实时语音口语模仿训练。学生可以实时模仿并录音，进行语段对比。此外该软件系统并不与语言绑定，支持多语种建库和应用。

4.2　MCORPS 的系统构架

多媒体语料库平行定位检索播放系统（Multimedia Corpus Parallel Positioning Concordancing and Playing System，简称 MCORPS），是由河南师范大学语料库应用研发中心研制开发的集单、双语多媒体语料库构建与定位播放、影视翻译及教学研究、辅助外语教学动态课件制作、外语自主视听学习等多用途的开放平台。

MCORPS 自推出以来，受到国内外一些专家学者的关注和好评，同时在促进外语教学与研究方面也取得了良好成果（闫洁，2010）。功能更加丰富的 MCORPS 3.0 版已于 2010 年 5 月研制成功。本文主要介绍 MCORPS 的设计框架、基本理据以及 MCORPS 的开发。

4.2.1　MCORPS 的开发理据

在英语教学中，具有真实语境、互动性强、生动自然的语言材料能够促进学习者的目的语输入，改善他们对目的语的语言假设，并加快这种假设验证的进程，提高学习质量，强化学习效果。语料库方法强调语料的自然性，即语料必须来自语言运用事实，也就是人们实际使用的语言（李文中，2002a）。

就当今技术而言，音频、视频是能够体现语言自然性的最好形式。而以音频、视频为语料的多媒体语料库的构建技术却并不为大部分语言研究者掌握，且相关的检索应用工具也极其少见，致使多媒体料库在外语教学和研究中不能得以充分应用。

2007 年，我们经过多方调研、论证，决定开发一个能够支持多媒体语料库自动构建、可实现音视频批量检索和播放的开放平台系统，为外语教学与研究提供支持的平台。

4.2.2 应用文件及技术参数

（1）音频文件：主要包括歌曲、说话者的录音等计算机可识别的文件，这类文件常用的扩展名为：. mp3、. wav 等。

（2）视频文件：主要包括电影、电视剧、说话者的录像等计算机可识别的文件，这类文件常用的扩展名为：. mp4、. avi、. rmvb 等。

（3）多媒体文件：在本文中是指音频、视频文件的统称，又称为音视频文件，或直接简称为多媒体。

（4）字幕：指表示音视频文件中说话者说话内容的文字材料，且能够在音视频文件播放时，与声音同步显示在屏幕上。按照常规，我们把字幕分为音频字幕（LRC 标准）和视频字幕（SRT 标准）两种，这两种字幕的格式分别如图 25 和图 26 所示。

```
[00:20.00]Every night in my dreams
[00:24.00]I see you, I feel you
[00:29.00]That is how I know you go on.
[00:39.00]Far across the distance
[00:43.00]and spaces between us
[00:49.00]You have come to show you go on.
```

图 25 歌曲 *My Heart will Go on* 字幕文件的一个片段

```
1
00:01:13,385 --> 00:01:15,353
I can't let you out, Hedwig.

2
00:01:15,520 --> 00:01:19,081
I'm not allowed to use magic outside of school.

3
00:01:19,558 --> 00:01:23,426
- Besides, if Uncle Vernon--
- Harry Potter!
```

图 26　电影 *Harry Potter and the Chamber of Secrets* 字幕文件的一个片段

（5）字幕开始时间：指音、视频文件中播放每句字幕的开始时间，音频字幕和视频字幕开始时间的书写格式不同，如图 25 和图 26 所示。

（6）字幕结束时间：指视频文件中每句字幕播放结束的时间，音频字幕没有结束时间，结束时间格式和开始时间格式相同，如图 26 所示。

（7）字幕文件：用来保存字幕的文件。用来保存音频字幕文件的扩展名为".lrc"；用来保存视频字幕文件的扩展名为".srt"。

（8）场景及场景标注：场景是在视频文件中描述一个相对独立事件的视频片段。场景标注是指用 MCORPS 的场景标注模块对某个场景在视频播放中的开始时间和结束时间进行确定并保存到数据库中。

（9）元信息：即关于数据的基本信息，是指用来描述音频文件或视频文件特征属性的信息，如文件类型（音频或视频）、内容名称（电影名称、歌曲名称等）、语言类型、出版商、出版日期等。

（10）多媒体语料库：由元信息、字幕文件、音视频文件、标注信息等构成的语料库。

（11）单语多媒体语料库：字幕只有一种语言文字构成的多媒体语料库。

（12）双语多媒体语料库：字幕由两种语言（一般指原语和目的语）构成的多媒体语料库。

（13）定位播放：指 MCORPS 根据用户给定单词、词组或场景名称等条件从语料库中检索符合这些条件的音视频文件以及符合条件的内容出现在音视频文件中的开始时间点，并自动使音视频文件从这些开始时间点进行播放。

（14）用户：指正在或即将使用 MCORPS 系统的个人或团体。

4.2.3　MCORPS 运行架构

MCORPS 基本架构以及使用 MCORPS 进行多媒体语料库构建、检索的主要流程如图 27 所示。具体说明如下：

（1）添加语料库：用户将一个多媒体文件和其对应的字幕文件提交到 MCORPS；该系统的自动建库模块分别对音视频文件和字幕文件进行处理后将其存入多媒体语料库。

（2）信息标注：用户根据需要对多媒体语料库中的音视频文件进行场景、语论等信息进行标注。

（3）检索分析：用户通过 MCORPS 的检索分析模块，对音视频文件进行指定词语、场景等检索，检索结果将以共现行、名称列表等形式展现，并可自动定位播放。

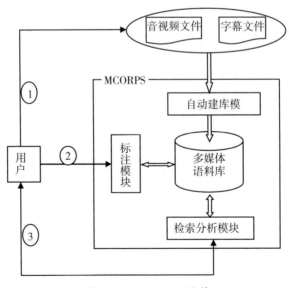

图27　MCORPS 运行架构

4.2.4　元信息结构

用户在向多媒体语料库添加音视频文件时，MCORPS 会根据系统文件夹中的 FileMataDataInfo. xml 文件动态创制音视频文件的元信息输入的图形界面。这种方法可以使用户在创建一个多媒体语料库时根据需要来自行设置音视频文件元信息的类型和结构。

FileMataDataInfo. xml 文件非常重要，因为它不但可决定用户输入元信息的图形界面，还可决定用来保存文件基本信息的数据表 tbFileInfo 的数据结构。这是因为 MCORPS 每次向语料库保存语料时都要检查数据表 tbFileInfo 的结构设置是否和 FileMataDataInfo. xml 提供的内容相符，若不符，MCORPS 就会重新自动修改数据表 tbFileInfo 的结构。

图 28 所表示的是 MCORPS 初始状态下，FileMataDataInfo. xml 默认的内容。在 MCORPS 的使用中，用户可以根据需要在该文件的 FileTitle 节点后面添加新的节点，但不能删除初始状态下默认的内容。假如，用户想添加一个用来表示音视频文件出版日期的元信息时，应操作如下：1）为该元信息指定一个英文名称，如"PublishDate"。但必须保证该名称不与 FileMataDataInfo. xml 中已有节点的名称重复，2）设置最大表示该元信息的文本最大长度，如"8"或其它数字。这样，用来表示出版日期的元信息节点就可表示为：<PublishDate maxlength = " 8" ></PublishDate>。将该节点添加到 FileMataDataInfo. xml 文件中后，新文件的内容如图 29 所示。

按照图 28 所示的 FileMataDataInfo. xml 文件内容，MCORPS 创制出的元信息输入界面如图 30 中黑色框内部分所示。

```
<?xml version="1.0" encoding="utf-8" ?>
<metadata>
  <!--设置一个下拉选项框，用来表示多媒体文件类型-->
  <Filetype >
    <type id="1" name="视频"></type>
    <type id="2" name="音频"></type>
  </Filetype>

  <!--设置一个文本框来填写多媒体文件内容的名称，如电影名称等-->
  <FileTitle maxlength="250"> </FileTitle>

</metadata>
```

图 28　FileMataDataInfo. xml 文件默认内容

```
<?xml version="1.0" encoding="utf-8" ?>
<metadata>
  <!--设置一个下拉选项框，用来表示多媒体文件类型-->
  <Filetype >
    <type id="1" name="视频"></type>
    <type id="2" name="音频"></type>
  </Filetype>

  <!--设置一个文本框用来填写多媒体文件内容的名称，如电影名称等-->
  <FileTitle maxlength="250"> </FileTitle>

  <PublishDate maxlength="8"></PublishDate>

</metadata>
```

图 29　包含一个表示出版日期的节点的 **FileMataDataInfo. xml** 文件内容

图 30　音视频文件添加界面

4.2.5　多媒体文件的数据库和磁盘相结合管理方法

MCORPS 采用数据库和磁盘相结合的方法对多媒体语料中的音视频文件进行管理。在多媒体语料入库时，MCORPS 首先为每个音视频文件分配一个唯一的文件编号（以下简称为 FileID），然后把要添加的音视频文件在保证扩展名不变的情况下重命名为该 FileID 并保存到 MCORPS 系统的 Resource 文件夹中。同时，把该音视频文件的 FileID、元信息内容作为一条记录添加到数据表 tbFileInfo 中。这样，磁盘 Resource 文件夹中的音视频文件、数据库中音视频文件的元信息等即可通过 FileID 建立关联。这种数据库和磁盘相结合管理多媒体语料的方法可用图 31 所示的结构来表示。

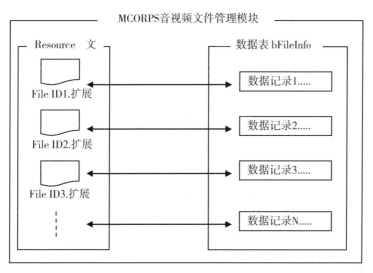

图31　文件管理模块

数据表 tbFileInfo 除了表示文件编号的字段（FileID）、多媒体文件类型（FileType）、多媒体文件扩展名的字段（FileExtension）和多媒体文件内容标题字段（FileTitle）外，其它字段的构建都要依据本文提到 FileMataDa-taInfo. xml 文件来决定。表 9 即为由 FileMataDataInfo. xml（图 31 内容）为依据 MCORPS 自动构建的数据表 tbFileInfo 结构及字段说明。

表9　　　　　　　　　　　　　　　　数据结构

字段名称	类型	是否可为空	长度	说明
FileID	整数	不可		音视频文件编号
FileType	整数	不可		音视频文件类型，1 表示视频，2 表示音频
FileExtension	文本	不可	10	音视频文件的扩展名
FileTitle	文本	可	250	音视频文件内容标题
PublishDate	文本	可	8	音视频文件

为有效管理字幕信息，MCORPS 会在多媒体语料入库时自动解析字幕文件并将字幕信息逐行保存到一个关系型数据库的 tbScriptInfo 数据表中，表 10 所示即是该数据表的全部字段数据结构及说明。

表10 数据表 tbScriptInfo 的数据结构

字段名称	类型	是否可为空	长度	说明
FileID	整数	不可		音视频文件编号
StartTime	整数	不可		某行字幕在多媒体文件中开始播放的时间（以毫秒为单位）
EndTime	整数	可		某行字幕在多媒体文件中播放结束的时间（以毫秒为单位）
OriginalScript	文本	可	250	某行字幕源语言内容
OriginalScriptLength	整数	可		某行字幕源语言内容的单词（或字）的数量
TargetScript	文本	可	250	某行字幕目的语内容
TargetScriptLength	整数	可		某行字幕目的语内容的单词（或字）的数量

MCORPS 对字幕文件的解析是以文件为单位进行操作的，分别依次逐行解析源语言和目的语的字幕文件。以源语言字幕文件为例，MCORPS 的字幕处理模块会：（1）把标记每行字幕开始时间的字符串和结束时间的字符串换算为以毫秒为单位的整数；（2）提取字幕文件中每行字幕的内容；（3）计算每行字幕内容的长度。若字幕为英文则计算单词个数，若字幕为中文则计算汉字个数；（4）把解析和计算结果按照一定序列格式存放在一个数组中。用同样的方法，MCORPS 还可对目的语字幕文件进行处理。

若用户在添加多媒体语料时没有提供目的语字幕文件，那么数据表 tbScriptInfo 中 TargetScript 字段值和 TargetScriptLength 字段值将被设置为空。同样用户没有提供目的语的字幕文件，那么 OriginalScript 字段值和 OriginalScriptLength 字段值将被设置为空。MCORPS 要求用户在添加多媒体语料时至少应提供一种语言的字幕文件。

最后，MUCPPS 的字幕分析模块将整合解析结果，把表示每行字幕信息的内容和对应音视频文件的 FileID（参阅 4.2.4 节）作为 tbScriptInfo 的一条记录，依次循环添加到数据表 tbScriptInfo 中。

为确保磁盘和数据库管理的同步，MUCPPS 采用了"事务交易（Transaction）"技术。这样，同一个多媒体语料的元信息、字幕信息、文件信息就可通过 FileID 这个纽带建立关联。

4.2.6 检索与定位播放技术

根据多媒体文件的线性播放特点，MCORPS 采用"时间标记"方法，实现由字幕信息索引音视频文件内容的多媒体语料库检索与定位实时播放技术。MCORPS 为用户提供了按场景名称和词句内容两种模式的检索。本文将主要以词句检索模式为例介绍 MCORPS 的检索与定位播放技术。图 32 所示的即为词句检索模式的流程及相关说明。

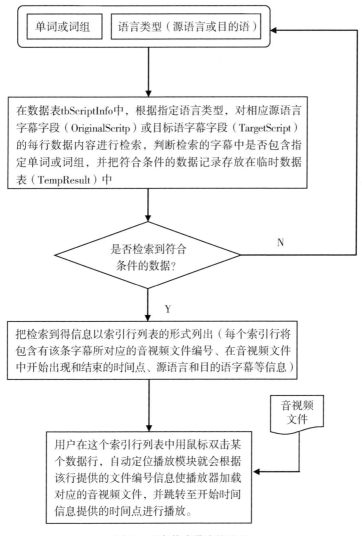

图32　词句检索模式的流程

MCORPS 根据用户给定的检索条件，对字幕信息数据表 tbScriptInfo 的 OriginalScript 或 TargetScript 字段进行检索，获得符合条件的记录行；根据记录行提供的 FileID、开始时间等信息，MCORPS 在特定的播放器中自动加载相应的音视频文件并从给定的时间点开始自动播放。这种以文本为焦点、时间点为标记的检索技术，间接克服当前计算机对多媒体内容识别检索的难题，为多媒体语料库的建库、检索及相关应用研究提供技术支撑。

4.2.7 MCORPS 开发和运行模式

MCORPS 是集建库、检索、应用为一体的平台系统，它是语料库语言学对音视频语料进行研究的新尝试，因此 MCORPS 开发也是一个科研探索过程。在研发过程中，我们将经常会对 MCORPS 局部的设计目标、功能需求进行修改。为此，我们采用比传统面向过程的开发模式更能提高开发效率的面向对象（Object-oriented）开发模式对 MCORPS 进行软件开发。

在 MCORPS 软件开发过程中，我们把 Microsoft Visual Studio 2005 作为开发平台，用 C#编程语言对 MCORPS 进行单机 Windows 形式进行编程，涉及多线程、数据库、XML 等技术。

MCORPS 为单机版框架式开放软件系统，即 MCORPS 可以独立运行于任何一台 Windows 操作平台的计算机，且提供多媒体语料库构建、检索等功能，而不提供诸如音视频文件、字幕文件等内容性材料。同时，MCORPS 允许用户自行设置，对某些功能进行调整，如多媒体语料元信息的种类及类型等（可参阅本书4.3节）。这种运行模式的优点在于：一是提高多媒体语料库的检索、播放、装载的速度；二是避免 MCORPS 与出版商就多媒体语料版权产生纠纷；三是方便用户构建个性化语料库。

4.3　多媒体语料库应用

4.3.1　MCORPS 在视听教学中的应用实例

长期以来，如何把线性播放的、内容不集中的音视频文件有效地应用到以语言学习为焦点的外语视听教学中，一直是外语视听说教学中的难题（李文中，2009）。数据驱动学习理论（Data-driven Learning，简称 DDL）针对学生语言学习具体内容，通过语料库索引提供大量语言运用实例，鼓励学生自我探索、总结语言规则，以达到促进语言学习的目的。英国著名学者 Tim Johns 首倡 DDL，并开发了 Kibbitzer 在线练习。使用 MCORPS，不但获得文本实例，还能得到多媒体实例，丰富了 DDL 的应用。以下通过实例说明 MCORPS 的部分功能。

1. 构建多媒体语料库

多媒体语料库可以为视听教学提供大量的真实的音视频语言实例。但多媒体语料库建库及相关技术使大部分教师望而却步，因此基于多媒体语料库的英语视听教学基本上仍处于理论研究阶段，而没有真正地广泛应用于实践。MCORPS 使多媒体语料库的构建在技术变得简单方便，大部分技术环节，如媒体语料库结构设计、语料管理等操作由 MCORPS 自动完成。

构建多媒体语料是基于多媒体语料库进行英语视听说教学的第一步。同样，MCORPS 应用的第一步，就是帮助教师制作符合教学要求的多媒体语料库。

建库时，MCORPS 要求在提供音视频文件的同时，还必须要提供与音视频文件对应字幕文件。对于一个音视频文件来说，目前，MCORPS 最多可支持包括源语言和目的语在内的两种语言类型的两个字幕文件。教师获得字幕文件的途径有两个，一是通过网络下载，再就是自己动手制作。

下面以构建哈利·波特系列电影的多媒体语料库为例，说明使用MCORPS 构建多媒体语料库的方法。

A. 输入音视频文件的基本信息，即元信息。如果用户需要添加更多元信息，可以通过修改 MCORPS 提供的 FileMataDataInfo. xml 文件，来设置音视频文件元信息结构。

B. 准备语料。我们可以从网络下载或直接购买的方法获得音视频文件。而与音视频的字幕文件往往要通过网络下载才能获得，因为一般情况下，下载或购买的音视频文件包中不包含独立的字幕文件。在本例中，我们采用从网络下载的方法，首先获得已经出版的 7 部哈利·波特系列电影的视频文件，然后再分别获得每部影片对应的中英文字幕。有时，下载到的字幕文件版本和音视频文件的版本不一致，这样就导致字幕和音视频文件播放的内容不同步。为确保字幕和音视频文件版本的一致性，在字幕文件和音视频文件添加到多媒体语料库之前，应使用 MCORPS 提供的同步检测模块或其他工具对字幕和音视频文件内容进行同步性检测。

C. 把语料添加到多媒体语料库。语料准备好后，就可以使用 MCORPS 提供的建库功能把语料添加到语料库中。在 MCORPS 操作主界面上，单击【添加语料】按钮，系统就会弹出添加多媒体语料入库的操作界面。在该界面上，指定将要添加的音视频文件路径，并填写该音视频文件的元信息后，单击【提交入库】按钮，MCORPS 就会把该操作界面上信息提交到后台的多媒体语料库的管理模块，并由该后台模块自动完成该语料的入库等相关操作。把哈利·波特系列电影的第一部"哈利·波特与魔法石"作为一个多媒体语料添加入库的操作界面如图33 所示。

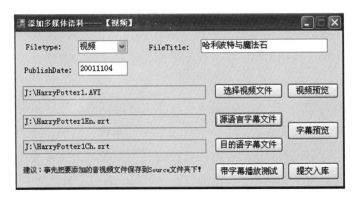

图33 电影《哈利·波特与魔法石》作为多媒体语料添加入库的操作界面

当然，对于已经添加入库的多媒体语料，用户能够通过 MCORPS 的语料维护模块对其进行元信息修改、多媒体语料删除等操作。有关这方面的操作这里不做介绍，感兴趣的读者请参阅 MCORPS 的《使用手册》。

2. 标注场景

使用 MCORPS 的场景标注模块能够实现对多媒体语料库音视频文件中的某些音视频片段如购物、打电话、人物介绍等进行标注。MCORPS 可对已添加过场景标注的多媒体语料库进行场景检索。通过场景检索，可把语料库中所有场景名称相同的场景集中呈现出来，为英语视听教学提供更多具有针对性的语言实例。

使用 MCORPS 进行场景标注的方法步骤包括：

A. 设置场景名称。在使用 MCORPS 进行场景标注前，首先要确定 MCORPS 中已经设置了相应的场景名称。否则，必须使用 MCORPS 的场景名称添加模块对相应的场景名称进行添加。

B. 添加场景标签。单击 MCORPS 的主控界面中的【场景标注】按钮，即可弹出 MCORPS 的场景标注模块操作界面。在该界面中选定并装载多媒体语料库中某个音视频文件后，此音视频文件已有的场景标注信息就会出现在如图 35 所示界面右边的场景信息列表内。在确定了一个场景的开始时间和结束时间后，单击【添加】按钮，MCORPS 就会自动把本次添加的场景信息保存在系统中，并同时把新增加的场景标注信息增加显示在场景信息列表内。

图34　《哈利·波特与魔法石》中关于"**Complaint**"的一个场景标签

C. 场景信息维护。在场景信息列表中单击鼠标右键，就可对已标注的场景信息进行修改和删除操作。

3. 检索与定位播放

检索和定位播放是 MCORPS 的主要功能之一。MCORPS 可以对多媒体语料库进行按指定场景名称和词句两种模式进行检索。在检索结果列表中，用鼠标双击任意一条记录，MCORPS 的播放器就会自动装载当前记录所对应的音视频文件，并从当前记录对应场景的开始时间位置或字幕行的开始时间位置处进行播放音视频文件。

以单词"go"为例，通过检索我们已经构建的哈利·波特系列电影多媒体语料库，向师生提供不同说话者、不同情景下包含"go"的语言实例。从而简要说明词句检索模式下 MCORPS 检索和自动播放的操作步骤及在外语教学中的应用方法。

A. 设置检索范围。在 MCORPS 的检索设置界面中首先选择要检索的音视频文件。默认情况下，检索范围被设置为语料库中的全部音视频文件。

B. 设置检索模式。鼠标单击 MCORPS 检索播放界面中的按场景或按词句选项按钮，即可设置将要进行检索的模式。本例按词句选项按钮，设置当前的检索模式为按词句检索。

C. 设置检索条件。设置的检索模式不同，要求用户输入的检索条件形式也随之改变。若为按场景名称模式检索，MCORPS 显示包含所有场景名称的下拉框，并由用户通过下拉框设置将要检索的场景名称。本例是以按词句模式进行检索则应在该模式下系统提供的检索条件文本框中输入要检索的词句。当在检索条件文本框中输入"go"后，MCORPS 的检索界面即为图 35 所示。

选中	序号	FileTitle	PublishDate
☑	1	Harry Potter and the Philosopher's Stone	20011104
☑	2	Harry Potter and the Chamber of Secrets	20021103
☑	3	Harry Potter and the Prisoner of Azkaban	20040531
☑	4	Harry Potter and the Goblet of Fire	20051106
☑	5	Harry Potter and the Order of Phoenix	20070628

☑全部　○按场景　◉按词句　源语言　词句: go　继续[G]

图 35　按词句检索模式下检索条件设置示例图

D. 自动定位播放。检索条件设置完成后，单击【继续】按钮，MCORPS 对语料库进行检索并呈现检索结果。同时，所有的检索结果将被罗列在该界面左侧的列表框中。若采用场景名称检索模式，检索结果将以场景标注的内容显示在列表中；若采用词句检索模式，包含指定词句的一行字幕就会显示在列表中。鼠标双击列表中的任一检索结果行，MCORPS 的自动定位播模块就会使右边的播放器装载当前检索结果行对应的音视频文件，并从检索行对应的开始时间处进行播放。本例的目标是检索包含单词"go"的所有字幕行，并实时展现该字幕行所使用的环境，其检索结果及自动播放效果如图 37 所示。

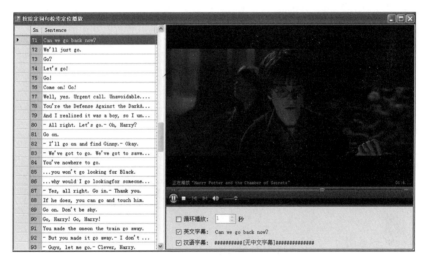

图 36　自动定位播放包含单词"go"字幕行

在英语视听教学过程中，按照不同的教学目标，设置不同的检索模式和检索条件，MCORPS 即可通过对多媒体语料库的检索向师生提供大量的、针对性更强的文字、声音、图像等多维度立体化语言实例。MCORPS 用自动定位播放功能代替人工操作来定位播放音视频文件，既减轻了教师的工作强度又节省时间，可大幅度提高视听教学的效率。

4. 小结

MCORPS 不但可以使用户方便地构建个人多媒体语料库，还可以通过其提供的检索和自动播放技术实现对多媒体语料库的检索，为多媒体语料库在外语视听、仿说、词汇以及影视翻译等教学与研究方面提供有效的平台。扩大 MCORPS 应用范围,如与网络语言实验室、网络课件、自主学习系统等进行整合,构建全方位的外语学习平台,使平台与课程内容对接,动态提取课文短语并进行定位播放,实现多媒体文件背景知识的动态挖掘等,将是我们今后的努力方向。

4.3.2 多媒体语料库及技术在远程教学的应用

随着语料库语言学的发展,语料库及技术在外语教学中的应用也在不断地扩大和加深。到目前为止,语料库及技术在外语教学中的应用方法可概述为:

(1)构建某种外语的本族语语料库,在教学过程中通过对某个词的 KWIC 检索,获得该词的索引行列表(如图 37);利用该索引行列表对即可方便地对该词的搭配、语义韵、语义倾向等特征进行总结分析,从多角度学习该词的使用方法。

(2)构建某种外语的学习者语料库,并和该外语的本族语语料库进行对比分析,总结出学习者与本族语者在哪些词、词组、句子结构等方面的用法差异,分析出原因,以警戒学习者在今后的学习中注意这种差异,并加以修正。

近年来国内外有关语料库及技术在外语教学中的应用方面的论文、成果如雨后春笋般不断涌现。特别是国内的一些教学科研机构,如,中国外语教育中心推出了基于语料库的外语自动考试系统,河南师范大学语料库研发中心研发的基于语料库的外语视听教学系统、翻译教学系统等。相继推出的一系列与语料库相关的外语教学工具软件,对语料库及技术在外语教学中的应用更起到了推动作用,这些工具软件的应用效果已受到使用者(教师和学生)的一致好评。这些论文、成果以及相关软件工具都充分说明和证明语料库及技术在外语教学中的应用是可取的,而且具有良好功效。

但就目前来看,对语料库及技术在外语教学中的应用研究和成果仅限于外语教学的课堂教学过程中,而与外语远程教学相关的研究和成果并不多见。为响应《国家中长期教育改革和发展规划纲要(2010—2020 年)》

大力发展现代远程教育的要求，把最先进的教育理念和方法应用于远程教育，提高远程教育水平，笔者和团队正在对语料库及技术在英语远程教学中的应用进行探索。

```
   His father, he said, had the right to  make  decisions of that kind, and perhaps he was a
 d caf proprietors are in a position to  make  decisions which will affect the freedom of m
 35-and-over events. Although he helped   make  development a causal science his theories we
 learning which requires the subject to   make  different responses to the two stimuli shoul
 . unit quantities when measuring out to  make  dilutions and to prevent caking giving the p
 ancial state the College might have to   make  do with one professor plus one subordinate t
 internal promotion policy will have to   make  do with available talent for future promotio
 mplain of this disaster, For they will   make  each muddy lake for Essex calves a pasture. .
 firms. He is clearly doing his best to   make  Elaine's life more bearable, to create the s
 ngerous tendency to try to be kind and   make  encouraging noises that parts of the grounds
 embers of the artist's family, who may   make  enlightening comments. But one has to rememb
 n detail, since employers do sometimes   make  erroneous assumptions during the redundancy
 s harnessed Hollywood-style glamour to   make  evening wear that really works, adapting his
 : normally repay external debt and will  make  every effort to do so. Despite strong protes
 the filming during which time we would   make  every endeavour not to restrict access to yo
 and approve of Locke's preparedness to   make  faith reasonable, would not be happy with th
 own photographic agency and went on to   make  films on the proceeds, using the talents of
 d insurance Most banks are prepared to   make  finance available to exporters to cover the
 which we have to beat. Companies which   make  first-use plastic might prefer recycled plas
 ion and presentation, and the trend to   make  foods more appealing by adding saturated fat
 i consequent on a prior dislocation can  make  for a creative, empathetic partiality which
```

图 37　在语料库中检索单词 make 后得到的部分索引行列表

1. 语料库及技术与英语远程教学

英语远程教学就是利用现代化的网络、通信手段进行师生非传统的面对面英语教学活动。与传统的面对面课堂教学相比，英语远程教学在时间和空间上更具有灵活性，更关注学生学习的自主性。在缺乏教师面对面讲解和督促的情况下，如何提高学生的理解能力、学习积极性、学习效率等都是英语远程教学管理者关注的焦点。

虽然英语远程教学与课堂教学有着很大的差异性，但随着计算机、网络技术的发展，比如实时音视频通讯等技术的发展，这种差异正在不断缩小。同时，英语远程教学和英语课堂教学的目标是一致的——帮助学生学习英语。因此，我们就考虑是否可以借鉴现有的语料库及技术在课堂外语教学中的研究应用成果，将语料库及技术应用于英语远程教学从而提高英语远程教学水平呢？

如果远程学习者也能够像课堂教学中的学生一样能够利用语料库及技术，把所要学习的英语单词或词组也能从语料中检索并用 KWIC 方式展现，将必定获得和课堂教学相接近的学习效果。因为远程学习者对知识的学习也是一种建构过程，而采用基于语料库的这种数据驱动学习的方法（DDL）（Johns，1991），也完全符合建构理论的基础。另外，对于远程学者来说，基于语料库及技术的 DDL 方法更适应自主学习、独立学习的要求。DDL 可使远程学习者通过分析大量来自现实生活的语言实例，总结某一语言现象的使用方法和功效，不但加深了记忆，还更容易把学习内容转化为自己的实际语言能力，在学习者获得学习成就感的同时又增强了其学习积极性。国内的一些学者如娄宝翠（2011b）等研究撰文表明语料库技术在英语远程教学中的应用切实可行，且会对远程教学效果起到明显的促进作用。

当然，即使技术如何发展，远程教学和面对面的课堂教学也还是有差别的，语料库技术在教学中的应用方法和手段与传统面对面英语课堂教学也同样存在一定的不同。为适应这种需求，我们研发了一个能够充分利用语料库及技术优势、更符合现代远程教育理念的英语远程教学平台。

2. 基于语料库的远程教学平台

我们研发的基于 B/S 架构、语料库和学习内容松耦合、学习内容与教学平台可热拔插的远程英语教学平台，拟在向远程学习者提供公共综合英语语料库的检索分析功能、建构个人语料库和与其相关的检索分析功能以及基于语料库和学习内容自动生成测试题的评测功能。该平台还整合了部分对英语学习具有帮助作用的网络资源，如在线字典、在线翻译等。下面将从设计模型和软件开发两个方面对该平台进行介绍。

（1）设计模型

平台设计的基本目标是能够让远程学习者根据自己的学习内容，以单词或词组为检索条件，对公共综合英语语料库和个人语料库的检索功能以及其他网络资源进行调用，帮助学习者提高英语学习效率。

在图 38 所示的平台设计模型中，公共综合英语语料库是由平台管理者（教师）通过收集英语母语语料而创建，该语料库可向学习者提供不同分类的语料资源查询；个人英语语料库是由学习者个人根据学习需要自己收集语料，利用平台提供的语料库构建功能进行创建的。

无论是公共综合英语语料库还是个人英语语料库都包括文本和多媒体两种语料形式，由于这两种语料的组成结构不一样，平台分别对这两种语料进行独立存储和管理，因此公共综合英语语料库是由其相应的文本语料库和多媒体语料库构成，同样，个人英语语料库也包括文本语料库和多媒体语料库。

在公共综合英语文本语料库的建设中，我们收集了英美两国著名出版机构自 2000 年以来部分电子文稿，并按照科技、经济、人文、宗教、法律等不同分类，再以纯文本（txt）的形式存储于语料库中。对于公共综合英语多媒体语料库，我们主要收集了 2000 年以来英美两国的著名广播和演讲录音以及流行的部分影视剧，按照政治、新闻报道、科幻、战争、爱情、伦理等分类标准将收集的音频和视频进行整理，并配以相应的字幕文件等作为内容进行多媒体语料库建设。

对于个人语料库的建设，学习者可以根据自己的需要，利用平台提供的个人建库功能创建纯文本语料库和多媒体语料库，自行设定语料分类标准，自行添加语料且个人创建的语料库数量不受平台限制，这就意味着每个远程学习者可以创建一个或多个属于自己的语料库。

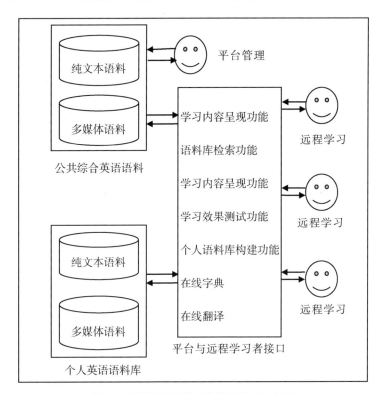

图38 英语远程教学平台设计模型示意图

另外，多媒体语料库支持的检索除能够提供 KWIC 检索界面外，我们还采用视音频定位播放技术，利用多媒体语料库向学习者提供基于字幕文本的音视频文件实时播放界面，实现文本到音视频画面的无缝对接和展示，为英语学习特别是英语视听说学习提供更大的帮助和支持。

（2）平台开发

把大型数据库系统 SQL Server 2005 作为英语远程教学平台的存储和管理框架，能够克服传统语料库以磁盘文件模式存储管理语料的平面化弊端，可使我们从多维度对语料进行管理和检索，更充分有效地利用语料库资源。虽然这种构建语料库的方法比较复杂，但通过我们开发的建库功能模块，语料库构建者只需向平台提供建库策略（如语料分类标准）和语料内容，语料库就会由计算机服务器自动构建完成，并且还能够为构建的语料库自动提供标准的查询检索界面。这种开放语料库建库思想功能相比传统语料库构建方法更加简便，功能也愈加丰富。

采用 Web Service 形式把学习者的请求与平台各功能的应答进行耦合，为平台软件的维护和功能的再扩展提供最大的便利。以 XML 作为平台的数据交换标准，使得平台数据交换接口与国际标准接轨，为远程学习者在不同客户端上利用该平台进行学习提供可能。

用 JavaScript 来处理平台 Web 页面的逻辑判断，使得服务器端的处理模块（用 C#编写）更具有针对性（韩朝阳，2009），提高执行效率，减轻服务器的执行负荷，有效解决了 Web 软件由于"胖服务器"而执行效率低下的问题。

多线程音视频定位播放技术的利用，使多媒体语料库在英语远程教学平台上的应用成为可能，其多模态的语言呈现模式使学习者在英语学习过程充分利用自己的视、听器官，提高学习效率。

以语料库做支撑、以网站的形式进行访问的该英语远程平台，可使学习者利用计算机、手机随时随地进行登录学习，充分利用语料库技术和现代科技为英语学习带来了乐趣和效率。

3. 平台应用及问题

以新世纪大学英语《视听说教程》第一册为例，我们在平台上做了远程教学应用测试。具体操作方法如下。

　　首先，平台管理人员根据《视听说教程》第一册的内容，将其转换为网站的形式，然后按照给定的规范打包并上传到英语远程教学平台服务器。接着，远程学习者通过自己的计算机登录到远程教学平台，《视听说教程》第一册的课程名就会显示在教学课程列表中。选择该课程名后，平台的学习内容呈现功能模块就会按照学习者的要求，打开该课程的任一页面（如图39所示）。

图39　《视听说教程》第一册第一单元第二页内容

　　在学习过程中，学习者用鼠标拖拽学习内容页面上的任一单词或词组至平台的 Keywords 文本框，再选择将要检索的语料库或其它检索出口后，然后单击平台上的【Search】按钮，即可向服务器发出检索请求。服务器响应请求并把检索结果返回平台的客户端，客户端自动将检索结果展示给提出检索请求的学习者。以单词"hello"在公共综合英语多媒体语料库中检索为例，其检索结果平台将以如图40所示的形式展示给学习者。

　　限于篇幅，平台中与语料库及技术相关的其他如个人建库、自动生成测试卷等功能的应用不在此逐一说明。下面我们将主要讨论在平台的测试

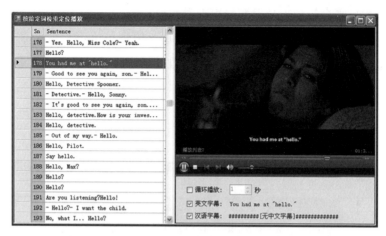

图40　"hello"在公共综合英语多媒体语料库中检索结果及定位播放

应用过程中发现的几个问题及对应的解决策略。

公共综合英语语料库和个人语料库的开放设计，使平台管理人员和学习者能够不断地向相关语料库中添加语料。当前，公共综合英语的纯文本语料库已达到1000万单词，其多媒体语料库也已达300部集的近400G的内容量。随着语料的增加，服务器对语料库检索处理的速度有下降趋势，同时，多媒体语料磁盘空间占用量也是一个问题。

由于受网络带宽的影响，学习者在对多媒体语料库检索时，虽然能够快速获得检索结果，但在多媒体文件定位播放时却经常出现等待、卡机等现象，不能充分发挥多媒体语料库的功能，并影响学习者的情绪。为解决这个问题，我们试图让多媒体语料库本地化，即把多媒体语料库构建在学习者自己的电脑上，这样多媒体文件的播放就不受带宽影响了。

随着语料库语料的增加，语料库会为学习者呈现非常多的检索结果，有时达到几百条甚至上千条。而这些检索结果对于某个语言现象来说经常是大同小异，这种情况不但不利于学习效率的提高，还会给学习者带来恐惧感，严重影响语料库及技术在远程英语教学中的应用效果。如何才能向学习者呈现足够且又有效的语料库检索结果呢？我们也在研究如何使用梁茂成（2009）提出的"微型文本"概念来解决此问题。

尽管随着应用与探索的深入，影响基于语料库技术的英语远程教学问题还会不断地被发现。但实践已经证明，语料库及技术不仅可以用于英语远程教学，而且对传统的英语教学也具有积极作用。

4.3.3　多媒体语料库构建及在外语教学中的应用

1. 研究回顾

多媒体是在计算机系统中，使用文字、图片、声音、动画、影片等多种信息载体的表现形式和传递方式（Beatty，2005，p. 39）。由于多媒体包含丰富的可理解性语言输入，它在辅助语言学习方面能够发挥积极的作用；多媒体的使用能够在阅读、听力、理解与词汇识别方面提高学习者的语言应用能力（Khalid，2001；Campbell & Filimon，2018）。

同样，依靠多媒体技术，英语影视也能够在语言教学中发挥作用。该领域研究学者从不同视角提出观点，如主张把多媒体作为增强培养语言技能效果的手段和模式，提倡利用多媒体手段辅助语言教学（Shadiev et al.，2018），认为电影比其他教材更能使学习者集中精力（Ortiz & Cuéllar，2018），英语电影中的真实交际与来自现实生活的场景对于听说教学是理想的教材（Carolina & Astrid，2018），可以为语言学习者带来若干益处（Mayer，2009）。还有一些学者通过自己的研究，检验或验证影视材料在外语教学中应用的效果，如 Halwani（2017）和 Hwang 等（2016）分析了听力教学中使用多媒体手段的效果，认为多媒体以及依托智能机终端的多媒体呈现有助于学习者专注于学习内容。Chen 和 Wu（2015）评估了使用教师讲课视频进行在线学习的效果，发现画中画模式的视频和普通的音画视频比内容加旁白视频更有助于提升学习者的学习成效，旁白加声音讲解的视频更有助于延长学习者的注意力时长、增加学习者的认知负荷。但是，运用多媒体手段和网络平台进行语言教学和训练也存在一些问题，通过研究这些问题也提出了一些建议。研究指出，多媒体辅助学习过程应该着重考虑的问题是：多媒体教学手段如何改善教学结构，多媒体技术如何帮助重组教学过程，如何有效地使用多媒体呈现知识（Lyashenko，2010）。

近年来，我国也逐渐把电影等多媒体形式引入到语言教学中。通过调查或实验方法，电影等多媒体形式应用于英语教学的效果已被证实，比如说，合适的电影素材类型可以在听力教学中用作辅助工具，有助于提升听力教学的效果（如曾庆敏，2011；李欣等，2012）。关注的焦点开始转向如何合理利用多媒体中的多模态组合以更好地提高学生学习成效，比如说英语字幕比起汉语字幕更有利于提高学习者的听力理解（胡永近 & 张德禄，2013）。这些研究为语言教学提供了新的角度，为如何使用多媒体形式提升语言教学效果提出了非常合理的建议。然而，上述研究极少涉及多媒体教学设计的具体思考，以及针对现状如何因地制宜地研发新程序和技术。

在英语教学中，具有语境真实、互动性强、生动自然的语言材料更能促进学习者的目的语接触，改善他们对目的语的语言假设，并加快这种假设验证的进程，提高学习质量，强化学习效果。语料库方法强调语料的自然性，即语料必须来自语言运用事实，也就是人们实际使用的语言。而现实生活中人们交流使用的语言材料很难收集，人们交际随时随地，无法跟踪，难以记录。在英语视听说教学中，教师们大多从现成的教材和视听材料中获得英语口语材料，但这些材料在语境限定、真实性、更新程度以及语料的丰富性等方面存在诸多限制。目前相关研究主要集中在三个方面：一是多媒体在教学中的应用研究。研究者强调现代技术手段，尤其是影视等多媒体教学和现代技术对教学和学习策略训练的互补和辅助作用，由此呈现出整合出一种不同以往的教学模式，衍生出了对应的实施步骤和方法（何克抗，2011）。二是基于影视对白的翻译研究。研究者们注意到影视对白翻译由于语境的限制出现大量变异特征，由于对白配套画面呈现速度的不同步性出现大量的非对应情况，这些都会影响教学效果。在确定材料质量和内容适切这两个前提下，充分利用这些材料，才能够促进学生学习效果，营造出交互式课堂氛围，帮助学生获取更为积极的情感体验（黄志芳等，2020）。三是双语语料库应用于翻译研究和翻译教学的可行性引起人们关注，讨论的话题有英汉、汉英平行语料库建设，以及面向外语教学的小型平行语料库建设与应用检索。研究发现，平行语料库可以用于在课堂中呈现数据，可筛选，便于观察；而基于平行语料库的研究成果也有助于改善译文评估方式，打破了单语类比研究模式（黄立波 & 王克非，2011；王克非，2015）。越来越多的人开始致力于开发用于特定教学目的的、小型的具体用途英语语料库，相应的建库技术、平行语料库检索软件及应用前景都引起人们的关注（李德超 & 王克非，2010；王克非，2021）。

对大部分外语教师而言，在自己的教学中应用语料库可能遇到的难题有二：一是缺乏可用资源，再就是缺乏相关软件和技术支持。虽然学者们对外语教学中影视材料应用进行了多项实验和研究，对语料库在外语教学中的应用也进行了各种探索，但如何把多媒体材料与语料库技术结合起来，服务于外语教学，尚不多见。本节试图探讨利用影视歌曲等音频视频语料及其中英文平行字幕构建以语言为焦点的多媒体语料库，开发软件平台，对其进行管理、检索、定位和播放，最终形成开放的动态教学系统与学习平台，以解决上述难题。

2. 多媒体语料库的构建

MCORPS 是一个开放的、动态的、互动的英语教学系统与学习平台，通过对存储了海量音频、视频文件及与其对应的中英文平行字幕文本的多媒体语料库进行自动检索、索引，实现了音频、视频、中英文平行文本的同步检索和定位播放，从而为语言教学与学习直接展示各种语言功能、副语言特征和相关社会文化背景（李文中，2009）。MCORPS 主要包含两大部分：一是视频音频及对应的脚本文本库，二是平行定位检索播放系统，界面展示如图 41。

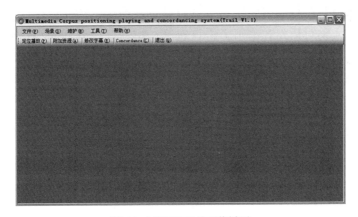

图 41　MCORPS 的工作界面

其构建理念包括两方面：一方面，在我国经过近 30 年的发展，语料库的种类和应用领域正不断扩展，语料库无论在语料的采集规模上还是内容上都有了新的发展。多媒体语料库的构建突破文本语料库的局限性，进一步提供关于声调、体势、社会背景等信息，为语料库的发展注入了新的活力，大大提升了语料库的应用价值。另一方面，影视中的语言，即人物对白或独白，是现实中语言的真实再现，为英语教学提供了地道的语言素材。但是一部孤立的影视自成体系，在普通媒体的线性播放中，其语言材料围绕主题、情节和叙事展开，缺乏语言特征的聚类。多媒体语料库可以为利用现代英语口语语料展现一种非线性的、纵向的多维度视野，为缺乏鲜活现代英语口语语料的教师提供一种实用的解决方案。

在技术上，多媒体语料库具有以下优势：（1）建立由中英文平行字幕文本构成的纯文本语料库，实现句子级对齐和检索；（2）建立视频音频媒体库，通过字幕时间实现播放控制，使索引行直接链接视频音频文件，精确定位字幕的出现位置；（3）实现纯文本语料库和多媒体索引的整合，使对白、场景和原音统一起来。

3. 建库原则

多媒体语料库的建库主要依据三个原则：

（1）选择性原则。多媒体语料库的语料主要是影视、歌曲等视频音频材料及其对应的字幕，选择性原则是决定语料库质量的根本，主要体现在三个方面：一是对影视的选择。首先，电影与电视剧的内容不能有暴力、色情、血腥的画面以及粗俗的语言；其次，优先选取故事情节生动有趣，人物对话发音清晰，语言新鲜、难易适中且高度口语化、生活化、多样化的优秀的影视作品；其三，影视中应包含西方文化中的典型人物或年轻人，使学习者能够把日常生活中遇到的事情同电影片段中的主题以及课堂活动中的话题关联在一起，同时加深他们对西方文化的理解；其四，不同类别的影视应均衡选取，以保持语料库的平衡性。二是对英文歌曲的选择。应选取词曲优美，歌者发音清晰，旋律流畅、节奏适中的歌曲。三是对影视歌曲译文字幕的选择。一部影视或一首歌曲可能有多个版本的中文翻译，应优先选取知名、正规机构翻译的字幕、歌词译文，或者比较多个版本的字幕文件后，选择格式规范和译文质量较高的版本。

（2）开放性原则。MCORPS 是一个可以不断更新、丰富的平台。使用者不仅可以成为构建者，还可以根据需要构建自己的语料库。因此，从根本上说，MCORPS 是一个开放的、动态的教学系统与学习平台，其开放性为 MCORPS 的不断壮大提供了根本保证。

（3）交际教学与自主学习原则。首先，语料库的发展使其本身可以作为语言教学的材料，从而使教师所教的内容发生根本性的变化（Hunston，2006，p. 137）。MCORPS 通过图形、图像、声音、文字多种渠道呈现地道、真实的英语口语语料，使语言教学的内容变得更丰富、有趣、易于接受与理解，为提高学习者的交际能力创设了理想的环境。其次，MCORPS 为学习者自主语言学习提供了可能，其中的文本实例、语音、情景及交际现场使这种自主学习更具个性化和针对性。同时，通过自己观察语言现象，做出假设，经过验证、修正假设，最后得出结论的主动探索过程，使学习者能学习到更多的语言知识，思考更多的语言问题。

4. 多媒体语料库标记与语料净化

语料库标记即为语料库文本添加元信息或元元信息的过程（李文中，2012），以提高语料后期应用价值，实现对音视频的不同检索需求。所谓元信息即是关于文本的基本信息。这些元信息一般包括描述信息和附加信息。在 MCORPS 中，元信息指音或视频的类别、英文名称、中文名称、发行日期、发行国家等。

为保持纯文本语料格式的一致性，MCORPS 中音频和视频对应的字幕文件分别采用 * . lrc 和 * . srt 格式字幕。通过网络获取的字幕文本存在各种与 MCORPS 语料录入不符之处，如：音视频与字幕文件播放时间不同步、播放时产生垃圾码等，因此需要对字幕文本进行清理。对于时间上的不同步，可以通过软件"歌词字幕转换制作专家 3. 14"调整误差；字幕文件中的垃圾信息可使用正则表达式，借助软件 PowerGrep 实现文本清理，具体操作步骤，这里不再详述。

MCORPS 中需要录入的语料主要有三部分：音视频元信息、中英文平行字幕文件和音视频文件。在 MCORPS 中，将它们逐项输入即可将语料入库。

5. 语料的分类与标注

注重语言功能是 MCORPS 的一个显著特性。为了方便、快捷地检索到视频语料中与不同语言功能对应的场景片段，我们应对不同场景的性质和特征进行分类、标注，即根据各影视片段所体现的语言功能对其标注。与其他语料库标注不同的是，MCORPS 将标注文本独立存储，因此这种标注不会破坏原视频语料的完整性与原始性。然而，由于视频语料的特殊性与语言功能的复杂性，这种标注是抽取性的，只对体现某一语言功能的视频片段进行标注；同时，它们之间的对应没有严格的范围限制。

我们采用 van Ek 与 Trim 在 *Threshold Level* 1990 中对语言功能的分类作为对视频语料标注的依据。其原因有三：首先，van Ek 与 Trim 对语言功能的分类是为满足不同教学目标，服务教学而设计（van Ek & Trim，1991，p. 4）。其次，能体现教学活动中蕴含交际能力培养的思想（ibid.，p. 4）。其三，能重视学习者的学习需求，既有适合大多学习者的课程设计，又能选取合适学习材料，满足小群体与个人学习的需要（ibid.，p. 2）。因此，这种分类与我们对 MCORPS 的应用理念非常吻合。

依据《大学英语课程要求（2007）》（中华人民共和国教育部，2010）对大学英语教学划分的三个层次，我们可了解到大学阶段需要掌握的语言功能，结合国家教育部对大学生在口语表达能力的要求，我们把一些常用的语言功能作为进行标注的优先选择并把它们划分为三个层次：

一般要求：打招呼，介绍，道歉，赞同/不赞同，询问观点，提出请求，让人重复所说内容，开始、继续或结束会话。

较高要求：接受，婉拒，建议，表达观点，表达吃惊、感谢、好恶、遗憾、抱怨、沮丧并进行回应。

更高要求：警告，鼓励，表达需求、愿望、理想，对某一问题进行讨论、解释、说明、例证、强调与总结。

根据以上分类，在 MCORPS 中设置场景名称与场景标签，即可对视频语料进行切分与标注。

6. MCORPS 的基本功能

MCORPS 主要实现五种功能：

（1）检索与定位（Retrieving and positioning）。根据语料库中影视、歌

曲与其中、英文字幕的播放时间建立两者之间的对应与链接，通过检索英文或中文字幕文本，实现对音频视频资料的检索与定位播放。例如，当被检索句"I'm sorry."输入词句检索框（图42）后，语料库中所有包含此句的英文字幕及其上下文将全部在新检索界面"按给定词句检索定位播放"的左边呈现（图43），选取点击任何一句，与该句对应的音频视频及中英文字幕在界面右边实现定位与同步播放。

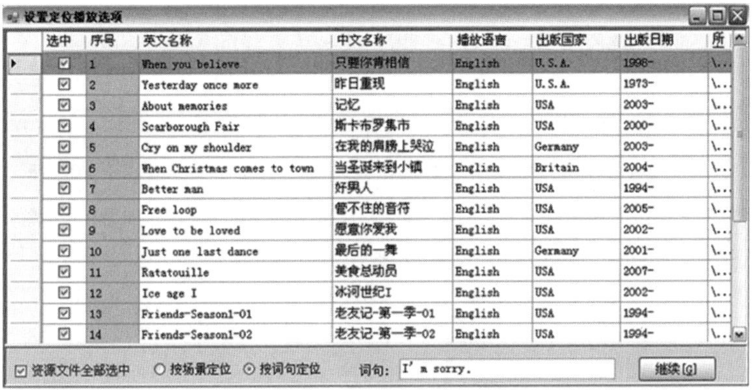

图42　在词句检索框中输入所查询句子的界面

图43　对"I'm sorry."一句的检索结果及视频定位与同步播放的界面

（2）关键词索引（Key Word in Concordance）。对多媒体语料库的索引是指在语料库中搜索某个关键词或短语，MCORPS为搜索到的每一个关键词或短语提供其所在语境以及与它们对应的中文译文，并以 KWIC 形式呈现。点击一句索引行时，包含该关键词的音频视频与中英文平行字幕同时呈现在新的界面中，该关键词所在的语境，事件发生的场景、说话者的副语言特征，如行为、表情、手势、声音、语调都能展现。例如，将 "love" 输入到 Key Words 搜索框中（图 44），点击 "continue" 后，包含 "love" 一词的索引行与其对应的译文同时呈现（图 45）。点击一句索引行，与该索引行对应的音频视频与其中英文字幕文本可同时显示（图 46）。除关键词索引外，该系统支持英文–中文或中文–英文双向索引。

图 44　关键词 "love" 输入到 Key Words 搜索框中的界面

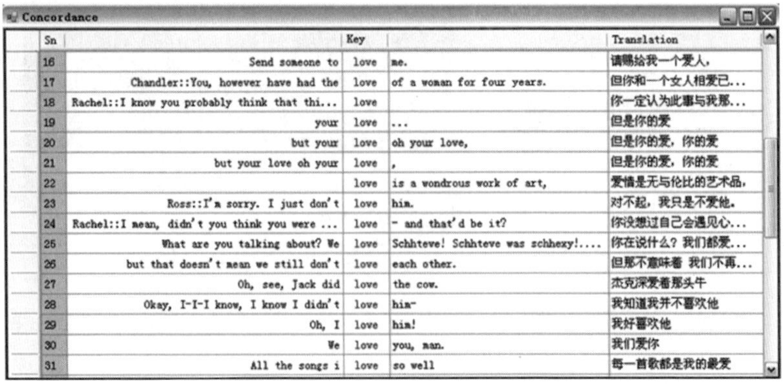

图 45　包含关键词 "love" 的索引行与其对应译文的界面

图46　关键词索引行对应的视频与中英文平行字幕的界面

（3）场景提取（Scene Extraction）。对音频视频片断进行分类标注后，就可在语料库中提取表现同一语言功能的不同英语表达方式，以及与它们对应的音频视频片段和中英文字幕。如选取"Greeting"这一语言功能（图47），在"按给定场景检索定位播放"窗口中即可观看与 Greeting 相关的各种视频片段（图48）。场景提取功能可以满足不同语言功能的口语教学需要，加深学习者对语言功能及其不同语用环境的理解。

图47　体现不同语言功能的场景分类界面

（4）可选择性字幕（Optional Caption）。图49 中，英文与中文字幕的前面都有可选择方框，从而使教师与学习者根据需要灵活取舍字幕。

（5）循环播放（Loop Playing）。如图49 所示，任何所需的影视片段都

图 48　与 "Greeting" 相关的场景片段

能以循环的方式播放，并可根据需要制定循环播放的时间。这一功能的实现使转瞬即逝的口语语言得以跟踪，教师与学习者可以充分关注所需信息。

图 49　可选择性字幕与循环播放功能界面

从以上功能可看出，多媒体语料库技术与外语视听说教学结合，具备比文本语料库和其他多媒体教学软件更大的优势。MCORPS 为教师与学习者提供了真实交际中的英语口语，展现了英语口语的实际使用情况、实时交际环境和社会文化语境，创造了多渠道、多模态的信息展示方式，通过提供中英文平行字幕发挥了母语在英语学习中的促进作用。

7. 讨论：多媒体语料库的主要优势

总结 MCORPS 在外语视听教学中的应用优势，主要有以下几个方面：

以语言实例为焦点。MCORPS 使外语学习以语言为焦点，辅助于真实的多媒体场景，不仅使学习者体会课堂之外语言的真实运用，而且同他们的实际需求紧密联系在一起，成为连结课堂学习与个人学习需求的纽带。由此，学习者可以学到大量口语化的单词、搭配、句法结构，领悟语言的各种交际功能，从而掌握真实交际中英语的表达方式。

语境化外语学习。从功能的角度来看，任何语言使用都有语境，语境对学习者社会语言能力与语篇能力的提高十分重要（Halliday & Hasan，1989）。Halliday（1978）把"特定语境下意义潜势的实现"当作语言学习的主要部分（p. 109）。MCORPS 中的语境包含四个方面：一是同一语言特征的多场景支持和多样化上下文；二是同类情景言语交际发生的行为环境及场景；三是同一言语行为与韵律的交互作用而产生的多种意图和结果；四是语言运用可视化的多元呈现使学生看到同一语言模式在不同的交际事件中运用效果。通过这四个方面，学习者会更加关注语言的功能与语言的实际运用，即"谁何时向谁说了什么以及什么结果"（Fishman，2000，p. 82）。

外语学习多模态化。用视觉去获取文字图像多媒体信息是单模态学习；用视觉、听觉、身体效仿等获取文字图像多媒体信息则是多模态学习。Hartman（1961）曾指出多种渠道同时呈现信息比单一渠道呈现相同信息的学习更有效。Mukhopadhyay 和 Parhar（2001）认为不同渠道间的相互加强能够优化学习效果，从而适合不同学习者的学习方式。利用MCORPS，学习者除了接受来自视觉通道的信息，还可以同时感受由听觉通道呈现的语音信息以及大量的非语言信息。当这些以多感觉通道呈现的刺激同时激活左右大脑的不同区域时，可直接让大脑接受大量形式不同的信息，使得整个学习活动在更广的层面上发生，从而提高最终的学习效果。

发挥母语的作用。在我国现行的教育体系中，母语与外语教育是完全分割的（束定芳 & 庄智象，2008，92）。外语课堂中避免使用母语主要来自两个方面的担忧：一是母语会导致负迁移与干扰，使目标语中产生错误；二是母语使用得越多，目标语的接触则越少，长此以往不利于授课班级形成学习目标语的氛围。而 Brown（2001）指出："有时母语会引起负迁移……然而需要特别注意的是，母语常常会带来正迁移，学习者能够从母语中受益……我们通常在分析目标语错误以及夸大母语干扰作用的时候，忽视了母语的这一作用"（p. 90）。因此，我们没有必要刻意排斥母语，相反，教师应在语言教学中充分利用母语的正迁移作用，以增强学习者对英文的理解力与母语对西方文化的适应程度。使用 MCORPS 时，考虑到教学的不同需求，我们支持交际语言教学观中适时使用母语的观点，把平行字幕中的母语材料作为教学过程中辅助英语学习不可或缺的一部分。

8. 小结

把语料库技术应用于外语教学的研究和探索，是致力于建立一个以现代教育技术为支持的立体化外语学习环境，以更加科学、有效的方式提高外语教学质量。首先，多媒体语料库为外语教学及研究提供了功能强大的数据检索和应用界面，把多媒体文件影像的线性视听与语料库的非线性检索与分析结合起来，为解决外语学习和教学中的主要难题提供了可能的解决方案。其次，多媒体语料库强大的信息存储功能注定了这种环境必将成为丰富的教学资源库，其基本价值在于为教师利用语料库进行英语教学提供更广阔的空间，更丰富的资源和更易操作的教学平台，为学生课堂学习与自主学习提供良好的语言学习环境和条件。MCORPS 后续研究主要有三个方面：第一，使 MCORPS 与大学英语教材对接起来，利用语料库海量信息优势，使课文文本语句与多媒体语料实现交叉查询，强化课堂教学的效果；第二，MCORPS 与网络实现无缝链接，相关知识背景和资源通过网络知识挖掘，实现实时呈现，为外语教学提供强大的资源支撑和服务；第三，允许教师制作和设计适应各自需求的多媒体语料，使多媒体语料库更加个性化。

第五章 中国英语平行语料库研究①

平行语料库的基本价值在于为自然文本提供了一个文本网络和平行参照。在一个自然文本中,任何一个意义单位的识别和理解都不能脱离其共生的语境,也不能脱离文本中该意义单位与其他意义单位构成的复杂同义解释关系。同理,任何文本也不是孤立的,理解一个文本需要借助其他同义文本或已知信息的参照。翻译是一种高度依赖语境的过程,在该过程中,译者交互的对象包括文本、读者,以及其他译者。"好的翻译"是指那些在译者社团中通过谈判交际不断被重复的翻译,该翻译通过重复应用得到确立。因此,当前的翻译文本不仅仅是一种终端产品,还是联接前后翻译文本的重要环节,同时继承了以往翻译文本中大量的翻译特征。基于平行语料库的对应单位翻译转换对比分析,其主要意义在于,充分尊重语言事实,尊重翻译事实。语料库语言学研究的出发点是自然语言,其研究成果的应用也回归到自然语言,其研究的基本目的和任务是语言中的意义。

5.1 作为翻译数据源的平行语料库

对应单位即是对应源文本和目的文本中任何可识别的文本块或片段。对应单位具有意义的完整性和相同性,并且具有各自的句法特征。由于其

---

① 本章基于论文《平行语料库设计及对应单位识别》(《当代外语研究》2010 年第 9 期)修改。面向对应单位的平行语料库分析系统由李文中提出总体框架和技术路径,韩朝阳负责技术实现;平行语料库建设由课题组全体成员及部分研究生完成。

对语境高度敏感，并在结构上动态变化，对应单位可逆或不可逆。本节的研究问题主要有以下三个，即在平行语料库中如何界定等值性，如何在操作层面测量它；平行语料库处理如何体现语料库驱动原则；双语视角对识别对应单位的意义是什么。研究目的包括通过开发平行语料库，确定对应单位识别程序，并建立对应单位数据库。本研究的主要目标为：一是建立具有一定规模的平行语料库，语料范围广泛，包括政治、经济、科技等领域的现存中英文互译文本。二是开发语料库处理软件，包括平行语料库双语对应单位的提取、储存、记忆及检索工具。三是汉英翻译研究，即基于所建平行语料库，以初期在有限领域建立的模型为基础，深入研究双语文本的翻译对应关系，并建立动态开放的对应单位数据系统。四是汉英对比研究，即在双语语料库的基础上进行文本的平行、对应及关联研究，分析两种语言的意义属性、评价体系及批评价值。主要方法：包括利用网络等手段，搜集平行文本语料，建立包括广泛、均衡语料的平行语料库；对应单位识别，即前期通过大量人工干预，在有限领域内建立初始模型，通过对应的识别单位数确认句子对应，通过后台数据库计算对应单位的频率，通过文类、体裁等参数确定对应单位的分布及频率；对应单位分析；基于建成的平行语料库和开发的软件开展相关研究。

Teubert 认为，正如自然语言的运用一样，翻译实践中译者群体构成了一个特殊的语用话语社团，一切翻译活动和行为都在这一特定的话语内进行。译者通过翻译活动，实现交互和谈判，并促生和确立源语言和目的语之间的意义对应和翻译转换（Teubert，2004）。在这里，翻译的过程不是简单的词语或句子对等，也不像 Weaver（1949）所说的那样，是一种信息的编码和解码过程（引自冯志伟，2003）。翻译是一项复杂的社会活动和语用事件，是一种语言交际行为。翻译中意义的转换和对应，产生于译者内部的交流和沟通，并实现于译语文本。在这个交互过程中，"正确的翻译被采用并重复，错误的翻译被淘汰"（Teubert，2005）。所以说，翻译知识既不来自词典，也不来自预设的规则和知识原型，而是存在于翻译文本中的翻译事实。平行语料库通过收集大量的双语对应文本，通过对翻译事实的系统描述，利用概率统计发现重复出现的翻译对应单位，以确立翻译的对应性。与基于语料库实例研究不同的是，我们所说的平行语料库不是作为类比和推理的基础数据，而是作为翻译知识库；平行语料库的作用也不仅仅是为了提取翻译实例，而是把翻译文本与数据库作为一个交互处理的整体。在构建平行语料库时，我们提出以下几个基本原则：第一，平行文本的来源和领域必须严格界定。领域越广阔，文本翻译的对应性变异就越大，能适应所有文本的翻译对应非常少，如人名、地名、机构名称等，有时甚至这些普遍被认为无歧义的名称，在不同领域的文本中也会表达不同的含义，从而产生独特的对应。在语料库处理中，尽可能划分一个大领域内部的层级关系，并应用 XML 标准进行标注。第二，选取的文本类型应从科技领域及对应关系相对单纯的平行文本开始。语用结构复杂、话题多元、且对应相对自由的平行文本一般不作为初始研究的对象，如虚构性文本。文学文本的自动翻译几乎难以逾越。第三，平行文本的对齐是分析的结果，而不是前提。仅仅追求文本结构形态的对齐，如通过人工介入或通过概率计算达到对齐的目的，仍需人工对句子进行分析和判断，这是由于对齐后的文本要么单位过大，如段落和句子，要么过小，如单词，都难以得到有效利用。第四，文本应保持整体性和原态，与标注信息分开（Sinclair, 2005）。标注系统应动态开放，允许定制并多层、多次标注。

5.2　对应单位的界定及工作原则

Sinclair（2005）在提出"意义单位"这个概念时，他主要考虑的是为语言分析确立一个基本的分析单位，这个单位必须是构成文本最小的意义单位，它由核心词（core）和搭配词构成，所以又称作"词项"（lexical item）。意义单位的单义性通过词项内部的微型语境得到保证。意义单位可以作扩展分析，或称为"扩展的意义单位"，在抽象度上依次分析其类联结构特征、语义倾向以及语义韵（李文中，2010a）。意义单位这一概念体现了 Sinclair 的学术思想：首先意义在多词序列（搭配）中得到呈现[1]，

---

[1]　Sinclair 也提到，单个的词也可能构成意义单位，但属于个别现象（Sinclair, 2004a）。

多词序列体现了真实的语用环境，并框定其意义取向；其次，意义、形态、结构模式甚至语用意向是一个相互依存的统一体，任何一个构成元素都不可分割和抽离；第三，意义单位确立的基础是复现频率（frequency of recurrence）。其基本理据是，在词语层面，单个或多个词共现，并呈线性组合，顺序固定，结构相对稳定，或只允许部分变异；该单位具有复现概率，在文本中表现为固定词语序列或词块；在语义层面，词语组合表达意义完整，具有单义性；在发生学层面，意义单位的选择大多不是单个词语的多次选择，而是同时选择的，是一连串说出来的；在语音学层面，该单位表现为一个连续的语音流，与其他意义单位具有明显的界限。该单位在文本中具有可预测性，是文本理解从分析走向综合。意义单位的提出，为多词序列（或称词块、多词组合）分析提供了理论基础，具有重要的语言学意义。但是，意义单位是一种单语分析理论，其统计基础是复现频率，且必须通过人工分析才可以获得。在此基础上，针对双语平行文本，Teubert（2004）进一步提出"翻译单位"概念，即"源语言表达由一个节点词加上所有搭配词构成，并且在目的语文本中只有一个无歧义的等值表达，如果存在多个等值表达，则这些表达具有同义关系"。Teubert 认为翻译单位是平行文本中可识别的最小的等值单位，具有单义性，不能被进一步分析，并且具有可逆性（reversibility）。

我们注意到，翻译单位这一概念虽然基于双语视角，但在平行文本处理中仍存在难题：一是由于强调"最小分析单位"和"可逆性"，翻译单位与词语对等这两个概念几乎没什么区分；有些单位在平行文本中对应严谨，却不一定是最小的；翻译单位确立后，其意义仍然极不稳定，其"无歧义"属性很难得到保证[①]。如以下对应包含多个翻译单位（用空格隔开）：

表 11 对应及翻译单位

源文本	目的语翻译
安家费	settling-in allowance
安全 专项 整治	carry out more special programs to address safety problems

---

[①] 一个翻译单位在原语境中是无歧义的，但抽离以后就难说了。

续表

源文本	目的语翻译
暗箱 操作	black case work
经济 法制化	manage economic affairs according to law; to put economic operation on a legal basis
打白条	issue IOU
大换血	an overall renewal of the membership of an organization

二是"可逆性"标准忽视了不同源语言文本翻译视角的差异及语言具体运用语境的差异。如汉语源文本"打白条"的对应是"issue IOU",但英语源文本中的"issue IOU"就不一定对应"打白条",因为"IOU"和"白条"的文化含义和运用语境不一样。翻译单位与意义单位一样,是一种分析理论,而不能用于识别操作。因此,我们提出"对应单位"这一概念,即"目的语文本中任何能够与源语言文本意义对应完整、并具有清晰边界的任何片段或序列"(李文中,2006c)。对应单位是平行文本双语视角下确切对应的片段,其序列可扩展,其意义在抽离语境后仍能保持相对稳定;在大型平行语料库中,可以通过计算同现对应单位的阈值,扩展对应单位的序列;对应单位具有可逆性或不可逆性,这要取决于翻译文本的具体语境。与翻译单位不同,对应单位是针对平行文本处理的操作概念,用于对应片段(或对应块)的识别和提取,是对以后分析的文本准备。对应单位的识别标准是对应边界的适当性和确切性。在此原则下,表 11 中"安家费"作为一个整体与"settling-in allowance"构成对应单位,因为"安家"与"settling-in"、"费"与"allowance"的对应边界并不清晰。表 12 中所列都被看作是单一的对应单位,其内部不再分割:

表 12　　　　　　　　　　　　对应单位的边界

源语言	目的语
而写的	was written
忘记了	and forgot about
大碗茶	stall tea

源语言	目的语
以……为代表的	represented by
存在着的	to be found

对应单位识别的工作原则为：第一，人工识别与智能识别相结合原则。对翻译的对应性判断依赖双语语言文化及行业知识的运用，这是计算机不可能做到的。所以初始阶段需要人工判断和识别文本中的对应单位，软件系统对识别出的对应单位自动提取和标注，并利用数据库管理起来。之后，软件应用对应单位数据库对新入库文本进行智能识别和提取，剩余部分仍由人工完成。第二，最优边界原则。由于对应单位的定义非常灵活，所以人工识别对应单位时较难把握其边界。最优边界原则即是在保证对应完整、边界清晰的前提下，对对应单位作最小划分。如"中国社会各阶级"（the classes in Chinese society）可以进一步分为"中国社会"（in Chinese society）和"各阶级"（the classes）。人工划分的大小并不是一个关键问题，但如果对应单位划分太大，其在语料库中的复现频率就越低，这可能对系统后续的智能翻译构成风险。第三，穷尽原则。尽可能匹配最大量单位，使剩余非匹配文本片段减到最少。所以，不同源语言的对应单位应分别标注。第四，区分连续性单位和非连续性单位，标记并提取非对应单位。如表 12 中"以……为代表的"在源语言中是一个非连续性单位，而对应的目的语却是一个连续的单位①。对应单位识别完成后，系统对平行文本进行检查，并把非

---

① 2007 年 12 月课题负责人与卫乃兴教授、濮建忠教授共同修订了操作原则，并通过"上海交大国家课题研讨——平行文本对应单位识别 Workshop"讨论确定如下：（1）基本原则：A. 区分源语言文本和目的语文本；B. 双语视角原则：以平行文本相互参照确定对应单位的边界，要求边界清晰对应；C. 预测原则：确立一个对应单位时，预测其将来的应用性价值。（2）操作原则：A. 习语原则：优先判断源语言文本中习语、成语、熟语等成套出现的单位；B. 专指名称原则：判断源语言文本中的专指名称，如人名、地名、机构组织名称、术语等，作为对应单位的依据；C. 自由判断原则：对一些词语的自由组合，是否进一步拆分，个人判断不一。应用自由判断原则，即操作者根据自己的判断，确定对应单位的边界，如"真正的朋友"（"Real friends"）是一个单位还是两个单位，由个人判定。D. 虚词处理原则：对一些独立使用的虚词，如冠词、介词、连词以及代词或含有话语指代的词语，不进行对应处理。E. 非连续性对应单位的处理原则：对一些非连续性对应单位，使用不同的标签标记；软件界面做出响应。

对应单位标注起来。实际上，非对应单位标注后，也作为一个序列看待，这是因为数据库要与文本不断交换数据，平行文本应保持完整并与数据库对应起来。

5.3　系统设计与开发

我们在设计系统时，主要考虑到以下需求：首先，基于网络服务器，面向多用户群开放的动态交互平台，体现"用户既是享用者又是参与者和贡献者"思想。一方面，多家单位需要分工合作，需要系统对数据实时汇总和发布，另一方面，用户群共同使用并识别平行文本中的对应单位，分享和交流对应单位的识别和判断的经验和知识，系统追踪和记录参与者识别和判断行为，并通过系统智能匹配体现出来。其次，把建库、分析及智能翻译看作一个动态的过程，并整合这几大模块，使软件系统在学习和训练中得以不断完善。以往的平行语料库建库、分析及应用被分为多个相互独立的阶段，平行文本库和数据库完成后成为封闭系统，个别系统甚至把文本库弃之不用，只保留数据库，这会导致数据衰老，不堪应对日益变化的语言运用。第三是人工介入递减原则。初始阶段需要大量人工介入，随着平行库及数据库的壮大和成长，系统智能匹配能力增长，人工介入应逐步减少，人工只对系统析出的非对应块进行判断和识别。第四是模块化管理及软件热插拔思想。平行语料库系统内部各个模块应相对独立，并且可定制。软件一次开发完成后，不需要重复开发。

系统的基本工作流程可分为：（1）平行文本的导入与预处理，包括文本清理、段落和句子 XML 自动标注和管理。（2）对应单位智能识别和人工识别。（3）对应单位自动提取及入库管理。（4）处理后平行语料库入库及数据库关联（见图 50）。

智能匹配时，软件在目的语文本制定区域内查找，并根据频率显示最佳选择，由人工判断是否接受。为便于人工观察，智能匹配在一个独立窗口显示匹配的单位和语境。智能匹配可以随时中断，开始人工识别和匹配。识别者在源语言文本和目的语文本中通过"点击选中"或"拖拉选中"选择对应的模块并点击入库①。

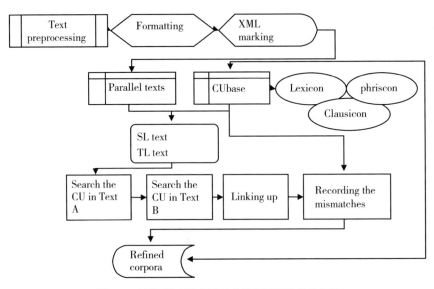

图 50　平行语料库建库及对应单位识别流程示意图

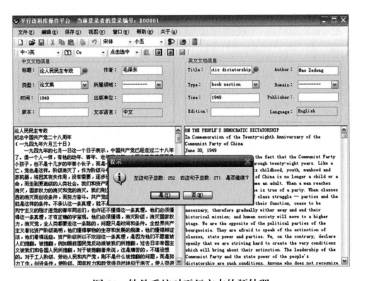

图 51　软件系统对平行文本的预处理

---

①　该系统的技术开发由河南师范大学语料库应用研发团队软件工程师韩朝阳负责。

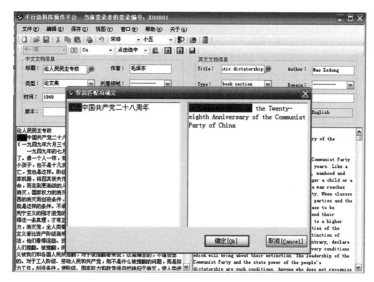

图52　对应单位智能匹配

平行语料库统计和检索分析分为两大模块：一是对应单位检索和基本统计。二是全文检索及索引分析（Self-adapted Unit in Context，SUIT）。在这里，检索词及语境信息都是可以定制的，所以我们把它称作"语境中的自适应单位"，以和传统语料库中的 KWIC 区别开来。

序号	中文Cu	英文Cu	Freq	SUIT
2	代表	an exponent of	1	X
3	代表	As the representatives of	1	X
4	代表大会	delegate meeting	1	X
5	代表	delegates	2	X
6	代表	deputies	7	X
7	代表	deputies to	2	X
8	代表	deputy	1	X
9	代表了	fully embodied in	1	X
10	代表大会	National Congress of the Party	1	X
11	代表	on behalf of	6	X
12	代表我们党	On behalf of our Party	1	X
13	代表我们党	on behalf of the Party	1	X
14	代表国务院	On behalf of the State Council	3	X
15	代表妇女	On behalf of women	1	X
16	代表	on its behalf	1	X
17	代表我们党	On our Party's behalf	1	X
18	代表大会代表	Party Congress delegates	1	X
19	代表	represent	1	X
20	代表和反映	represent and convey	1	X
21	代表和维护	represent and defend	1	X
22	代表权	representation	1	X

图53　对应单位检索及基本统计

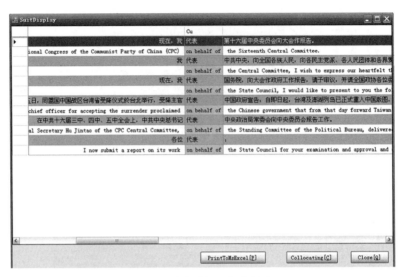

图 54　对应单位的索引分析

在平行文本索引检索中，实现对应单位的平行检索，这时对齐的基本依据是各个对应词块，再进一步计算对应单位的共现搭配，只计算所检索的对应单位左右位置的线性序列。

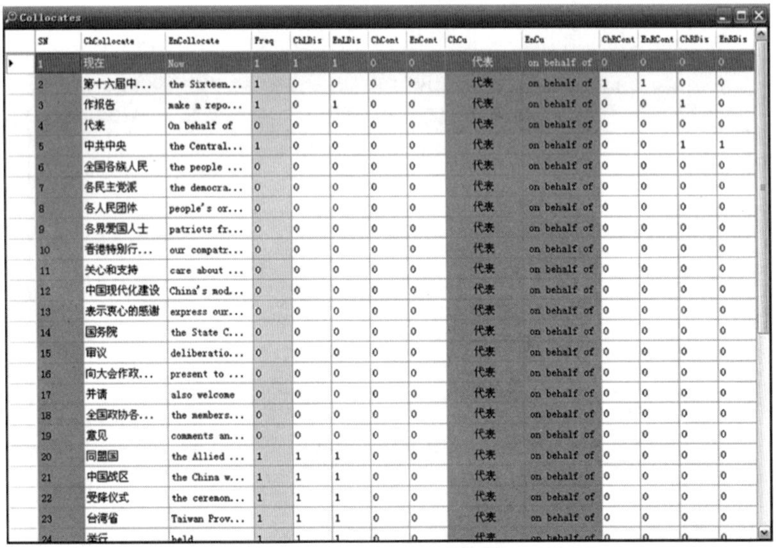

图 55　对应单位的搭配统计

5.4 翻译对应的复杂性

尽管目前该平行语料库尚未完全建成，但初始检索和统计所显示的翻译对应复杂性，仍远远超出我们最大胆的想象。从其呈现的对应关系上，我们发现以下几种情况：一种是一对多或多对一对应，即一个源语言表达在目的语文本中具有多种翻译，词语序列越短，翻译的变异性越强。如"发展"一词仅在政治领域文本中就有十余种不同的译法，使用的词语（归元处理后）包括"develop, accelerate, advance, cultivate, promote, evolution, expand, furthering, improve, introduce, move, progress, grow"；作为对比，以英语为源语言文本中"develop"一词分别被译为"发展，建设，开拓，加强，树立，形成，产生，开发，建立，拓宽，搞上去，阐明，推动"等。第二种是零对一或零对多对应。由于两种语言语境应用及语体运用特征不同，源语言中通过语境指涉或预示的意义在目的语文本中得到重构，或者在源语言文本中显性表达的意义在目的语文本中通过指涉进行隐性表达。此外源语言中的赘词在翻译过程中被滤除，如汉语中的"X+水平、问题、情况"结构，后加的词语如果不表达实际意义一般不被译出。第三种是简对繁或繁对简对应。源语言的习语、略语或成套的表达在目的语中往往被展开或解释，如对"米袋子省长负责制"（provincial governors assuming responsibility for the rice bag（grain supply））中"米袋子"、"打破'三铁'"（break the Three Irons：iron armchairs（life-time posts），iron rice bowl（life-time employment）and iron wages（guaranteed pay））中"三铁"的解释等。与上述对应关系相比，功能词的翻译对应更加复杂多变。这表明，以词语为依据进行形态、结构和意义分析及转换十分靠不住。也有人把这种翻译的变异性归结为缺乏规范和标准，对翻译研究表现出一种规约性态度。我们认为，翻译研究应该是描述性的，研究者不应该凌驾于翻译实践之上，而随意对翻译事实作出价值性判断。

5.5 小结：难题与讨论

在对应单位识别及应用中，我们发现尚存在以下难题：一是对应单位的边界问题与人工判断的可靠性问题。从表面上看，每个识别者在判断对应单位时，依靠的是个人知识经验以及对语境的把握，似乎是以直觉和经验为主，且每个人判断的标准及标注的边界不尽一致，这样很容易得出结论：对应单位的判断仅仅是实验性的，结果并不可靠。此外，人工判断某一个单位时，添加了 XML 标签，似乎是对文本进行了人工干预，使用了预定义的框架，不符合"干净文本"原则和语料库驱动思想。这是一种误解甚至是曲解。理由如下：

（1）人工判断不是凭空做出的，必须以双语视角及对应边界为依据，对文本中的对应单位进行判断，判断的结果可能存在长度上的差异（即对应单位的大小），而不会产生对应移位或非对应错误。

（2）即使人工判断错误不可避免，产生非对应性错误，但该错误被重复的机率很小。当另一个识别者（在智能识别过程中）看到这种不得当的对应单位时，会拒绝接受，并重新做出判断。我们可以把识别者看成是一个社团，其互相沟通的基本平台是动态数据库支持的对应界面，以及对数据库中对应单位的多次重复判断。一个对应单位的每一次被认可和接受，不仅增加了该单位的频数，也使得该单位的地位逐步得到确立。可接受性强的对应单位总是会被接受，反之得到拒绝。群体行为的重复构成了对应单位的概率基础。这种多人多次的判断，实际上就是对某一单位的多重验证，这种验证不仅来自人工，还来自实际的文本，其过程可表述为：

A. 当前文本中必须有完全匹配的序列；

B. 识别者依据自己的经验和直觉认可这种对应。

以上二者缺一不可。

（3）反过来说，假定一个"错误"的判断也被多次重复和接受，且有很高的复现率，那么需要重新评价的不是数据库中对应单位，而是该单位是"错误"的说法本身是否有问题。

（4）关于可靠性。当我们判断什么东西是否可靠时，必须有一个基本指向和参照，任何事物本身无所谓可靠不可靠。可靠性是一种主观认知。也就是说，当我们说某个数据是否可靠时，实际上是参照某种理论和框架体系而言的。其实，只有当研究者有一个具体目标框架体系时，才会产生所使用的数据是否可靠的问题。目前的对应单位实际上只是一种经过组织的底层数据，以后的研究者可以完全抛开对应单位这种数据，直接到原文本中去爬梳。对应单位的识别与标注与任何先入为主的语言学研究无关。我们很容易理解，这种对应单位对于那些研究认知语言学的人是不可靠的，对于那些研究形式语言学的人也毫无价值，因为这些单位未能为他们提供任何有价值的标记。但如果研究者的目的是观察双语文本，研究翻译事实，对应单位的提取则改进了数据呈现的方式，同时也提高了数据的可用性。当然，对应单位本身是一个操作概念，是一种处理和呈现数据的方法，但可以从对应单位中生发或验证某个理论。难题之二是进一步限制平行文本的领域和文类问题。在设计平行语料库初始阶段，应尽量避免大而全，避免虚构性作品，尽量限定一个特定领域，并选择翻译对应较为严谨的文本。三是对应单位的分类和分析。对应单位不是一个预先设定的理论概念，所以对它的分类和分析是后延的。同时，也不能在对应单位识别过程中建立分类框架。

在平行语料库系统进一步开发中，我们将充分利用网络数据库资源，进行给定文本中对应单位的识别和判断，提高系统的可操作性，也为平行语料库的应用开发奠定基础。

第六章 中国英语语料库标记设计[①]

6.1 引言

近年来，语料库的开发与应用在语言研究中日益普及，学界对语料库的重要性及应用价值的共识也越来越多。然而，语料库研究仍存在诸多争议。从现有文献和研究实践看，主张语料库驱动的研究者更看重纯净文本及数据发现程序，强调语言理论的构建必须来自真实自然而无人工干预的语言事实，反对基于语言直觉或既有理论框架的语料标注；而基于语料库的研究者更注重语料库对理论的验证和修正，强调语料库标注的价值。二者在研究理念和方法上既相异又互补（李文中，2010a）。在语料库设计和开发过程中，语料的标记与标注作为建库思想和原则的技术实现路线之一（参见李文中，2010b，2010c），其设计与方案决定了语料库的基本构架和语料形态，直接影响研究者对语料库的使用。如果说语料库为语言研究提供真实自然的语言证据，标记与标注即是对这种数据的格式化准备。所以，语料库标记与标注是语料库开发和研究应用的关键问题之一。学界对此的主要分歧一是如何认识标注的价值和意义，二是对标注如何使用。因此，厘清和梳理有关语料库标注的共识和分歧，对语料库开发及应用研究无疑具有重要意义。

---

① 本章基于论文《语料库标记与标注——以中国英语语料库为例》（《外语教学与研究》2012 年第 3 期）修改而成。

　　Leech（1997a）把语料库标注界定为"为电子口笔语语料库文本添加解释性信息和语言学信息的活动"（p. 2）。标注的具体实施即是对文本某些元素或特征添加预定的标签，通常分为计算机自动标注、机助人工标注和人工标注。在运用中，该术语有三个含义：A. 标注方案，指一系列预定的码集和标注规则；B. 标注过程，包括标注使用的软件、技术和程序；C. 标注产品，即标注过的语料库文本。语料库研究者对标注术语的运用不尽一致。大致可分为三类：A. 标注（annotation）与标记（mark-up）交替使用，用来指所有为语料库附加信息的活动，包括结构标记（即文本外部信息和内部结构信息）、词性赋码（即 POS 赋码）、语法标注（包括句法分析、语义标注）、话语标注等（Meyer，2002，p. 81）；B. 主张把标注与标记区分开来，标注指为语料库附加解释性语言信息，如词性、句法、语义、语用等。而标记用来指对表达文本的"正"字法特征标记，如字体、样式、标题等。Sinclair（2007）明确主张分别使用 annotation 和 markup 来指两种不同的标注，本文分别译为标注与标记；而 McEnery 和 Wilson（2001）则把后者称为文本编码（text encoding）；C. 与第二种主张相同，但只使用标注这个术语及含义（Hunston，2002；Aarts，2007）。对语料库标注的定义各家观点虽然不尽相同，但分歧并不大，其共同点一是语料库文本结构信息的记录与内部语言信息的附加不能混为一谈，二是人们讨论标注时，主要是指添加语言信息。我们主张分别使用标记和标注这两个术语，表示两种不同的语料库信息添加过程。值得注意的是，语料库标记不仅仅限于文本结构正字特征的表达，也可以是一切有关文本识别特征的记录，如文献信息、提取时间、来源、文类、类型等。而语料库标注也不仅仅限于词性标注、语法标注和话语标注，它还指其他所有基于某种理论模型或预设框架，为语料库文本添加标签的活动，如错误赋码（Granger，1998；李文中，2010b）、语用特征赋码等。下文分别讨论语料库标记与标注。

6.2　语料库标记

　　如果把标记与标注区分开讨论，学者们对语料库标记价值的认识比较一致。标记记录文本的外部信息和结构特征，是由计算机自动或半自动完成的。语料库研究者一致认为，任何语料库开发都需要标记的过程（Leech，1997a；Burnard 2005；Sinclair 2007）。其实，从信息类型上看，所有对语料库添加的信息都是元信息（metadata），即关于信息的信息（李文中，2010b）。Burnard（2005）把元信息进一步分为四种：编辑性信息（即电子文本转换过程中所记录的文字特征）、分析性信息（即文本结构特征，如段落、句子等）、描述性信息（即文本分类、主题、来源等）以及管理信息（也称作元元信息，即关于元信息的信息，包括对标记方案的解释、修正记录、添加日期等）（p.35）。按照 Sinclair 的观点，标记信息极具价值，值得保留，他提出了文本分类选取的六个标准，即文本模式（mode，如口语、笔语、电子）、文本类型（type，如著作、期刊、信件等）、文本领域（domain，如学术性、大众性等）、语言变体、文本位置（location）以及文本日期。语料库标记的重要性不言而喻。Burnard（ibid.）认为，没有元信息标记，语料库语言学几乎是不可能的。在语料库建库过程中，一般的做法是把标记信息通过标记语言编码，记录在文本的头部，或者用数据库管理起来，与本文建立关联。Sinclair（2007）虽然认为标记信息重要，但在文本插入标签不仅不是保留文本信息的唯一方法，而且还是一种过时的方法。他认为更好的做法是把格式文本与纯文本在语料库中对应存储，这样，当人们需要观察文本的原始格式时，就可以调出源文本察看。这种做法虽然可以解决格式文本的保留问题，但对于文本的分类信息和其他索引信息，还是需要标记的。此外，保存源始格式文本虽然可以使人更直观地观察，但对于计算机自动识别和检索相关结构特征仍然是个难题。比如说我们要观察科技论文结构式摘要中目的陈述部分的语言运用特征，就必须对该类文本进行结构标记，否则以后的分析就无从谈起。

此外，表面上看，语料库标记似乎是对文本外部信息及结构信息的客观记录。实际上，文本分类的各种标记也很难排除预定的理论框架和直觉经验；对模式、类型、领域以及变体的范畴化来自既有理论框架，该框架可能是显性的（明确的理论模型），也可能是隐性的（个人直觉经验）；对分类框架的取舍同样离不开个人直觉判断。按照 Sinclair 和 Coulthard（1975），任何实践活动都离不开理论，无论该理论是显性还是隐性。所以，与语料库标注相比，标记虽然不干预文本的自然形态，但决定了文本属性的归类和选择，同样难以摆脱对理论的依赖。

6.2.1 中国英语语料库（CEC）标记①

在开发 CEC 过程中，考虑到不同文本类型信息的多元性和复杂性，为尽可能记录文本的外部信息和分类信息，把语料库标记设计成开放系统，允许文本录入时选择不同的标记方案并添加新的标签（见图 56）。

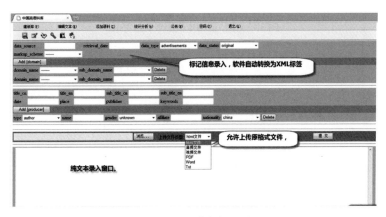

图 56 CEC 建库与标记界面

CEC 建库界面分为三大模块。

① 本文所提到的软件系统由该团队韩朝阳负责技术开发。相关设计及技术思想在团队讨论与研究生课堂上得到很多启发，在此表示致谢。此外，相关标记方案也分别由团队各成员负责。

A. 标记模块：包括文本分类信息（来源、检索日期、类型、状态、标记方案）、文本领域（开放标记，可添加）、作者信息（开放标记，可添加）。这些在 XML 文本中分别组织为"文本信息 data_info"、"文件信息 file_info"和"位置信息 local_info"（见图 57）。

B. 源文本入库模块：允许以压缩文件格式提交以下文件类型：纯文本、DOC、PDF、HTML、音频、视频。

C. 纯文本入库模块：纯文本文件入库。

```
<text>
<text_head>
  <data_info>
    <data_source>Tsinghua University</data_source>
    <retrieval_date>20080712</retrieval_date>
    <data_type>WP</data_type>
    <data_status>original</data_status>
    <markup_scheme>web</markup_scheme>
    <domain>
      <domain_name>C</domain_name>
      <sub_domain_name>C7</sub_domain_name>
    </domain>
  </data_info>
  <file_info>
  <local_info>
</text_head>
<text_body tokens="324">
  <p id="1">At a ceremony held in the Main Building, Mr. LEE Shau
  <p id="2">Tsinghua President GU Binglin attended the ceremony
```

图 57　CEC 自动生成的 XML 文本

6.2.2　难题与解决方案

我们认为，由于文本格式千差万别，计算机很难自动识别并判断相关文本分类信息，所以由人工来判断。但 XML 是一种非常严谨的标记语言，几乎不可能人工手动添加而不出错，所以这一步由计算机自动完成。软件会把人工添加的信息自动转换为标准的 XML 文件并进一步处理（见图 57），这样既保证了所添加信息的效度，也保证了元信息的信度。同时，考虑到不同类型文本元信息的多元性特征，我们设计了 8 种不同的标记方案，包括著作、一般文件、法律条文、期刊、新闻、论文、杂志和网页。新的标记参数和标记方案可以通过修改控制标记界面的 XML 文件来添加。对于文本领域，由于分类庞杂，多有交叉和重叠，我们对文本主题领域的标记设计成开放型，使之能够兼容不同的领域分类。语料库标记的作用在于基于类型的研究和分析。基于标记信息，使用者可根据自己的研究目的，选择文本或重新组建子语料库并进行检索（见图58）。对于源格式文本的对应入库问题，考虑源文本中的结构、布局、非文字元素，如插图、链接等都对文本的意义理解和分析产生影响，但由于技术的局限，我们对格式文本分步进行处理：第一步，文本对应，即在语料库中把源格式文本与纯文本整体对应，这样使用者在查询语料库时，可以调出源文本观察。第二步，实现格式文本在统一平台的查询，使用者可以选择检索纯文本或者源格式文本，如 DOC、PDF 与 HTML 网页文本。相关思想和技术需要进一步探索。第三步，多媒体文件与文本文件对应，并实现双向检索，为此我们尝试开发了多媒体语料库平行定位检索系统（另文讨论）。

此外，我们还尝试把软件平台与 CEC 剥离，开发完成了"开放语料库建设平台"（Open Corpus Development Platform），使之能够满足建设小型语料库的标记需求。使用者通过修改控制建库界面的 XML 文件，就可以设计自己的语料库标记方案，使语料库标记开放化和动态化。

尽管各种可用的大中型语料库已经有很多，但由于网络时代的文本增长速度极快，语言发展和变化的速度也前所未有，现有的静态语料库已很难满足个人研究者和教师对语料库资源的个性需求。语料库开发向两极发展，一是超大型化，二是专业化和小型化（李文中，2010a）。在进一步的研究中，我们正在探索应用网络数据挖掘技术，实时下载网络文本，并根据网页标记内容实行自动标记。

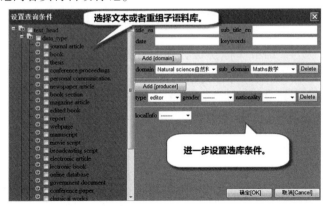

图 58　创建子语料库界面

语料库标记信息越丰富，语料库的应用价值就越大。经过标记的语料库可以广泛应用于语境化研究、跨文类对比研究以及针对给定文体的专门化描述和研究。语料库标记能够让使用者明确限定语言样本所代表的总体，并通过文本分类范畴准确选取语料，构建语料库。

6.3　语料库标注（annotation）

如果说语料库语言学界对语料库标记观点相对一致，但对语料库的语言信息标注却存在较大的分歧。我们这里所说的标注采用 Leech（1997a，2005）的定义，即"为语料库添加解释性语言信息"。按照 Leech（2005）的分类，语料库标注包括词性标注（即为词语附加词性码）（Leech，1997b）、句法分析（Leech & Eyes，1997）、语音标注（如发音、重音、语调、停顿等）、语义标注（即为词语附加语义范畴）、语用标注（如言语行为、反馈、接受以及标记词等）、话语标注（如指称联接）、文体标注（即言语与思想呈现）、词语标注（即词语归元处理，lemmatization）。学界对语料库标注的态度可以看作是分布在一个连续体（continuum）上的三个参数，这个连续体的两极是强烈反对和强烈赞成，而处在两极之间的观点则对标注持保留态度。以下分别讨论。

6.3.1　赞成：标注是语料库的附加值

该观点认为，语料库标注是有用而且必需的。Leech（1997a）指出，"人们普遍认可，语料库标注为语料库应用作出了关键性贡献，为将来的研究和开发，丰富了作为语言资源的语料库信息"（p.2）；标注为语料库增添了"附加值"；附码语料库比生语料库（或纯语料库）更有价值；"标注本身已成为一个重要而令人着迷的研究领域"（Leech，1997a，p.2；另见 Leech，2005；Fligelston et al.，1997）；"要从各种语料库提取信息，必须首先为语料库文本添加更加确切的语言学信息"（Garside et al.，1997，p.iii）。"大家都同意，对语料库，尤其是大型语料库进行某种程度

的标注，是语料库一项有用的特征"（Hunston，2002，p. 79）。Meyer
（2002）甚至更进一步认为"语料库要想对潜在的用户充分有用，就必须
标注"（p. 81）。说语料库标注是"解释性"的，意思就是它是"人们大
脑理解文本的结果。对一个给定的语言学现象，应用什么标签，根本不存
在纯粹客观机械的判断标准"；"标注是一种元语言信息，它是关于文本语
言的语言"（Leech，1997a，pp. 2-3）。然而，持该观点的学者也承认，标
注毕竟是一种有用的人工标签，并不具有与语料库等同的真实性。语料库
文本是给定的，标注则是附加的，但如果对数据不采取哪怕是隐含的描述
和解释立场则很难对数据做些什么（Leech，1997a）。Leech 指出，标注的
价值有三：提取信息、重复利用、多用途多功能性。

　　语料库标注具有强烈的应用取向。赞成语料库标注的学者普遍认为，
标注过的语料库具有广泛的用途，不仅可以用语言描述和研究，还能用于
语言工程和信息检索。句法分析可以用来开发句法分析器和句树库（Leech
& Eyes，1997）；语义标注不仅可以用来进行语义分析和话语分析，还可以
用于信息检索、计算机语义自动识别，进而用于语篇理解和语言生成
（Wilson & Thomas，1997，p. 65）。

　　对语料库标注的支持者而言，语料库以其真实自然的语料，为各种理
论和假设提供了一个实验平台（testbed）。通过语料库验证，理论和假设得
到进一步发展和应用，所以他们自己也乐于使用"基于语料库"（corpus-
based）来描述自己的研究。在他们眼里，语料库标注基于现有的理论框架
或分类框架说明或者范畴化语料库文本中的语言。所以，Hunston 也把这
种方法称作"基于范畴的方法"（category-based）。

　　当然，使用语料库标注是需要谨慎和判断的，这一点连强烈支持语料
库标注的学者也不断提醒和告诫潜在的使用者，如 Leech（1997b，2005）、
Wilson & Thomas（1997）提醒读者，尤其是语义标注、语用标注、文体标
注等所基于的理论并不成熟，有待进一步完善。Hunston（2002）也认为，
不依靠标注，也可以进行基于范畴的语料库分析。

6.3.2 反对：标注减少了语料库的价值

反对语料库标注的学者坚决主张，语料库研究必须摆脱语料库前的各种既有理论和分类框架，因为这些理论都是来自研究者个人的直觉、经验或实验，而不是直接来自语料库文本证据（Sinclair，1991，2005，2007；Tognini-Bonelli，2001；Aarts，2007）。Sinclair（1991a）主张"干净文本原则"（clean text policy），认为"最安全的原则是依靠原样的文本，不做任何处理，不含任何附码"（p.21）；他认为"我们用来描述英语语言的范畴和方法不能适应新材料。我们需要全部推倒现有的描述系统"（Sinclair，1985，p.252）。这类学者在方法学上与基于语料库研究分割开来，主张语料库驱动研究（corpus-driven research），认为语言学理论应该直接来自对语料库文本的观察。在他们看来，基于语料库研究虽然注重语料库真实证据，应用实证方法验证理论和假设，但由于他们所依赖的理论和假设本身就不是直接产生于语料库证据，是一种先入为主式的预设理论，不足以描述和解释语料库证据的复杂性和变异性。Tognini-Bonelli（2001）批评 Leech "利用语料库标注以减少语料库生文本内在的变异性，而标注所依照的现成语法范畴并不真正适合语料"（p.71）。在反对者中，Aarts 最为激进，Aarts（2007）认为基于语料库的研究的缺陷就是，在选择观察所研究的语言现象时，依赖的是直觉；在描述和解释语料库证据时不够充分，不是对语料库所呈现的所有现象都进行描述和解释，而是用一套标准去滤除清理语料库数据，最终结果是直觉占上风，语料库证据被过滤；在评价语料库证据时仍然是依赖直觉。所以，"如何对待直觉，如何对待语料库标注，是区分基于语料库研究与语料库驱动研究的标准：标注对于前者是不可或缺的，对于后者却令人厌恶"（ibid.，p.67）。这种排斥直觉、彻底否定语料库标注的态度受到 Sinclair 的批评。

6.3.3 有保留的使用：谨慎判断

尽管标注的反对者大多引用 Sinclair 的观点，并基于他的"干净文本原则"思想批评语料库标注，Sinclair 本人对待标注的态度却显得更加审慎。

首先，Sinclair 不否认直觉和个人经验的价值。"如果你熟知自己所观察的语言，就无从逃避直觉。哪怕研究者想直接观察语料，如果不使用直觉，也几乎是不可能的。对于分析未知语言的索引行，思考如何观察运用模式，直觉也是具有指导意义的"（Sinclair，2007，p. 423）。Sinclair（2007）认为，"直觉不是对事件的本能反应，而是通过不同方式反应出来的一种教养和老练"（p. 415）。他反对的不是直觉，而是纯粹依赖直觉创建的理论和模型，因为这些理论和模型很难充分描述和解释自然的语言现象。Sinclair（2007）主张通过直接研究语料库证据而创建理论和模型，以使其在未来能够充分说明语料库证据和人们的语言直觉。所以，"我们相信直觉，并同时密切注意，我们极有可能误解自己所观察到的东西"（p. 420）。与 Aarts 的极端观点不同，Sinclair（2007）认为，在获得语料库证据后，研究者必须依靠自己的直觉进行评价，除此之外，别无选择。Sinclair 澄清了语料库驱动研究立场，认为语料库驱动研究者"对直觉怀有极大的敬意，并在研究中与直觉须臾难离"，但同时谨慎对待之，充分意识到直觉的局限（Sinclair，2007，p. 433）。其次，Sinclair 反对把标注用于语言描述，却认为标注可以在语料库应用研究中使用。另外，他也不是反对所有的标注，POS 附码他至少认为还是能用的，因为他"自己也在用，只不过使用时要谨慎判断"（Sinclair，2007，p. 427）。

那么对其它的标注呢？Sinclair 也不是一棍子打死。有意思的是，他按语料库使用群体分成两类，一是一般应用者，即语言研究者、教师和学生；另一种是特殊使用者。对于前者而言，语料库标码应该是可选的，尤其是对于语料库统计而言，主要是使用纯文本来分析词语模式，不需要太多的码。这对他们来说，重重附码的语料库就像被背负了大量的行李。那么对于后者，应用语料库做特殊的商业开发，Sinclair 的建议是最好征求研究者的意见，能够使语料库标码可以再利用。

Sinclair（2007）也不反对应用客观的语料库证据研究和验证直觉立场。Sinclair 表明自己的立场：（1）不反对标注；（2）不理解标注就盲目去使用它是有害的①。Sinclair 表明，对待直觉以及标注的态度，是他与

---

① Sinclair 使用了这个概念定义纯文本："That is plain text, and it consists of an alphanumeric stream."（Sinclair，2007，p. 424）。

Aarts 及其他语料库研究者分道而行的标示。

6.4　CEC 标注

　　CEC 对入库文本只进行了简单的 POS 赋码，使用 CLAWS 软件自动标注。但在 KWIC 界面上，设置了赋码显示开关。使用者可以选择显示或不显示 POS 码（见图 59、60）。

1	NA	E	080701	8	carbon	credits	under	the	Clean	Development	Mechanism	which	allows	industrial	countries	213	8	0.2222	0.2326
2	NA	E	080701	2	Comments (0)	PrintMailA	boost	to	the	development	of	wind	power	in	China	17	2	0.1957	0.2143
3	NA	E	080208	4	remarkable	progress	in	wind	power	development	in	2007	and	the	industry	21	4	0.36	0.3913
4	NA	E	080208	6	deputy	head	of	the	National	Development	and	Reform	Commission	the	top	86	7	0.2041	0.1786
5	NA	E	080208	13		In	a	related	development	China	had	electricity	generating	equipment	279	16	0.1053	0.1143
6	NA	E	080630	5	stages	to	the	process	concept	development	feasibility	and	lab	work	testing	130	8	0.3214	0.7903
7	NA	E	080630	7	Alcoa	's	department	of	applications	development	and	special	product	sales	has	151	9	0.25	0.2759
8	WP	D	200906	7	think	tank	under	the	National	Development	and	Reform	Commission	the	top	187	7	0.7347	0.8372
9	WP	C	200209	6	body	and	thus	the	ongoing	development	of	the	university			339	16	0.8	0.925
10	TS	C	200703	28	definition	of	stylistics	and	the	development	of	stylistic	analysis	are	given	1176	60	0.4118	0.7895
11	MA	D	200601	25	facing	up	to	China	's	development	affirming	that	China	unlike		1243	69	0.3256	0.1707
12	MA	D	200601	25	the	multiple	possibilities	for	the	development	of	bilateral	relations	and	demanding	1274	70	0.1739	0.5488
13	MA	D	200601	27	on	the	country	's	peaceful	development	philosophy					1339	73	0.75	0.9
14	MA	D	200601	28	long-term	framework	depends	on	the	development	of	bilateral	relation	in	2006	1406	78	0.6296	0.88
15	MA	D	200601	29	essential	guarantee	for	the	stable	development	of	Sino-U.S				1485	83	0.7619	0.9211
16	MA	D	200601	41	characterized	by	stable	and	sound	development	in	2006				1891	111	0.8824	0.3614
17	MA	D	200601		that	China				development						1853	115		

图 59　显示 POS 码的 KWIC 界面

1	NA	E	080701	8	carbon	NN1	credits	VVZ	under	II	the	AT	Clean	JJ	Development	NN1	which	DDQ	allows	VVZ	industria
2	NA	E	080701	2	Comments(0)	FO	PrintMailA	NP1	boost	NN1	to	II	the	AT	development	of	IO	wind	NN1	power	NN1
3	NA	E	080208	4	remarkable	JJ	progress	NN1	in	II	wind	NN1	power	NN1	development	in	II	2007	MC	and	CC	the
4	NA	E	080208	6	deputy	NN1	head	of	IO	the	AT	National	JJ	Development	and	CC	Reform	NN1	Commission	NN1
5	NA	E	080208	13		In	II	a	AT1	related	JJ	development	China	NP1	had	VHD	electricity	NN1	generatin
6	NA	E	080630	5	stages	NN2	to	the	AT	process	NN1	concept	NN1	development	feasibility	NN1	and	CC	lab	NN1	work
7	NA	E	080630	7	Alcoa	NP1	's	GE	department	NN1	of	IO	applications	NN2	development	and	CC	special	JJ	product	sales
8	WP	D	200906	7	think	NN1	tank	under	II	the	AT	National	JJ	Development	and	CC	Reform	Commission	NN1
9	WP	C	200209	6	body	NN1	and	CC	thus	RR	the	AT	ongoing	development	of	IO	the	AT	university	NN1
10	TS	C	200703	28	definition	NN1	of	IO	stylistics	and	CC	the	AT	development	of	stylistic	JJ	analysis	NN1	are
11	MA	D	200601	25	facing	VVG	up	II21	to	II22	China	NP1	's	GE	development	affirming	VVG	that	CST	China	NP1	unlike
12	MA	D	200601	25	the	AT	multiple	JJ	possibilities	NN2	for	II	the	AT	development	of	IO	bilateral	JJ	relations	and
13	MA	D	200601	27	on	II	the	AT	country	NN1	's	GE	peaceful	JJ	development	philosophy	NN1
14	MA	D	200601	28	long-term	framework	NN1	depends	VVZ	on	II	the	AT	development	of	IO	bilateral	JJ	relations	NN2	in
15	MA	D	200601	29	essential	JJ	guarantee	NN1	for	IF	the	AT	stable	JJ	development	of	IO	Sino-U.S	NP1
16	MA	D	200601	41	characterized	VVN	by	II	stable	JJ	and	CC	sound	NN1	development	in	II	2006	MC
17	MA	D	200601	42	that	CST	China	NP1	pursues	VVZ	means	VVZ	its	APPGE	development	will	VM	contribute	VVI	to	II	the

图 60　不显示 POS 码的 KWIC 界面

　　这种做法其实也有缺陷，因为文本在后台是加码的，尽管界面上可以选择不显示码，实际上文本已经被 POS 码改变了。更好的做法是利用库中存储有未经赋码的纯文本，在检索前就提供纯文本检索和赋码文本检索两种选择，这样就可以彻底摆脱赋码的影响。

对于需要对语料进一步处理的使用者，我们的解决方案是，为他们提供可供下载的 XML 标记语料，使用者下载后自己决定是否使用第三方软件做进一步处理。而对于口语语料，我们的设想是，根据 Sinclair 的主张，对转写文本与音视频文件进行短语或句子级对齐，不再对转写文本进行复杂的音韵标注。目前我们开发的多媒体语料库平行定位检索系统就是一个初步的尝试。

6.5　讨论

从以上分析可以看出，对于语料库标注不同态度的背后，是语料库研究中两种既个性迥异又相辅相成的学术思想，同时也反映出研究者对待数据的态度和使用路径的不同。但在研究实践中，二者并不是泾渭分明，互相排斥。基于语料库的研究更注重理论检验及语料库技术应用拓展，积极探索语料库在自然语言处理、机器翻译乃至知识表达领域的应用开发；对于此类研究而言，标注不但必不可少，还要不断增加其深度和广度。语料库驱动研究则注重从语料库证据出发，建构语言理论，强调充分利用语料库证据的真实性和丰富性，寻求语言理论体系的重建。二者根本的区别，是如何对待语料库语言学以外的理论或模型，前者主张通过语料库验证有所继承和发展，后者渴望突破现有理论的窠臼，采用全新的视角和方法建构新语言学理论。除此之外，在对待直觉经验和标注方面，温和的态度与折中实际的考虑比激进的极端态度更深入人心。实际上，按照 Sinclair 的索引行分析步骤和技巧，从庞杂的索引行中观察节点词的搭配词序列，再进一步分析扩展意义单位的类联接结构、语义倾向乃至语义韵（Sinclair，2003，2004a），对于哪怕是该语言的本族人都不是一件轻松的工作。这个过程不仅需要精准的语言直觉，还需要严谨的技巧训练和反复的实践。在这里，依赖直觉是不可避免的。此外，语料库在中国一是用于汉语的描述和应用研究，再就是用于外语的语言分析和外语教学，这是毋庸讳言的。在语料库应用过程中，ESP 文本分析、学习者语言分析以及双语对应翻译研究，恐怕或多或少地都要用到标注。用不用语料库标注，用多少标注，取决于个人的研究目的和理念。不过，Sinclair 为我们提出极有价值的警示，就是我们在设计标注或应用标注时，都要谨慎思考所用标注的局限性，尤其注意那些标注难以概括和捕捉的特征。而对于基于语料库研究与语料库驱动研究的分歧，我们不但要看其各自主张的目的和语境，还要看其研究实践，不妨立足于自己的研究实际，兼听而后判断使用之。其实，二者虽有分歧，但缺乏真正意义的理论交锋。Leech（2005）在讨论语料库标注时虽然提到 Sinclair 对标注的看法，也只是存而不论。

基于以上讨论，我们对未来语料库研究试探性提出以下问题作为研究方向：（1）如果说语料库是真实的语言样本库，如何对待语料库以外的语言证据（即未包括在语料库内的证据）？随着语料库容量不断增大，语料库的代表性可能无限接近语言运用总体特征，但总会有收集不到的语料和证据，如何看待这种不确定性？如果说基于语料库的理论有其局限，语料库驱动研究是否也存在局限？（2）语料库的分析基础是纯文本，即以ASCII 码编码的电子文本，而转换前的文本可能是印刷文本、电子格式文本（如 PDF、DOC 等）、网页等，这些文本页面往往有复杂的元素，包括语言的和非语言的，更不用说口语交际。那么，纯文本的真实和自然程度到底有多大？语言书面语只有一串串字母数字流吗（alpha - numeric stream）？（3）我们已从信息时代进入网络时代，我们在网络上看到的东西与以往大不一样，比如一个网页页面上充斥各种复杂的元素（如视频、音频、动画、可视化数据等），文本也不再是单篇呈现，而表现出同空间的关联和深度的链接；文本的互动性也是前所未有。语料库研究如何面对这些新现象和新材料？

第七章 平行语料库应用分析：《道德经》多译本对比分析

7.1 引言

平行语料库一般是把源文本与目的语文本通过不同层级的对齐，重建其对应关系，对齐的层级包括语篇、段落、句子和短语。一些经典的文本在历时发展中总会被重复"唤醒"和"解读"，产生新的理解和意义。同理，在翻译实践中，对同一源文本多次重复翻译和传播，也比较常见。译者在动手翻译已经过多次翻译的文本时，首先会选择阅读该文本不同的注释本和批评，然后再去阅读各种译本，并在自己的翻译中加入新的解释。由此，围绕源文本衍生的数量众多的注释本、今译本及外语译本，构成了一个庞大的文本群落和复杂的意义网络。Teubert（2004）认为，译者自成一个社团，通过与源文本、他译者与读者的交互，构成一个翻译话语共同体。译者通过翻译活动，实现交互和谈判，并促生和确立源语言和目的语之间的意义对应和翻译转换。"正确的翻译被采用并重复，错误的翻译被淘汰"（Teubert，2005）。李文中（2010a）的研究表明，翻译的对应性极为复杂，对应关系交错，并认为以单个词语"为依据进行形态、结构和意义分析及转换十分靠不住"（p. 26）。那么，多个译本之间的重复性如何确立，其意义关系呈现何种模式？利用语料库方法，把多篇目的语文本收集起来构成一个微型译本语料库。以源文本为主索引，检索多个对应文本，就能够观察译文的重复和变异情况。本章以《道德经》为个案，运用语料库方法，以观察和检验翻译的重复性。

《道德经》成书年代为公元前六世纪，具体时间尚存争议。经过两千多年的时间变迁，该书版本众多，多家注释，意义各异。根据河南社会科学院丁巍（2007）的考证，汉文版本 100 多种，各种校订本注本达 2000 多种，英译本达 180 余种。各种英译本所依据的汉语版本也不同，更有一些译本是依据其他语种译本再译为英语。最为常见的版本为王弼通行版本，其他版本，如河上公本、帛书本以及郭店楚简本，较少见于英译（参见辛红娟 & 高圣兵，2008）。因此，国内学界相关研究成果只在分析译本过程中参照，这里不再赘述。

本书采用的英译本是苏州大学汪榕培教授收集的 84 种英译本，其中 21 个译本没有年代标示。经过挑选，选择 63 个译本作为对比观察文本库。同时，围绕《道德经》文本核心概念"道"，选取相关章节进行对应分析，以检查其翻译的重复模式，使用对应单位这一概念，即"对应源文本和目的文本中任何可识别的文本块或片段。对应单位具有意义的完整性和相同性，并且具有各自的句法特征"（李文中，2010d，p. 22），进而探讨源文本与译文之间的复杂对应关系。对应单位"对语境高度敏感，并在结构上动态变化"，相互之间的可逆关系具有不确定性（李文中，2006，2007a，2010d）。

7.2 研究问题和方法

我们的研究问题是，《道德经》中的核心概念"道"在不同的译本中有哪些译法，其意义解释的共同点有哪些？通过短语学分析，其高频对应单位呈现何种历时重复模式及意义关系？

方法和步骤：首先，利用正则表达式提取各种译本的出版年代，并作为文件名保存；第二步，根据章节和关键词等信息，准确定位所抽例句的对应译文，把年代与例句对应检索，获得索引行；第三步，按照语料库索引行分析方法，观察重复性翻译序列。由于例句较多，本书中只呈现部分索引行。

7.3 结果与分析

《道德经》分上下两篇，上篇 37 章，为"道经"；下篇为 44 篇，为"德经"。目前发现最早的版本德经在前，道经在后，且不分章节，此处存而不论。本研究采用的版本整篇 799 个字（类符），5307 个字次（删除篇目和章节名称）。频数最高的前 10 个字分别为：之、不、以、其、而、为、无、者、天、人。下表是字分布基本统计结果：

表13 《道德经》汉语文本单字统计

单字	频数（字次）	类符百分比%	字次百分比%
前 10 个字	1418	1.25	26.71
前 20 个字	2057	2.5	38.7
前 30 个字	2407	3.75	45.35
前 40 个字	2676	5.0	50.42
前 50 个字	2888	6.25	54.41
一次字	331	44.42	6.23

从表 13 中可以看出，频数最高的前 10 个字占其总用字的 1.25%，但占总字次的 26.71%；前 50 个字占其总用字的 6.25%，占总字次的 54.41%。有 331 个字只出现一次，占总用字的 44.42%，占总字次 6.23%。《道德经》篇幅虽小，但与一般文本特征相同，用字分布极不均匀。前 10 个字中，具有实际意义的字有 3 个，其他皆为虚字，其中表示否定含义的字就有两个："不"、"为"。作为核心概念的"道"字出现 76 次，排在第 13 位，"德"字出现 44 次，排在第 21 位。

7.4 短语学分析："道"之描述

选取《道德经》具体阐述"道"的语句，通过对应单位检索，获得该语句的不同翻译，观察其重复模式和对应关系。今译采用李安梧教授的翻译。

A. "道可道，非常道（第一章）。"今译：「道」是可以说的，但说出来了，就不是那恒常的「道」。根据索引分析，"道"的英译有以下几种：（1）音译，分别译为"Tao"或者"Dao"，以前者最为常见；（2）直译，译为字面对等的"道路"、"路径"：a way, the Way, path；（3）抽象译：如 spirit、reason、principle。由于《道德经》中所言的道，不可名状，难以言说，意义丰富而晦暗，在英语中缺乏对应的词汇，大部分译本都采用音译。

"常道"与译文构成了一个完整的对应单位，其翻译意义有：（1）普遍的、圆满的、包罗一切的道，如：common Tao, the Principle of Nature, the all-embracing and immutable Tao, the entire Tao, the All-Tao；（2）永恒的、持久的、不变的道，如 the eternal Tao, the eternal Road, a lasting Way, an Unvarying Way, the invariant Tao, the enduring and unchanging Tao, the constant Tao, Ever Lasing Tao, the ever-abiding Tao；（3）绝对的、最终的道，如 the Absolute Tao, the Tao of the Absolute, the Ultimate Way；（4）真实的、真理性的道，如 the true Tao, the real Tao。以上翻译中，第二种翻译最为常见，其次为第四种翻译。在源文中，"常道"或"道"是一个一致的概念，与"大"、"无名"、"玄"等具有同义解释关系。《道德经》第25章说它"独立而不改，周行而不殆"，可为注脚。

"可道"的翻译大体可分为两种，即"言说"与"践行"，前者包括描述、名称、定义、讨论、理解、推理、教导，用词如 call, speak, discuss, describe, tell, understand, express, know, teach 等，后者包括行走、追随，用词如 trod, follow, walk 等。该句的翻译重复模式为：the + TAO + that can be + V-ed + of is not the + ADJ + TAO。在这个描述表达模式中，大写字母表示重复出现但具有一定变异的类，如 TAO 表示该词有其他译法，如 Dao, Way 等；单词小写表示重复较高的原词序列，该翻译模式显示出限制性强且具有否定意味：常道不可言说，不可捉摸，难以追随。从译本的历时视角看，从 1884 年到 1988 年 100 多年间，《道德经》译文在翻译"道"这个概念时，大多采用音译 Tao，而意译的 the way 只有不多几例，

2000 年以来，译本大多采用意译，而音译的 Tao 只出现少数几例。

B. "道冲而用之或不盈（第四章）。"今译：道是生命之源啊！空无地去用它，或且永远填不满它。

此句的英译有三种翻译模式，实际上也是三种不同的意义解释：（1）把"道冲"读在一起，解释为"道是空无"：The Tao is empty（hollow, void）；（2）解释为容器：The Tao is an empty container（vessel）；（3）把"冲"译为动词，解释为"冲流"、"流动"、"创造"。此三种翻译解释与汉语通行本（王弼）解释大不相同。对此句的汉注由于断句以及对字义的解释不同，分歧非常大，英文翻译因循各说，译法纷呈，但重复较多的翻译是："道是空无的，用之不尽"，只有少数译本翻译为"空无地去用它"，如理雅各的翻译："The Dao is（like）the emptiness of a vessel; and in our employment of it we must be on our guard against all fullness."在英译中，除了直译，不少译本选择使用"vessel"、"container"、"well（井）"、"water"等隐喻，解释和表达"冲"及"用之不盈"的涵义。本句重复最多的模式为：DAO + is +（like an）empty + VESSEL（container, bowel）。"用"字被译为"use"、"exploit"、"drain"、"exhaust"、"fill"，在语义上与隐喻"水"、"容器"具有对应关系。值得注意的是，从译本时间上看，越接近现代，译本呈现出更大的变异性，该句翻译的隐喻几乎消失：

表 14　　　　　"道冲用之或不盈"英译的历时索引

1884	The TAO is full [q. d. , exhaustless and complete]; yet in operation as though not
1891	The Tao is（like）the emptiness of a vessel; and in our employment of it we must be on
1904a	Tao, when put in use for its hollowness, is not likely to be filled.
1905	The Tao is as emptiness, so are its operations. It resembles non-fullness.
1919	The Tao appears to be emptiness but it is never exhausted. Oh, it is profound! It appears
1934	The Way is like an empty vessel
1946	The Tao is like a hollow vessel that yet cannot be filled to overflowing;
1954	The Way is like an empty vessel which, in spite of being used, is never filled. How
1963	Tao is empty（like a bowl）. It may be used but its capacity is never exhausted
1972	The Tao is an empty vessel; it is used, but never filled.
1981	The Tao is empty, yet when applied it is never exhausted.
1991	The Way is unimpeded harmony; its potential may never be fully exploited.
2000	This nothingness is like a well
2002c	Tao is empty; and when used, never fills up.
2003	The Way is full: use won't empty it.

2003a	Endless Abundance：The Tao as an infinite resource
2005a	Dao is constantly being emptied, and its usefulness comes from the fact that it can never
2005b	Empty, like a well, is the Cosmic Whole：
2005c	The way (is) fluid, and yet in its practice
2005d	Tao is empty yet when used, it is never used up.
2006	The Tao washes away and drinks them, possibly never getting full.
2008	Tao looks like void. Yet, It is omnipotent！

表中每行开头的数字表示译本出版年，后跟的句子是例句的对应翻译。英译大多采用字面直译，不加过多的解释，所用的关键词"empty"、"hollow"、"void"都有"空无"、"虚无"义。

C. "不窥牖，见天道（第四十七章）。"今译：不窥窗牖，见得天理自然。

在译文中，"天道"的翻译主要有：heaven's Tao, heaven, the sky and its pattern, the nature of Dao, the Way of Heaven, the Celestial Tao, the Tao of heaven, the way of heaven, the Dao of Nature, the essence of the Tao, the beauty of heaven。"窥牖"被译为"窥视"、"瞭望"、"开窗"。"见天道"的主要翻译重复模式有三种，"看到"、"观察"：see, view, observe, behold (the Heaven's Tao)；"知道"、"了解"：know, understand, grasp (the Heaven's Tao)；"感知"、"感觉"：perceive, become aware of (the Heaven's Tao)。值得注意的是，第一句"不窥牖"的翻译多有重复，采用 without V +ing out (through) (of) the window... 句式。其常见的对应单位为：without LOOKING (peeping, glancing, peaking, peering) OUT (through) (of) the window, ONE (you) can see the Heaven's Tao。该句与前后句可相互参照："不出户知天下；不窥牖见天道。其出弥远，其知弥少。是以圣人不行而知，不见而名，不为而成"，与第二十二章"不自见故明"可互为解释。

表15　　　　　　　　"不窥牖见天道" 英译历时索引

1904	Through his windows he can see the supreme Tao.
1913	Without peeping through the window The heavenly Reason I contemplate.
1916	Without opening my window I perceive Heavenly Tao.
1919	Not peeping through the window I perceive heaven's Tao.
1934	Without looking out of his window He knows all the ways of heaven.

1963	One may see the Way of Heaven without looking through the windows.
1972	Without looking through the window, you may see the ways of heaven.
1981	Without glancing out the window one can see the Tao of heaven.
1982	Without looking through the window you can see the way of heaven.
1982a	All ways of heaven may be known Despite shutters blacking the window's view.
1985a	Without looking through the window, one can see the Way (Tao) of Heaven.
1985b	Without looking out of the window You can see heaven's way.
1986	Without looking through the window, See the Tao in Nature.
1988	Without looking out your window, you can see the essence of the Tao.
1993	Without peeping through the window, See heaven's Tao.
1993a	Without even opening your window, you can know the ways of Heaven.
1994	Without looking through your window, You can see the Tao (the Laws of the Universe).
1996b	Without looking out the window, you can see heaven.
1997	One can see the dao of the big wide beyond here without looking out of one's windows
1997b	Without looking out the window you can see the manifestations of Infinity.
1998	Without peering into windows, one may know the secrets of the Universe.
2000a	You don't have to look out the window to appreciate the beauty of heaven.
2002b	Without peeping through the window, One can see the Dao of Nature.
2002c	Without looking out the window, you may behold Heaven's Way.
2002d	Without looking out of the window, the sky can be known.
2002e	Without looking through a window, you can see Heaven's Tao.
2003a	Without peering out our window we can see the Tao of Heaven.
2005	Without looking out of your window, you can see heaven.
2005a	You don't have to peek out the window to understand the nature of Dao.
2005d	You don't need to look from the window To see the way of heaven.
2006	Without peaking out the windows, see the Celestial Tao.
2008	Without looking from the window, he sees the Primordial Tao.

从表 15 中可以看出，该句的翻译重复模式非常明显，不但句式一致，所用的关键词也基本一致；变异较多的是第二句，尤其是"天道"的翻译，除了 Heaven's Tao（Way）这种主流译法，尚有 manifestations of Infinity（1997b）、the secrets of the Universe（1998）、the beauty of heaven（2000a）、the sky（2002d）、the Celestial Tao（2006）、the Primordial Tao（2008）等。

D. "大道泛兮，其可左右（第三十四章）。"今译：大道如水，源泉滚滚，盈满而溢，或左或右，无所不在！

译文的重复模式主要围绕源文本"泛"的喻象，把"大道泛兮"译为"水"、"洪水"、"潮水"、"河水"，第二种译法是抽象解释，使用 extend， boundless, reach, all-pervading 等词翻译"泛"这个词的意义。第三种译法，干脆另造喻象，如 the cycle of life, boat。有些翻译虽然没有使用"水"喻象，但使用 flow, drift, float 等动词，包蕴了水的意象。但第二句"其可左右"翻译变异性较大，翻译意义也不一致。常见的对应单位为：The + (great) Tao + FLOW (like a flood) and Go left and right (every direction)。

表 16   **"大道泛兮其可左右"英译历时索引**

1884	The Great TAO is all-pervasive; it may be seen on the right and on the left.
1891	All-pervading is the Great Tao! It may be found on the left hand and on the right.
1904a	The great Tao pervades everywhere, both on the left and on the right.
1905	Supreme is the Tao! All pervasive; it can be on the left hand and on the right.
1919	Great Tao is all pervading! It can be on both the right hand and the left. Everything
1934	Great Tao is like a boat that drifts; It can go this way; it can go that.
1946	The great Tao flows in all directions: To left, to right, at the same time.
1954	How ambiguous is the great Way! It may go left or it may go right.
1963	The Great Tao flows everywhere. It may go left or right.
1972	The great Tao flows everywhere, both to the left and to the right.
1981	The great Tao is so all pervasive, how can we tell where its right or left is?
1991	The Great Way is universal; it can apply to the left or the right.
2000	The empty center's everywhere It flows both left and right
2002	How great the Way, like a flooding river flowing left and right!
2002c	Great Tao is everywhere, to the left and to the right.
2003a	The Great Way is boundless! It flows in every direction.
2005	The great DAO flows everywhere and reaches all things whether left or right.
2005a	Dao drifts about aimlessly! It willingly goes to the left or to the right.
2005b	Sublime, the Cosmic Breath That limitlessly pervades and imbues
2005c	How the great way (is a) flood! It is apt to go (both) left & right
2006	The great Tao is a flood! It can [go] left and right.
2008	The Eternal Tao pervades everything. It is present to the left and to the right.

从上表索引行可以看出，源文中"泛"这个概念通过"flow, all pervasive, drift, pervade flood, boat"等隐喻使"道"变得具象化，使意义更为清晰。值得注意的是，从十九世纪到二十世纪，期间的译本大多采用"flow, pervade"（流动、参透）这种译法，而之后的一些译本采用"flood, flooding river"这个新喻象。

    E. "大道甚夷，而民好径（第五十三章）。"今译:大道何等平坦，但人民总喜欢险僻的小径。

此句的重复模式主要是对"夷"解释,"甚夷"译为"平坦"、"宽阔"、"平直"、"安全",一般使用同义形容词,如 smooth and easy, even, level, broad, straight。而 obvious and simple, ordinary 只是个案。上述语句与第二句"而民好径"的"径"形成意义对比。常见对应为:The Great Tao is SMOOTH(easy, even, level, safe), but people prefer the SIDE-TRACK(by-roads, byways, side path, detour)。

表17	"大道甚夷而民好径"的历时索引
1884	for the great TAO is far removed, and the common people are addicted to walking in cross-roads.
1891	The great Reason is very plain, but people are fond of by-paths.
1913a	But to this wide road many prefer the narrow sidetracks.
1916	Great Tao is very straight, But the people love by-roads.
1934	Once he has got started on the great highway has nothing to fear So long as he avoids turnings. 1
1944	If I had any learning Of a highway wide and fit, Would I lose it at each turning?
1946	Though the great Way is quite level, people love bypaths.
1955	I would not leave this main path, so easily followed, but many people prefer the by-paths.
1963	Though the highway is smooth and straight, The common people prefer the byways.
1985a	The great Way is very smooth but people love bypaths.
1993	The Great Way is easy but people are forever being taken down sidetracks.
1994	On the main path (dao), I would avoid the by-paths. Some dao main path is easy to walk [or drift] on, but safe and easy. All the same people are fond, men love by-paths, love even small by-paths: The by-path courts are spick-and-span.
1997a	It is the easy route that will lead to the Way. The path that promises illusions delivers sadness.
2001	That in walking the great high Way I shall fear only to deviate From the high way plain and fair; For to byways men are lightly drawn.
2001a	The Great Path is simple and direct yet people love to take the side-routes.
2005c	The great way is so very ordinary And the people love the detours.

译者对"而民好径"的理解差异较大,其中"径"被译为"by-paths(1891, 1946, 1955, 1994, 2001a), by-roads(1916), sidetracks(1913a, 1993), byways(1963, 2001), side-routes(2001a)""便道、边道",个别译文甚至译为"交叉路口"(1884)及"绕行"(2005c)。

F. "道隐无名（第四十一章）。"今译:大道隐微，无名可识。

此句在各个译本的翻译具有非常高的一致性，重复模式显著，对应单位序列边界清晰。其中"道隐"被译为：（The Tao is）hidden and indescribable, hidden, concealed；"无名"译为：beyond all name, nameless。译法比较一致。但"The Tao is nowhere to be found"与其他翻译差别较大。常见的对应是：The Tao is hidden and nameless（have no name）。

表 18   "道隐无名"的历时索引

1891	The Tao is hidden, and has no name;
1904a	Tao, while hidden, is nameless. ´
1905	The Tao is concealed and nameless,
1934	For Tao is hidden and nameless.
1954	The Way is hidden and without names.
1963	Tao is hidden and nameless.
1972	The Tao is hidden and without name.
1981	Tao is hidden and nameless.
1991	the Way hides in namelessness.
2002	The Way is hidden and without name,
2002c	Tao is hidden and nameless,
2003a	The Tao is hidden and has no name,
2005	The DAO is hidden, beyond all name;
2005c	The way is hidden & nameless
2006	The Tao is hidden.
2008	Tao has no corporal image and face. Therefore, It is said of as hidden and mysterious.

G. "道之为物，惟恍惟惚（第二十一章）。"今译:自然大道是何物呢？有无虚实，恍惚难辨！

其中，惟恍惟惚的重复模式仍然通过同义词和近义词实现：vague and intangible, elusive, indistinct, abstract, evasive, obscure, evanescent, shapeless and formless, impalpable and intractable, shadowy。常见对应为：The Tao（as a thing）is VAGUE AND INDISTINCT（obscure, elusive, evasive, intractable, formless）。

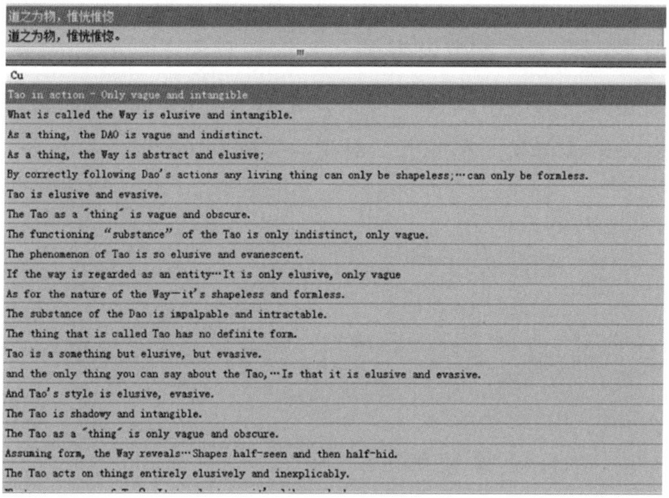

图 61　平行语料库索引行实例

7.5　讨论

　　通过《道德经》译本对比发现，译者之间有前后继承性影响，而翻译是译者社团内部交互的过程。译本之间会发生重复，其重复模式表现在使用相同的词语或同义词，还多见于短语序列和句子结构。《道德经》文本的多译本对比分析表明，托伯特关于翻译重复的理论有一定解释力，在翻译对应上，尽管一些文本在翻译时添加注释和解释，源文本与目的语文本的对应单位边界基本清晰，呈现出较大的一致性。此外，通过翻译，源文本中一些隐晦表达在译文中显得更加直白，呈现出意义显化特征。从历时维度上看，后期译本对早期译本呈现出明显的参考和借用现象。尽管不同时期的译者试图表现自己翻译的独创性，并声称其翻译能更准确传达原作的涵义和意境，但在翻译实践中难以摆脱先前译本的影响。此外，后译者会向前译者学习，重复其认可的翻译，但这种重复呈现多元性。"正确"的翻译不是唯一的。当译者面对一个前译本时，其最大的冲动就是：他译错了，我来改变它。由此，我们甚至怀疑"正确"的翻译这种说法。

　　译者对先前译本有一定的依赖性。为避免重复或抄袭，译者可能有意规避重复的翻译，采用同义、近义的词语和语句。

翻译似乎对源文本新生解释关注不大，对源文本的研究成果吸纳不够；译文与源文本的汉语注释呈现较大差异。原因之一可能是《道德经》的英文译者大多人非汉语本族人，对汉语文献并不熟悉。

第八章 英语全球化及其在中国 本土化的人文影响①

8.1 英语全球化及本土化研究背景

二十世纪下半叶，世界进入互联网时代，信息技术的发展及全球化以前所未有的速度改变着我们的生活方式和社会文化模式。全球化也为各种不同的文化价值观念和社会结构提供了充分展示及交流的平台。而英语的全球化正是这种全球化趋势中的一个主要结果，即英语逐步演变成为一种国际语言，为越来越多的不同语言和文化背景的人学习和使用。布洛克（Block，2004）认为，英语愈来愈成为一个跨文化跨语言的界面。英语的全球化实际上代表了英语在世界上趋同趋势，是一种单语言的扩张和延伸力量。二十世纪九十年代以前，人们对英语全球化的态度形成两极分化的态势，一是以克里斯特尔、麦克科拉姆、科兰和麦克尼尔（Crystal，1997；McCrum et al.，1986）为代表的赞美派，认为英语以其本身的民主性以及重要人物的使用在全球传播。而对此提出批评的则有帕尼库克和菲利普森（Pennycook，1994；Philipson，2000），其主要观点是英语的全球化是西方文化霸权主义，或者是美帝国主义的延伸，其后果是造成了新的文化和政治上的不平等。到了九十年代末，这种严厉的批评被更现实的折中考虑所取

---

① 本文基于《英语全球化及其在中国本土化的人文影响》（《河南师范大学学报》2006年第3期）修改完成。

代。以帕尼库克（Pennycook，1994）为代表的观点认为，英语的全球化是一个过于复杂的问题，不能简单地以好坏论之。另外，国际英语研究者认为，英语的全球化主要受两种相互制衡的力量所推进，一种是向心的趋同力量，另一种是离心的变异力量。前者的极端后果可能是英语在全世界形成核心性规范，语言与文化间的差异逐渐缩小，并最终消解；而后者的极端结果可能是英语在各种文化中的本土化，并日益显示出地方特征，从而演变为特色各异的语言变体，以至变成相互独立的语言。但是，这两种力量如此的强大，使得英语在任何一条道路上都不可能走得太远。然而，全球化进程已经使英语产生了深刻的变化，其主要结果就是国际英语以及各种新变体的形成，英语本族人的文化与语言威权受到挑战和颠覆，英语与其本族文化的纽带变得愈来愈薄弱，其语言中旧有的单一性标准和规范受到质疑，并逐渐被多元标准和多中心论所取代。那么，英语全球化和本地化势必带来一些新的问题，如英语的归属及与其联结的文化是什么，非本族使用者的身份和地位如何确立，英语在中国的本土化对英语学习及运用会产生那些人文影响，而这些影响又将会为我们带来什么？

8.2　英语所有权及文化属性

国际英语理论不仅意味着英语这一语言的运用范围已超越了英语国家的本土这一地理概念，也不仅意味着非本族人的英语使用者人数已远远超过了本族人这一数量概念，其主要意义还在于，英语的所有权脱离本族人的掌控，为全球的英语使用者所共有。英语"不是本族人租赁给其他人的自由保有的不动产。其他人也实际上拥有它"（Widdowson，1994，p. 378）。正如一位菲律宾诗人所言，"英语现在是我们的了，我们把它殖民化了"。而英语全球化背景中世界各种变体英语的出现正是体现了不同国家本土的需求、人格及语言根源（Smith，1983，1987）。在中国关于英语所有权的讨论，其意义在于，如果我们确立英语作为国际语言这个前提，并且承认英语在中国是一种国际交流的工具，那么，当中国人使用这一语言进行各种目的的交际时，使用者就同时拥有或者分享了这一语言的所有权，也就是说，中国人在使用自己的英语来获取自己的目的。接下来的问题是，如果英语的所有权分配已重新洗牌，无论是二语使用者或者是外语使用者都分享其所有权，这一语言所承载的文化又是什么？在本族人独享英语所有权的理论范式中，英语语言背后的文化无疑是英语本族文化，甚至可以说是英美文化或美国文化，英语学习与英美文化以及英美文学学习紧密相联，不可分割。事实上，既使在承认英语本族人威权的前提下，只选择英美文化而排斥其他本族英语文化的英语学习也是不可靠的，它只是反映了英语教育实践中的机会主义和全球化进程中的文化霸权主义，因为毕竟英语本族人不仅仅只有英美两个国家。在国际英语这一理论框架下，英语语言从其本族文化的联结中剥离出来，与其二语或外语学习者和运用者的本土社会文化及环境对接起来。英语在某一社会环境中的本土化包含两个方面的意义，一是语言特征的本土化，再就是本土文化的融入。换言之，英语在中国的本土化既包括语言上的中国特征，即中国英语变体的形成（李文中，1993），也包括中国文化的移入，即英语在中国可以成为中国文化的承载物和传播媒介。

8.3　英语在中国的本土化及中国英语研究

根据波顿（Bolton）的研究，中国英语的历史可以追溯到十七世纪英国商船到达澳门和香港，后人把当时中国本地人使用的英语称之为"中国洋泾浜英语"（Chinese Pidgin English，CPE）、"破裂的英语"（Broken English）、"行话"（Jargon）、"漫画英语"（Carton English）、"中国海岸英语"（China Coast English）以及"香港英语"（Hong Kong English）（Bolton，2003；李文中，2005）。英语在中国本土化存在于三个层面：（1）语言层面。从社会语言学理论上讲，当一种语言在另外一种语言环境中运用时，两种语言必然产生交互影响。而后者对前者的影响就是该语言的本土化。英语在中国的本土化即指其语音、词语、句法、语用及篇章等各个层面都获得中国本土特征，其结果是催生了中国英语。广义地讲，在中国的英语使用者获得该语言的所有权这一前提下，中国英语作为一个整体概念，既包括中国人与其他国际英语使用者共享的一般规范和可交际性标准，也包括中国本土化特征，二者共处在一个连续体上（桂诗春，1988），具有渐进性和过渡性，没有绝对的分界。狭义地讲，中国英语也被用来描述已本土化的部分特征。（2）文化层面。英语在中国的运用意味着其文化表述角色的转换，即英语被用来表述中国文化。中国人在国际交流中使用英语表述自己的历史传承、社会文化价值观念、经济生活、文化教育、文学以及自己的观点和期望①。而这也是中国人学习和运用外语的深层动机和目标。五四时期，西风东渐，中国对西方主要是引进和学习；改革开放以来，尤其是近十几年来，中国对国际文化的贡献主要是向外推介自己的文化，并融入世界主流文化。这使得英语的学习和运用在中国变得越来越重要。与语言层面的本土化相比，英语在中国文化中的本土化可能来得更彻底，也更鲜明。（3）英语教学与学习及研究层面。中国的英语教学与学习包括大纲设计、教材开发、教学活动、学习评估及相关英语教育研究无不与中国本地环境紧密结合，旨在充分满足各种英语学习者的基本需求。中国的英语研究者、教师以及相关专业的硕士、博士生无不把自己的研究深植于中国的本土现实，这既是研究者们学术取向的自觉选择，也是汉英两种语言和文化互动的必然。

对中国英语的研究从二十世纪八十年代至今可分为三个主要阶段：（1）排斥和全盘否定阶段。英语在中国的运用实际开始引起国内外学界的关注，但主要观点是把中国英语与"中国式英语"或"中国洋泾浜英语"混为一谈，认为其不符合英语规范，在教学和学习中应作为错误尽量避免，基本上采取排斥和否定态度，但缺乏严肃系统的理论研究。这种观念和态度甚至一直影响至今。（2）概念确立和划分阶段。九十年代初期，由于英语在中国本土的运用越来越普遍，学界开始认真对待中国英语问题。这个阶段的研究主要理论是：首先，承认中国英语是一种客观存在（葛传椝，1980；汪榕培，1991）；第二，认为中国英语是一种国别变体，是两

---

① 有关英语全球化与中国本土文化的讨论，参见姜亚军、杜瑞清（2003）、王枫林（2002）、王银泉（2002）、严铁伦（2002）、杨国俊（2003）和余卫华（2002）等学者的研究。

种语言和文化交汇的必然产物，中国英语在英语中具有独特的不可替代的地位，应把规范的中国英语与英语学习过程中错误的"中国式英语"区别开来（李文中，1993）。第三，认为中国英语研究对中国的外语学习和教学具有理论意义和实用价值。其研究成果是确定了中国英语的基本概念，在理论上给予界定，确立了中国英语研究的地位和意义，引起了外语界对中国英语的兴趣和关注。综述这一阶段的中国英语研究，其特点是对中国英语进行了理论上的严肃探讨，确立了中国英语这一概念；但由于缺乏坚实可靠的量化研究，使研究只能停留在概念和态度的讨论层面，难以进行深入系统的研究。（3）量化研究和个案研究阶段。香港学者波顿采用世界英语变体研究中的历时方法，考证了英语在中国南部使用的历史渊源以及发展脉络。其主要研究依据一个是史实的追踪，另一个是各种原始文本资料的考证。他在书中使用了大量的早期航海日志、贸易记录、日记、在中国的传教士及官员的各种文本资料，以及同时代中国人编写的各种英语词表和词典，揭示了中国英语从十七世纪早期的语言接触，到十八世纪末十九世纪初的"广东行话"、十九世纪至二十世纪初的"洋泾浜英语"及"中国海岸英语"，直至当今的"香港英语"和中国各体英语的历史传承和发展轨迹。波顿令人信服地表明，中国英语从早期的非标准形式发展到当今的自主变体，经历了漫长的渐进式发展过程。尤其是自十九世纪末开始，中国英语由于学校英语教学的开展及英语在中国的传播，逐步"非洋泾浜化"，向更规范的变体形式演变（Bolton，2003；李文中，2005）。二十世纪九十年代末，由于大型中国英语学习者语料库建设和相关研究的开展，开始对中国英语学习者中介语进行深入系统的研究。

8.4　讨论：英语本土化的人文影响

中国英语是英语在中国本土化过程中的必然产物，是一种变体，在语法和语言运用上合乎英语规范，在国际交流中起着重要的作用。其在中国的运用能够促进中国历史文化和社会文化价值观念的对外交流。"让世界了解中国"的真正意义在于把中国先进的文化成果、文化资源以及旅游资源介绍出去，让世界人民共享，在世界文化中获得中国应有的文化话语权利。英语在中国的本土化的人文影响，其一是中国的英语学习和使用者对自我文化身份和人格的保持。二语或外语学习及运用并不意味着必须丧失自己的文化身份。中国人学习和使用英语的目的并不是要把自己变成另外一种人，不是要变成英国人或美国人，他们不必因为学习和使用英语而改变自己的身份和文化价值观念，甚至不必改变自己的思维及行为方式。学习和使用英语只是有助于他们以更开放的心态和更开阔的视野参与国际交流，即所谓的"全球性思维，地方性行为"（Block，2004，p.79）。其二，由于英语与文化的联系向多元化发展，其在中国获得承载和表述中国文化的能力，英语与所谓本族文化的联结不再密不可分，即英语文化学习不再是英语学习唯一有效的途径，即英语学习者无须内化英语本族人的文化标准。中国的英语学习者可以通过本国文化或其他文化学习来获得英语的运用能力。在这里，外国文化及文学学习的价值并未被否定，文化学习的目的在于促使学习者深入了解文化的多样性，以及增强他们对异质文化的理解和宽容。其三，英语与汉语不存在对立关系，前者的普及和延伸也不威胁汉语的地位和影响。英语在中国的本土化能够促进英汉"界面"① 的进一步发展，而英汉两种语言的互动无论是对这两种语言自身还是对该语言所承载的文化都将产生积极的影响。其四，英语语言的国际化使得其所有权非国有化（Smith，1987）。对英语的所有权意识，以及对英语本土化的正确理解能够使中国的英语学习者和使用者强化自我文化身份和心理意识，获得英语运用的能力，并感到充满信心。"真正的语言能力就是你能拥有这一语言，为己所用，并使它成为自己的真实语言，这样才算掌握了它"（Widdowson，1994，p.385）。最后，英语在中国的本土化势必影响中国英语教学和学习内容及方法的改革，在英语学习材料中适当加入中国本土的内容将有助于提高学习和使用者的文化认同和归属感，为英语教学中真实性难题提供一个有效的解决方案，英语教育的目的是使学习者能够把

---

① 波顿使用了"界面"（interface）一词来描述英汉这两种世界上最大的语言的交互，并认为这一界面将在中国及不断扩大的华人社团中继续延伸。这一提法对以后的中国英语研究以及相关的汉英对比分析研究具有极大的启迪意义。

自己的观念和文化介绍给他人。任何一个教英语的国家都必须拥有该语言的所有权，并选择适合当地实际情况的材料和方法（McKay，2003，p. 145）。在国际英语教学中，作为非本族人的英语教师的地位和影响将进一步加强。对于中国的英语运用者而言，中国人不必因惧怕自己是别人语言蹩脚的模仿者而感自卑，因为我们同样拥有英语；使用者也不必为自己达不到本族人那样的水平而感到羞愧，更不必为自己英语的"中国腔"而内疚于心，因为所使用的是中国英语。

第九章　中国英语的历史与现实

— Kingsley Bolton 著

《中国各体英语——一部社会语言学史》述评[*]

　　近年来，剑桥大学出版社推出的"英语语言研究丛书"旨在为国际读者提供英语语言原创性研究的基本框架。该丛书所收著作都是基于实证性研究，体现了对英语各种国别变体在理论和描述方面的主要贡献[①]。由Kingsley Bolton 独著的《中国各体英语——一部社会语言学史》（2003）即是其中一种。正如该书首页的介绍所言，它"探索了英语在中国自十七世纪初第一批操英语的商人到达中国大陆至今的历史"，书中"利用早期的词表、招贴漫画、杂志及各种备忘录的资料以及常规史料，综述并讨论了大量描述和分析中国英语的历史研究、语言学研究，及社会语言学研究，表明了当代的香港英语根植于早期的中国洋泾浜英语，从而揭开了英语在中国这段久被遗忘的历史；书中还探索了英语在中国内地不同历史时期的地位以及 1997 年以来新发展"（p.i）。值得注意的是，该书的书名使用了Chinese Englishes（中国各体英语），而不是中国内地学界有关中国英语（China English 或 Chinese English）讨论中使用的单数形式，表明英语在中国存在不止一种变体，而是多种变体并存。

---

　　[*]　Kengsley Bolton（2003），*Chinese Englishes-A Sociolinguistic History*，Cambridge：CUP. pp. 1 -338。剑桥大学出版社惠寄书评样书，剑桥大学 John Drew 博士及夫人 Rani Drew 鼎力相助，提供资料，在此一并致谢。本章基于已发表的同名论文修改而成（《外语教学与研究》2005年第 1 期）。

　　[①]　引自该书第 4 页对该丛书的介绍，丛书的编者为 Bas Aarts，John Algeo，Susan Fitzmaurice，Richard Hogg，Merja Kytö，Charles Meyer。

该书共分五章，第一章"新英语变体与世界各体英语：世界英语的多中心论"；第二章"从 1980 到 1977 年晚期殖民地香港的英语社会语言学史"；第三章"'中国各体英语'的历史发掘：从 1637 年到 1949 年"；第四章"作为一种'新体英语'的香港英语"；第五章"香港地区和中国及中国英语"。

该书首先在理论上对亚洲各体英语、"新体英语"、以及世界各体英语研究领域中不同的理论流派和研究方法进行了全面的回顾和梳理。该书集中论述了以下几个问题：（1）英语的所有权及英语新变体的地位问题与相关研究；（2）判断英语新变体的标准及变体的基本特征；（3）英语变体研究的主要方法和理论流派；（4）中国英语问题。自二十世纪六十年代始，一些著名学者如 Halliday et al.（1964），Widdowson（1979，1994），Smith（1983），Kachru（1965，1983）针对英语的所有权问题展开了讨论，其主要论点为，英语作为一种国际性语言不再为英国人或美国人所独有，它甚至不仅仅属于那些英语"本族人"，非本族的英语使用者与本族人分享这一语言的所有权。这种论断直接影响到对英语标准的界定和判断，使其从单一标准或单一中心论发展为多元标准或多中心论。自二十世纪八十年代始，全球英语的各种地域变体开始逐一得到确认和描述，英语作为一种国际语言得到承认（Bolton，2003，p.2）。而对英语这种新变化的描述性名称也多种多样，如："作为国际语言的英语"（English as An Internal Language，简称 EIL）、"全球（各体）英语"（Global Englishes）、"国际（各体）英语"（International Englishes）、"英语本地化变体"（Nativized Englishes）、"非本族变体"（Non－native Varieties）、"第二语言变体"（Second Language Varieties）、"世界各体英语"（World Englishes）、"英语新变体"（New Englishes），反映了英语变体研究者不同的视角。Tom MaArthur 在二十世纪九十年代对英语的各种新变体定义为"一种语言学术语，指最近尤其在非西方地区……持续出现的，并越来越具有自主性的英语变体"（1992，引自 Bolton，2003，p.2）。同时，世界各体英语研究也引起了越来越多的关注。据 LLBA（语言学与语言行为论文摘要）索引统计，自二十世纪八十年代初至二十一世纪初共有近千篇研究世界各体英语的论文，比此前的同类研究增长了近千倍；八十年代以后新出现的有关世界英语研究的专业学术刊物有三种①。实际上，在国际英语的理论前提下，"本族人"与"非本族人"的二元划分同样值得重新考量。对这一问题讨论的意义在于，世界各体英语的多中心论的确立，将彻底影响人们在英语研究及应用语言学研究的视野和取向，建立在以本族语为标准的传统的甚至'经典'的学科如错误分析、话语分析、中介语分析以及对比中介语分析都可能需要重新定位。在对待新体英语这一问题上，人们似乎总是把一些变体特征与"变异"、"非规范"、甚至错误联系起来，不愿承认英语本地化的现实。实际上，如果英语在世界各种文化和社会环境的运用中产生本地化是一种必然，新变体的出现就不可避免，而学界是否承认并充分地描述它，则是另外一回事。关于英语新变体的判断标准问题，Bolton 主要讨论了 Platt Webe 和 Ho（1984）以及 Llamzon（1983）的论断，前者认为判断英语新变体可适用四条标准，即（该变体）是否在教育体系内使用，其在本族英语为少数语言地区的发育情况，其在某一国家和社会应用的功能，以及其在发音、词汇和句子结构方面的地方化或本土化的语用依据。后者集中讨论了英语新变体的四个基本特征：（1）生态特征；（2）历史特征；（3）社会语言学特征；（4）文化特征（Bolton，pp. 5-6）。值得注意的是，其所谓的文化特征是指"小说家、诗人、剧作家的作品表明可以使用英语作为传播文化传统的工具。有了这些作品，才能表明移植的果树真正成熟，并开始开花结果"（Llamzon，1983，p. 104，引自 Bolton，2003，p. 6）。笔者认为 Llamzon 对文化特征的定义似嫌过于狭窄，一个国家或民族的文化传统不仅仅存在于文学诗歌虚构性作品，还存在于大量的社会历史文化典籍，教育、政治、经济及法律文献，以及大众传媒等各个领域的口头和书面的语言表述中。

对英语新变体的主要研究方法和理论流派，Bolton（p. 7）认为可主要划分为七种：（1）英语语言研究，主要代表人物有 Robert Burchfield，David Crystal，Sidney Greenbaum，Tom McArthur，Randolph Quirk，以及 John

---

① Bolton 在书中列出了 Manfred Görlach 主编的 *English World Wide*（1980），Braj Kachru 与 Larry Smith 主编 *World Englishes*（1985），以及 Tom McArthur 主编的 *English Today*。但并没有包括日本发行的 *Asian Englishes*。

Wells；其研究方法注重描述主义传统，尤其是利用语料库方法观察和描述自然的语言现象。McArthur（1987）提出了一个描述的模型，即各体英语象一个无外框的车轮，世界标准英语为其轴心。这与 Kachru 提出的英语同心圆说有暗合之处。（2）社会语言学方法，可进一步分为四类，即语言的社会学研究，主要代表人物是 Fishman 等人（1996）；世界英语的语言学特征研究，主要代表人物为 Trudgill 和 Hannah（1982）与 Cheshire（1991）；世界英语的社会现实研究，主要代表人物为 Kachru（1992）；以及以 Todd（1984）为代表的洋泾浜语及克里奥尔语研究。这一流派的研究成果是提出了对世界英语研究的两个层面，即该语言的地位（status）和功能（functions），语言地位指该语言在法律、官方或半官方的社会地位；功能指该语言在一个社会英语的幅度，分为国际和国内两个层面（Bolton，p. 14）。Kachru（1992）更进一步提出十一个方面的问题，即英语的传播和阶层化、阶层化的特征、世界英语的交互环境、英语传播的意义、描述与规约性态度、双语的创造力与文学的典律、英语的多典律性、英语的两面性（即本地化与英语化）、运用者与运用的谬误、英语的权力与政治，及世界英语教学。Kachru 关于世界英语教学的想法引起了以 Quirk 为代表的语言学家的焦虑，在九十年代初引发了两人的一场论战。中国英语开始于十七世纪英国商船到达中国澳门和香港，后人把当时中国本地人使用的英语称之为"中国洋泾浜英语"（Chinese Pidgin English，CPE）、"破裂的英语"（Broken English）、"行话"（Jargon）、"漫画英语"（Carton English）、"中国海岸英语"（China Coast English）以及"香港英语"（Hong Kong English）。（3）应用语言学方法。始于二十世纪六十年代，主要代表人物为 Halliday、MacIntosh 及 Strevens。Halliday 等（1964）提出了英语变体教学的两个主要标准，即"为大多数受教育者所使用"，"与使用其他变体的受教育者能互相听懂"，并明确指出，"英国腔"并非外语学习者唯一的或必然的目标。（4）词典学方法。基于一个新变体的词典的出现往往表示这一变体被"编码化"（Codification）和制度化（Institutionalization）。值得一提的是，Butler（1997）明确提出，"英语也能用来表述亚洲文化"（p. 123）。（5）英语推广者，主要代表人物为 McCrum、Cran 和 MacNeil，其主要观点认为英语传播的原因是由于该语言本身的民主性及世界重要人物的使用（McCrum et al.，1986）。这种观点多为其他研究者所诟病，并被批评为"胜利主义"。（6）批评语言学派，主要代表人物为 Philipson 和 Pennycook。Philipson 的代表作为《语言领域的帝国主义》，主要观点认为英语的全球化造成了新的文化和政治上的不平等，而这种语言帝国主义力量除了英美联盟之外，主要由表现为文化力量，包括语言政策及课程设置等。Pennycook 为推动其"批评性教学法"，进一步指出，应用语言学家和二语教学使得当代新资本主义秩序合法化，但他也同时反对 Philipson 的决定论观点，承认人们可以从英语学习中受益，关注为教授英语的人开发另外的空间。（7）未来学派。主要代表人物为 Granddol（1997），其主要观点反对 Crystal 的英语全球化属于新殖民主义的论断和世界标准英语的概念，认为一个新的世界秩序正在形成之中。他预言英语的变体研究将从语言学特征描述转移到语言的社会语言学与社会学研究，最后转移到国际关系、后殖民理论、经济问题及人类地理学研究，并与全球化理论结合在一起。同时他还表明该领域的研究将从语言学研究转向非语言学，从语言特征描述转向文化和政治分析。

该书的第二章集中讨论了英语在香港的历史发展以及香港英语的地位问题。该章讨论了香港地区英语及其他语言的社会语言学描述，着重论述了 1997 年香港回归前的社会政治背景，即移民社会的发展、人口激增以及亚洲经济奇迹的产生。在此期间，香港逐步形成为一个多种文化混合的国际性大都市，以其影视、音乐及印刷媒体形成了自己鲜明的特色。在语言运用上，香港也成为一个多语共存的社会（Bolton，p. xiv）。自二十世纪七十年代始，普通话、英语、广东话逐步成为香港的主流语言，掌握英语的人从八十年代初的 6.6% 上升到九十年代初的 33.7%，懂普通话的人也达到 24.2%（Bolton，p. 119）。但对于香港英语问题，香港本地人大都持否定态度，不承认它是一种自主的变体。Bolton 认为，尽管香港英语的变体地位已得到国际上广泛的承认，但研究不足。这主要是由于当国际学术界把香港英语作为一种变体的名分确立后，香港本地人却不领情，他们往往从错误分析的角度对香港英语进行描述性分析和研究，更倾向使用诸如"干扰"、"迁移"、"渐进系统"、"交际策略"及"中介语"等概念来描述它（p. 119）。这种态度集中体现在几种对香港社会语言应用不准确的论断中（Bolton 讽称为"谬说"），如"失准说"，认为二十世纪八十年代后英语的普及造成了香港英语标准的降低；"单语说"，认为英语在香港仍然为少数人所使用，其地位不过是一种外语；"不可见说"，认为香港英语尚不足成为一种变体，其标准仍然是外部的。这种情况与中国内地学界在九十年代初讨论中国英语变体时颇有相似之处。

第三章"'中国各体英语'的历史发掘：从 1637 年到 1949 年"采用了世界英语变体研究中的历时方法，考证了英语在中国南部使用的历史渊源以及发展脉络。其主要研究依据一是史实的追踪，另一个是各种原始文本资料的考证。Bolton 在书中使用了大量的早期航海日志、贸易记录、日记、在中国的传教士及官员的各种文本资料，以及同时代中国人编写的各种英语词表和词典，揭示了中国英语从十七世纪早期的语言接触，到十八世纪末十九世纪初的"广东行话"、十九世纪至二十世纪初的"洋泾浜英语"及"中国海岸英语"，直至当今的"香港英语"和中国各体英语的历史传承和发展轨迹。Bolton 通过事实表明，中国英语从早期的非标准形式发展到当今的自主变体，经历了漫长的渐进式发展过程。尤其是自十九世纪末始，中国英语由于学校英语教学的开展及英语在中国的传播，逐步"非洋泾浜化"，向更规范的变体形式演变（p. 191）。从全书看，这部分对史料的应用最为厚重，其观点和讨论无不以坚实的证据为支持，不仅系统探讨了中国英语的发展根源，为该领域的研究开拓了历史纵深，且为以后进一步的研究和解释提供了丰富的可资利用资源。

第四章采用横向的描述性研究方法，讨论了当代香港英语的地位、功能及语言学特征。该章首先讨论了 Braj Kachru 的世界英语同心圆学说及多中心论，认为二十世纪末的世界英语研究经历了理论上的"范式转变"（Paradigm Shift），而这种转变为英语语言的研究开辟了诸多可能性。二十世纪末香港英语的研究论题包括：（1）香港英语的地位和功能；（2）双语和多语现象；（3）语码混合；（4）语言态度研究；以及（5）香港英语的特征。针对英语变体的识别标准，除了上述标准外，Butler（1997）又提出了五个重要标准，即：（1）标准的、可识别的发音模式，并代代相传；（2）特殊的词汇和短语，用来表达当地事物和社会环境的关键特征；（3）语言社团的语言历史呈现出该种变体特征；（4）用该变体写作的文学作品；以及（5）该变体所拥有的参考书目、词典、文体指南、自定的标准以及自我判断正误。在讨论香港英语的语言学特征中，Bolton 从语调入手，进而探讨了对香港英语词汇的研究，并通过实证的方法描述了该变体的构词手段，如造词（37%）、借入（51%）、修正的语义参照（7%）、修正的语法形式（4%）、陈旧用法（1%）（p. 214）。该章的中心论点认为，参照亚洲其他英语变体的标准，香港英语作为一种新变体的社会语言学条件已完全成熟，真正成为 Kachru 理论范式中世界英语大家庭的一员；但这种论断依然面临各种否定和质疑的声音（Bolton，p. 224）。正如 Bolton 引述 Kachru 的观点所言，"所谓的'新'本身就是用词不当，从历史和语言学意义上讲，这些变体早已不新了……所谓的'新'不过是说其语言学和文学体系化新近被认可而已"（p. 225）。

最后一章试图把中国南部及香港的英语历史同当代中国的英语语用现实联结起来，回顾了中国大陆从清末及民国时期的教会学校的英语教学以及新中国成立后到改革开放后出现的英语学习热潮。与前几章相比，本章对当代中国内地英语运用情况只作了印象式的概述，对中国英语近年来研究成果的综述亦力有未逮，其引用的资料和证据失于偏颇。但 Bolton 坦承有关中国内地各体英语的研究可作为另一研究题目。

Bolton 在书中使用了"界面"（interface）一词来描述英汉这两种世界上最大的语言的交互，并认为这一界面将在中国及不断扩大的华人社团中继续延伸。这一提法对以后的中国英语研究以及相关的汉英对比分析研究具有极大的启迪意义。对中国英语研究者而言，这部厚达三百多页的论著所包含的丰富史料及其方法和观点，无疑具有重要的理论价值和方法学意义。

第十章　语料库语言学的研究视野[*]

10.1　引言

语料库语言学在西方有两个源流，一个是二十世纪六十年代初语言学研究中英国的实证主义思潮和实践以及美国的结构主义语言学传统，另一个是自然语言处理研究，尤其是机器翻译领域中的语料库开发①。从现有的文献来看，语料库语言学研究在大西洋两岸几乎同时开始（Sinclair，1991b），而 Brown 语料库则是第一个建成后免费提供给语言学者共享的语料库。"语料库语言学"这一名称直到二十世纪七十年代末八十年代初才真正得到使用，并赢得语言学界的尊重（Aarts，2007，p.58）。在国内，外语界有关语料库的探索开始于 1981 年，当时杨惠中教授为解决科技英语

　　* 本章根据《语料库语言学的研究视野》（《解放军外国语学报》2010 年第 2 期）修改而成。

　　① 创建语料库的想法最初来自 Firth 的学生 Quirk 和美国的德语学者 Freeman Twaddell。1959 年 Quirk 决定建立一个包含英国口笔语的语料库，Quirk 为此还在 60 年代专门学习了计算机编程课程。该语料库虽然一直到 1989 年才实现为计算机语料库（即 SEU），但其建库的思想却开始得很早。1961 年，John Sinclair 在爱丁堡大学英语与普通语言学系任讲师时，就开始与 Jones 一起，用语料库研究转写的对话（参见 Sinclair，1991b），并与 Halliday 一道计划建立一个即时英语口语语料库，以研究英语句子结构及词语搭配。在语料库开发方面，早在 1949 年，David Hays 领导的洛杉矶 Rand 机器翻译公司集团探索建立了一个双语料库，其计划是通过语料库样本创建语料驱动的语法和词典，该语料库于 1959 年打印在穿孔卡片上提供给研究者。1957 年，法国建立了 Trésor de la Langue Française（参见 Léon，2005）。

教学词表问题，决定使用计算机进行词频统计，后来参照 Brown 语料库和 Lob 语料库，重新修改了文本库的设计，即后来的"交大科技英语语料库"①。时至今日，虽然语料库语言学研究在国际范围内得到了前所未有的发展，其影响已与 40 多年前不可同日而语，但困扰当时语料库研究的一系列问题和质疑依然存在②。怀疑的声音不仅来自语料库研究圈外的学者，语料库研究者内部的声音也不尽一致：语料库语言学是否已成为独立的学科，抑或仅仅是一种方法学甚至工具？

10.2　语料库语言学的学科地位

　　一种观点认为，语料库语言学是一种方法学，唯其作为方法学，它才能在任何语言研究领域中应用。（McEnery & Wilson，2001，p. 2）第二种观点是，尽管语料库语言学具有自己的研究对象，目前尚难定义其为一个独立的学科，它仍然是"一个尚未学科化的学科"，但承认语料库获得独立学科的条件已经成熟（Renouf，2005，p. 2）；或者说语料库语言学具有发展成为一门语言学理论的潜力（Knowles，1996）。第三种观点认为，语料库语言学由于其研究的对象不同于一般的理论语言学，其内涵早已超越了一般意义上的方法学，而成为一门具有全新视野和方法的学科。（Aarts，2007；Teubert，2007；Tognini-Bonelli，2001）第一种观点似乎与研究者的研究实践密切相关。基于语料库的研究利用预设的理论或假设，并根据该理论展开的分类框架，选择性使用语料库证据，并以此作为直觉或经验证据的补充，这更多地体现了语料库的方法学意义和工具性价值，在使用语料库证据上具有折中

---

　　①　国内语料库研究的发端与 Brown 语料库研究最初的目的非常一致，都是始于词频统计："从 81 年开始，我们决定利用计算机进行词频统计研究，开始的时候我们并不知道什么语料库语言学，我们的想法很朴素，就像美国语言学家、心理学家 Thorndike 用手工抄写一百万张单词卡片那样，我们也可以对语言进行随机采样，进行科技英语词频统计，为教学大纲设计提供科学依据。"（杨惠中，2009）

　　②　直到 2000 年，Chomsky 在接受 Bas Aarts 访谈时仍然断言"语料库语言学并不存在。"（Aarts，2000）

特征：理论是先设的，而证据是一种补充。在这种框架下，语料库语言学自身不具备学科的独立性，而是附丽于其他学科的方法和工具。第三种观点事实上推崇语料库驱动研究，强调语料库语言学的自足性，认为文本构成了一个完备的自参照体系，语言学者不需要在文本以外寻找证据，也不必依赖语料库以外的任何理论（Teubert，2007），这就清楚地划定了语料库语言学与其他语言学科的界线：语料库语言学具有独立的学科价值，不是其他任何一个学科的附庸或强化物；语料库的工具性价值及其普适性不过是其应用特征之一，而不是其本源属性。在语料库驱动研究中，任何理论都是形成的、获得性的，而不是给定的、预设的。第二种观点介于上述两种观点之间，虽然对语料库语言学的学科地位心存犹疑，但不再把语料库仅仅看成是一套方法或一套工具。

我们认为，语料库语言学的学科地位是毋庸置疑的。其学科地位由以下几个因素证明：（1）拥有深刻的语言学理论，如 Firth 和 Sinclair 的语言观和意义理论，以及 Teubert 语料库语言学哲学观等。（2）拥有既相互补充又各具特色的研究方法，即语料库驱动研究与基于语料库研究。二者的共性是都必须使用语料库，都把语料库作为研究的基础，其分歧则在于如何对待缺乏语料库证据支持的语言学理论。"很难想象一个能够同时容纳两种相互竞争的研究方法的学科不存在"（Aarts，2007，p. 71）。（3）拥有体制化的学术成果和研究体系，如大量出版的词典、学术专著与论文，以及各种学术会议、研究中心、学术组织和各种层次的学历学位体制。（4）拥有广泛的应用领域，如语言研究、自然语言处理、语言教学、翻译研究等。近年来，语料库语言学不断被其他学科用来审视自身，拓展研究领域，并从中寻求指导和灵感。（5）拥有明确的研究对象和独特的取向。语料库语言学研究语言运用，语言运用产生意义。所以，仅仅是应用语料库证据，并不能保证语料库语言学的学科地位，同理，其他语言学学科也并不因使用语料库而变成语料库语言学的分支学科。区分一个学科的基本标准是研究对象的确立，语料库语言学不研究普遍语言，她的研究对象是具体文化环境和语境中给定的语言使用系统（Aarts，2007）。

10.3 语料库语言学的目的、立场和方法

10.3.1 目的：研究语言意义

语料库语言学的目的是研究语言意义。在语料库语言学的一元观中，语言的形式、结构与意义及功能是一个统一的整体，而且这个整体都在使用中得以体现（濮建忠，2010）。在研究语言时，不能孤立地研究形式或结构，而不顾及其意义和功能，也不能抛开形式或结构，独立地研究意义或功能。语料库语言学研究证明，任何意义都存在于特定的形式或结构中，从词语层面的搭配到文本层面的相互关联，概莫能外。

语言意义只能用语言来解释。任何意义解释都是其他解释的一部分，是意义发展变化链条中的一个环节。意义的发展变化在共时和历时两个维度上进行：意义的共时变化具有概率特征，是话语社团内部协商和沟通的结果；意义的历时变化具有继承性特征，是文化和知识的积累过程。一切知识和文化都体现在文本中（Teubert，2005，2007）。

任何语言活动的参与者都必须处在同一个或另一个"语言游戏"之中，"语言渗透一切思想及一切人类经验中"（Wittgenstein，1990，p. 334）。

语料库语言学与其他语言学研究的分野，在于它在研究意义时，既不去寻求语言使用之外的"理想语言"，也不去寻求超越语言的"思想语言"或"心理语言"，更不去寻求通过一套形式化算法和逻辑公式，去建立一套概念本体（Teubert，2007）。语言只能用语言来描述和解释，而不是用别的什么。

10.3.2 立场：运用即意义

语言意义存在于语言运用中。在 Firth 的论断中，语言不是独立存在的物质，语言运用是人类的一种社会行为；语言在运用中产生关系（如组合

和聚合），并呈现意义（Firth，1988）。Sinclair（2004b）在观察词语搭配时发现，大多数词语在使用中靠与其他词语搭配确立意义，而通过外部指涉确立意义的单个词语非常少，属于词语使用的边缘性特征。语言使用是一种社会现象。从 Firth、Halliday 到 Sinclair，这种立场表述高度一致。当年 Firth 讨论和批评索绪尔的语言/言语（langue/parole）二元划分时，他认为，在语言使用之外，不可能存在一个游离的语言系统，即 langue（Firth，1988）。

在语料库语言学研究中，文本是唯一的数据源。文本作者的意图与接受者的理解只有成为实际的文本或文本的解释时，才能成为语言学研究的对象，否则只是与文本无关的心理过程，研究者无从了解。一切语言事实和证据，一切知识、意义和解释都存在于文本和话语中。一个搭配或多词序列的意义单位，要通过其使用语境及关联文本得到解释和确证。文本（或话语）分析的价值在于解释和验证其内部的意义，而不是其外部的标准；同理，话语外部的任何标准也不可能在内部得到验证。话语的意义只存在于话语内部，话语以外，没有意义。需要指出的是，当语料库语言学框定自己的研究对象为语言使用时，并非指乔姆斯基二元划分中的使用。在语料库语言学的语言观中，不存在游离于语言使用之外的语言能力。语言能力和使用是不可分割的，应用即能力，使用即意义。由此可见，Widdowson 当年批评语料库语言学只能研究"运用"（performance）而不能研究"能力"（competence），因此只是对语言的片面刻画（Widdowson，1991），这种批评对语料库语言学而言是无的放矢，所提出的问题是一个伪问题。

在对文本的研究中：（1）对文本的解读（interpretation）是一种意义构建的过程，解读的依据是文本内部概念和术语的相互"释义"（paraphrase）；（2）必须区分笔语与口语：书面语文本构成了一个语义自主系统，由于作者是离场的，其意图（intention）与读者对文本的解读不存在强制性关联，即读者如何理解文本不一定参照作者意图，读者的解读可能与作者的意图同等重要；而在口语交际中，主要目的是说话人意图的实现，对口语文本的解读高度依赖交际现场以及对话人的角色及相互关系。所以，笔语分析和口语分析必须采用不用的研究框架；（3）对笔语文本的一切解释活动都不能脱离文本自身，解读的自由受到文本的约束（Teubert，2007，pp. 143-146）。

文本产生的意图及理解都是第一人称经验，这种个人经验外部不可介入，亦不可直接观察。能够被观察和解释的是文本，读者或解释者的视角属第二人称，其对文本的响应和解释仍然实现为文本。从这个意义上讲，当第三方以观察者的视角介入，并试图解释作者或读者时，自身也成为第二人称（文本的解释者）或第一人称（新文本的产生者）。因此，在任何语言交际事件中，不存在纯粹的第三人称视角，任何参与语言交际的一方都不可避免地成为交际活动中的一部分（濮建忠，2010）。

10.3.3　意义单位及释义

语料库语言学以意义单位（unit of meaning）为着眼点考察文本的意义。意义单位是具有结构模式的词项（lexical item）。这个词项可以是"单个的词、复合词、多词单位、短语甚至习语"（Teubert，2005，p. 5）。意义单位是文本中最小的、单义性的、无歧义的单位，而"单义性是意义单位的基本属性"（Teubert，2007，p. 153）。单义性和无歧义性是词语与其使用环境交互作用的结果。

意义单位的确立要依据共文（co-text）。一个意义单位通过参照文本内部或同类文本中相同或相似的意义单位获得界定（definition）、解释（explanation）和/或说明（explication），这个过程就是 Teubert 所说的释义（paraphrase），释义呈现变异（variation）特征。

研究和分析意义单位包括以下核心内容：（1）词语搭配分析，即词语"共现"或"互选"；（2）类联结分析，即结构共现或语法互选；（3）语义倾向分析，即语义一致性分析；（4）语义韵分析，即态度和感情评价。

词语搭配分析是研究意义单位的重要步骤。在搭配分析中，所观察的词叫作"核心词"（the core），与核心词共现的搭配词重复出现，形成词语搭配。在这样的分析中，（1）搭配意义分析是线性的并依次推进，体现了语言的线性组合特征；（2）分析步骤以概率为基础并呈现层级性抽象，从词语到语法、语义再到意义评价，体现了由具体到抽象的递进过程；

（3）结构和意义的分析呈现一体化模式。

词语搭配分析考察的是词语共现的复现频率，类联结分析考察的是词语的语法选择，语义倾向分析考察的是词语语义的一致性关系，而语义韵分析则考察意义单位与作者态度感情传递的关系，即意义单位的评价意义。语义韵是暗含的，弥漫于甚至跨越整个序列。"语义韵是这样一种机制，它表明一个基本意义类型，即评价意义，是如何在话语中跨越各个意义单位并得到共享，以保证评价的一致性或评价和谐，并对保持话语的整体性发挥关键作用"（Morley & Partington，2009，p. 139）。从某种意义上讲，语义韵就是"词项（lexical item）的意图"（ibid，p. 141）。从这个分析程序可以看出，语料库语言学对意义的研究视角是，把词语、语法和语义看成一个意义的连续体，意义和结构相互依附，且不可分割；词语的语法和功能属性不是预设的，而是在具体使用中得到体现，并通过语境确立。

10.3.4　方法：语料库驱动研究与基于语料库研究

语料库驱动（或称语料驱动，参见 Tognini-Bonnelli，2001）思想的核心，在于不承认任何脱离语言事实的理论预设。语料库语言学理论只能来自真实的语言使用证据：任何语言学范畴必须以复现的模式及概率分布为基本证据，而缺乏模式化的特征也被认为具有潜在的意义（Tognini-Bonnelli，2001，p. 74）；当理论与语料库证据冲突时，理论适应证据。任何不基于文本的规则系统或理论假设，都只不过是对语言使用的个人化解释，是文本解释和意义循环中的一个部分。这种解释既不能脱离文本特定的话语语境，也不能反过来操纵文本。与此相比，基于语料库（corpus-based）的研究应用预设的分类体系或描述框架，再从语料库寻找解释的证据，使语料库证据适应理论，这就不可避免地把语料库语言学工具化。这一框架存在的主要问题是如何对待语料库中不符合先设理论的证据，以及语料库证据对其理论是否提供了充分的支持，因此受到语料库驱动方法的质疑。基于语料库研究体现了语法研究传统与语料库方法的结合，语料库方法附丽于传统的语法分析理念。而语料库驱动方法则在语料库应用上，超越了仅靠语料库证据支持或验证先设语言学理论的局限性，从而追求语料库证据的整体性和描述的完备性。（Tognini-Bonnelli，2001）笔者认为，这两种方法同源而分流，在研究理念上既有分歧，又相互补充，在方法上既有冲突又有调和，二者可以并存。但是我们应该看到，随着语料库语言学的发展，传统的语法理论体系越来越难以容纳新的证据和发现，语料库语言学已经形成自己独有的理念和方法，正在验证乃至颠覆旧有的语法传统，这在目前已是不争的事实。

10.4 结语

语料库语言学研究方兴未艾。按照濮建忠的"分合"说（濮建忠，2010），语料库语言学实际上是一种"合"。理论上的"合"就是一元论，把语言的多体多面整合在一个框架下研究；研究实践上的"合"就是它的跨学科属性，各学科交叉，综合运用，所有假设和理论构建都可以在此得到检验、证实或颠覆，呈现出一种研究的综合化趋势；方法学上的"合"，是在语言线性组合上的归拢和延展，意义、结构、语用不再被孤立审视。语料库语言学的"合"，体现了语言学研究会聚的趋势，通过会聚而简约。语料库语言学是语言学研究向语言本相的回归，是语言学研究的返璞归真。语料库语言学作为一门新兴的学科，以其独特的研究视角及可靠的方法和工具，在语言学研究中必将获得越来越丰富的重要发现，这些发现必将对语言学研究做出新的贡献，甚至从根本上改变我们对语言的态度和认识。在其发展过程中，语料库语言学还存在诸多难题和挑战，有待于在进一步的研究和探索中一一解决。

第十一章　对比中介语分析[①]

11.1　引言：CIA 的由来与发展

学习者语料库即运用语料库技术和方法，为语言教学和学习之目的，按照既定的设计标准和原则通过抽样方法收集而成的语言学习者的语言输出（口语或笔语）电子文本库。学习者语料库以及基于学习者语料库的对比中介语分析（Contrastive Interlanguage Analysis，以下简称 CIA）采用中介语理论以及语料库方法，利用学习者语料库开展英语学习者语言与本族语以及不同母语背景的英语学习者语言的对比分析，试图发现学习者在语言学习中的典型困难，并试图找到解决这些难题的方法。CIA 开始于二十世纪八十年代后期，其兴起和发展受两大领域学术研究的驱动和影响：即外语学习和二语习得研究以及基于计算机语料库的语言学研究（Granger，2002）。在对比中介语分析兴起之前，即二十世纪六十年代至八十年代，对语言学习者的研究经历了对比语言分析、错误分析、运用分析、课堂话语分析，以及中介语分析，其观察和研究视角逐步从研究者和指导者转向学习者自身。在对比语言分析中，研究者以决策者和评判者的姿态试图通过语言对比预测和诊断学习者的困难及错误，其难题是研究结论难以获得有效验证；而在错误分析中，研究者则以指导者的身份俯视学习者的语言运用，试图发现错误的来源及纠正方法，其难题是，囿于行为主义思想观

---

① 本章基于《CIA 方法评析》（《外语电化教学》2009 年第 3 期）修改完成。

念，关注的视野过于狭窄，只注重了学习者语言输出中的错误特征，并把学习者错误看成一种必须消除的干扰（参见 Corder，1967）。中介语理论开始以一种全新的视角审视学习者语言，研究者自觉摒弃行为主义观念，以学习者的视角重新审视学习者的语言运用，承认其内在的体系性和合法性，并开始把学习者语言作为一个整体来研究，不再只把它看作一种必须即时纠正的错误；提倡完整地刻画学习者语言的整体特征（参见 Corder，1981；Selinker，1972/2014，1997），其不足之处在于，用于分析的数据缺乏代表性，其概念框架可操作性差，缺乏测量标准。CIA 方法及学习者语料库运用了语料库语言学的主要原则、工具和方法，旨在为分析学习者错误特征及整体语言特征提供学习者语言输出的依据（参见李文中，1999）。

在研究取向上，学习者语料库受二十世纪末语言学和应用语言学研究三个重要转向的影响。基于语料库的语言学研究（corpus-based linguistics，CBL）代表了语言学研究中一种范式的转变和回归，即从可能性原则到概率原则，从理性主义到实证主义的转向。作为一种语言学方法，CBL 的基础是可机读的自然语料电子文本集。Leech 认为它既非新的语言学科，亦非新语言学理论，但其发现可能会大大改变人们的语言观，它是"一项新的研究事业，一种新的语言研究哲学观，是语言学思考的'芝麻开门'"（Leech，1991，p.106）。语料库能为语言学研究提供真实自然的语言事实和证据，这种证据开拓和丰富了语言描述的视野和内容。然而，在语言学研究思想和方法日益变得多元化的环境中，语料库方法并不排斥其他语言学研究方法，如内省研究和实验研究；语料库证据也不能取代其他证据，如直觉证据与诱导证据，但却是语言频率特征研究的唯一可靠依据（McEnery & Wilson，1996）。

第二个主要转向是在语言描述中，以本族人英语为主导的描述转向非本族人英语运用描述。英语作为一种国际语言愈来愈脱离其本族人的掌控，成为国际英语使用者所共享的交际手段，其意义在于，原有的本族人标准转向一种更为中立的国际标准（李文中，2005）。本族语主义（Native speakerism）即本族人控制英语，守护交际的权力。批评者认为，这种权力优势与其说来自英语本族人对该语言的能力优势，倒不如说是来自该语言相对其他语言的地位优势（Nayar，1994）；更有人把英语本族人的威权斥之为"语言的帝国主义"（Philipson，1992）或"殖民化"（Gee，1990）。语言教学的模型应是流利的英语二语使用者，而不是英语本族人，学习者将最终能达到一种多语能力，即两种语言语法的综合（Cook，1991，p. 114）。但也有人倾向一种更为折中的观点，认为不管本族主义者抑或是外语主义者都带有歧视性，英语标准可以采用一种中立的国际标准，问题是，对本族人的语言描述已非常完备，但对国际英语表述的建构和描述却还停留在理论研究层面，尚不能为外语学习提供有用的依据（James，2001）。不管怎样，这场有关英语标准和所有权的讨论真正推动了非本族人英语的研究和描述，为二十一世纪的语言学及应用语言学研究带来了更宽豁的视野，也为研究者提供了丰富的资源和愈来愈多元化的平台。尽管对非本族人英语的研究尚需进一步的体系化和组织化，但这种研究趋势已变得不可逆转。

第三个重要转向是应用语言学研究转向学习者研究，尤其是学习者语言输出研究的深入和推进。在二语习得研究中，主要区分三种数据类型，即语言运用数据、元语言判断及自我报告数据（Ellis，1997）。近年来，对学习者变量的研究快速增长，如学习者动机、风格及需求分析，而对学习者的语言输出研究却未能取得突出的成就（Granger，2002）。学习者语言输出的主要功能在于：（1）提高流利程度，即通过语言输出使学习者意识到想说与能说之间的差异；（2）检验假设，即帮助学习者使用规则，修正自己的假设；（3）控制和内化语言，即使学习者有机会思考元语言问题（Swain，1995）。所以，研究和分析学习者的语言输出能帮助我们深入了解学习者目的语的知识结构和典型困难，乃至真正了解学习者自身。在语言学习者研究的发展历程中，研究者的角色和视角从二十世纪六十年代对比分析到九十年代末的对比中介语分析经历了一系列重大的转折。在对比分析中，研究者以决策者和评判者的姿态试图通过语言对比预测和诊断学习者的困难及错误；而错误分析研究者则以指导者的身份俯视学习者的语言运用，试图发现错误的来源及纠正方法，这两种方法要么因为研究结论难以获得有效验证，要么因为其关注的视野过于狭窄，都未能取得预期的成功，而为以后的研究者所诟病。自中介语分析始，研究者自觉摒弃行为主义观念，以学习者的视角重新审视学习者的语言运用，承认其内在的体系性和合法性，并开始把学习者语言作为一个整体来研究，不再只把它看作一种必须即时纠正的错误。二十世纪后期，Granger 开始着手建立国际英语学习者语料库，并提出对比中介语分析这一概念，认为基于学习者语料库的研究能完整地刻画学习者语言的整体特征，而不仅仅是错误的分析。学习者语言研究之于语言学习及语言教学的意义是不言而喻的。为学习者量身定做的教学材料及教学活动都必须基于对学习者的深入了解，教师或教材开发者需要了解学生在什么时候学什么能取得最好的效果（Granger，2002）。

Granger（2002）认为，"计算机学习者语料库是真实的二/外语文本电子语料集，依据明确的设计标准并为了具体的二语习得/外语教学目的收集而成"（p. 7）。学习者语料库所收集的语料直接来自他们课堂内外真实的学习活动，以及在给定的真实的交际语言环境中产生的运用数据。我们认为，在讨论学习者语料的真实性问题时，有必要区分"真实性"（authenticity）和"自然性"（naturalness）这两个概念。与一般语料库相比，学习者语料库中的语料由于学习者语言运用的语境特性，缺乏真实生活中自然语言交际的部分特征，如交际的控制、目的，以及目的的实现都有别于其他语言交际，数据的自然性不能得到充分保证。另外，语言学习和教学活动本身使得学习者的语言运用带有某种诱导和虚拟性质。可以说，学习者语料是一种特殊的语言运用数据，研究者不必拘泥于数据的自然性而质疑这种语料的效度。但学习者语料的真实性可以由以下三个特征来说明：（1）学习者为学习目的而进行的真实性交际和交互活动中的语言输出；（2）产生这种语言输出的真实学习环境（如课堂呈现、考试、课内外写作、朗读、口语练习等）（参见 Breen，1985；Widdowson，1994）；（3）该活动与学生个人生活的相关性，即与表达学生真实的交际意图，获得交际效果的关联性。换言之，学习者语言对于外人来说也许是不自然的、偏离规范的，甚至是不可捉摸的，但对于这种语言的使用者而言却是真实有用的，对于学习者语言研究者而言，它是可靠的数据资源之一。

11.2　CIA 的定位及理论困境

如何界定学习者语料库中的语言？学习者英语（Learner English，以下简称 LE）与其他英语的内在关系又是什么？Granger（2002）认为，在现有的概念中，如"本族英语"（English as a Native Language，以下简称 ENL）、"二语英语"（English as Second Language，以下简称 ESL）、"外语英语"（English as a Foreign Language，以下简称 EFL）以及"官方英语"（English as an Official Language，以下简称 EOL），EOL 属于一种社会语言学描述，而 ENL、ESL 和 EFL 之间的界限日趋模糊，所以建议使用"国际英语"（English as an International Language，以下简称 EIL）这一概念。在这个框架中，学习者英语是处于多种变体之间的一种混合形式（见图 1）。Granger 认为基于学习者语料库可以进行两种分析，一是对比中介语分析（Contrastive Interlanguage Analysis，以下简称 CIA），二是机助错误分析（Computer-aided Error Analysis，以下简称 CEA）。在 CIA 分析模型中，可进行三种类型的对比分析，即本族语与本族语学习者的对比分析、本族语与非本族语学习者的对比分析以及非本族语学习者之间的对比分析（见图 60）。一般认为，机助错误分析则能提供比传统的错误分析更可靠的语言事实，其数据也更为具体、系统、更便于把握。

但是目前存在的问题是，在国际英语这个大体系下，CIA 及 CEA 作为学习者语料库的理论框架，脱胎于中介语分析和错误分析，其目标是针对本族语学习者的，以本族人的眼光和标准评判和批评非本族语学习者，其根基是否牢靠？能否适合语料库这种客观冷静的描述？而如果脱离本族语标准，转向其他标准，那么这种可依据的标准或规范又是什么？对待这个问题目前主要存在三种观点，大致可分为各持一端的激进观点和较为中立的折中观点。激进的一端反对英语学习中的本族语标准，寻求多元的国际规范和标准，认为所谓标准不应该是唯一的，应存在多个相互重叠的标准（Howard，1993，引自 James，2001，p. 39）；有人甚至把英语学习中追求本族语标准斥之为本族主义（native speakerism），反对本族人控制英语，守护交际的权力（Nayar，1994）。另一极端的观点，如 James 等，却认为在缺乏对国际英语标准完备描述的情况下，还应该以本族人，尤其是英美人的标准为依据。折中的观点则认为，如果本族主义具有歧视性，那么外语主义也是，建议笔语采用外部标准（即本族人标准），而口语采用内部标准（即本地变体标准），如 Platt，Weber 等（参见 James，2001，p. 42）。

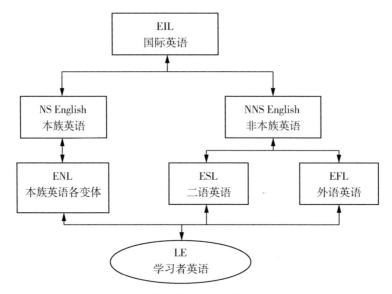

图62　CIA 分析模型中对比分析的三种类型

我们认为，应区分语言描述标准和语言学习目标这两个概念。二者的立场和视角不同，前者属于社会语言学视角，强调语言的变异性特征和描述的客观性，避免对描述对象的价值判断；而后者属于语言教育视角，注重语言的普遍性特征和教育目标的预设性和规定性。在外语教育中，坚持本族语标准可能会导致外语学习的边缘化，即外语学习者的身份、社会文化价值、历史传承与语言的关系边缘化。在设定语言学习目标时，还应区分对语法的准确性和言语的适应性两个方面的诉求。对于外语学习者而言，既不能照搬英语本族的标准和本族语学习者的目标，也不能无视语言的交际性和可接受性标准，面对学习者的语言运用缺陷而无所作为。重要的问题是，如何基于学习者的实际提出更现实的目标。基于学习者语料库的研究能够使研究者弄清学习者的语言实际与理想的标准之间的差异，为提出英语学习相关性标准提供进一步的依据，而"学习者自己的相关标准的前景化有助于框定目的与标准及学习者的实际之间的路线，而不是简单地展示遥不可及的目的语行为，这有可能被认为是过分庞杂、无法掌握或毫不相关的"（Widdowson，1991，p. 215）。

11.3　CIA 方法和技术难题

在对学习者英语研究中，CIA 的瓶颈问题是坚持纯粹的本族语标准，并以此来审视甚至挑剔学习者的英语运用，通过对比差异来判断学习者的典型困难和不足，作为进一步补偿教学的依据。所以，与错误分析（EA）和中介语分析（IA）相比，无论是 CIA 还是 CEA 在理论上并没有走多远。相反，在研究实践中，研究者基于学习者英语语料库与英语本族语料库对比数据进行描述和分析，在对结果的解释和判断时，注意力都放在了学习者语言运用的"过度使用""误用"或"过少使用"，并认为这些特征是错误的，是由于学习者语言资源不足或学习不足造成的。简单地把学习者的差异特征解释为错误，既削弱了对比分析的价值，又使研究结果的评判呈现简单化倾向。CIA 分析方法放弃了中介语分析提倡的学习者视角，不再把他们的语言看成一种自成体系的语言运用，虽然在数据获取和分析手段上比以往的错误分析和中介语分析更有效，但在理论上却"走一步，退两步"，而研究自身也陷入一种循环的怪圈：即先假定学习者语言与本族语相比含有错误，再通过对比发现差异特征，并以此验证学习者错误的存在。

此外，CIA 方法分析框架的单调性也严重限制了自身的发展。在学术研究中，"说有易，说无难"。在学习者语料库中只能发现"有"的特征，而未能在语料库中呈现的特征并不能被简单判定为"不存在"或"没有"，更不能依此推定学习者的语言运用缺陷。同理，对多用或少用的判断也不能简单地依据统计数据。学习者在自己的语言输出中使用或不使用、多用或少用某项用法取决于交际的目的和语境，同时也受多种复杂因素制约。任何语言运用都呈现共性和个性特征，差异总是存在，不能把所有差异都归结为错误，这种描述的缺陷很容易导致结论的过度概括。

从其研究取向上看，CIA 方法及学习者语料库只能说明学习者语言产出数据，而对语言输入及内化却无能为力。所以，该方法虽能为我们提供学习者语言的可靠证据，却不能完整刻画学习者的语言学习，这一点是学习者语言研究者必须谨慎对待的。最后，通过 CIA 方法获得的证据需要在语言学习和教学中进一步验证，方能证明其有效性。语料库在外语教学中的应用有两个途径：一是语料库驱动的语言研究为外语教学提供理论指导和启发，二是学习者在外语教学过程中把语料库作为发现和探索语言的工具（参见 Bernardini, 2004; Meunier, 2002）。语料库研究的一般性结论需要在给定的语言学习和教学环境中通过反思和行动研究，才能获得对其应用价值的可靠评价。

11.4 结论：CIA 方法的展望

尽管 CIA 存在诸多难题，但学习者语料库作为学习者语言研究可靠的数据源，仍然具有其独特的价值。我们对 CIA 方法进行批评性总结，并不能否定学习者语料库的存在价值，而是期望更有效地应用它。在国际英语的语境中，未来的学习者语料库开发及应用将摆脱 CIA 方法的束缚，在外语教学和学习中发挥其应有的作用。学习者语料库解决自身难题的途径及应用前景在于：（1）以教师为主体开发小型的针对性学习者语料库，旨在解决给定的语言学习与教学环境中的实际难题：如教材、课堂教学、口语、写作、阅读、听力等；主要特征是总体有限，样本小，目的性强，操作灵活。这种语料库具有更强的针对性和功能性；（2）建设动态监控性学习者语料库，开展纵向观察和分析；利用学习者语料库进行共时和历时两个维度的研究，注重学习者语言发展的动态过程，而不是孤立地观察其片段；（3）建设学习者输入材料语料库，并通过学习者语言输入和输出的对比分析，研究二者之间的内在联系，探索学习者语言发展路径；（4）在语料库技术方面，突破纯文本检索和分析，开发与语言学习相关的文本多维信息检索，如现代教育技术中多媒体信息，如图片、动画、音频、视频，以观察和研究学习者的语言暴露和综合应用能力。

第十二章　中国英语新闻报刊中的词簇①

——基于语料库的中国英语先导研究

12.1　引言

所谓"词簇"（word cluster）即文本中两个或两个以上的词形以固定的组合关系（或位置）重复同现。在操作定义上讲，词簇具有以下三个特征：（1）必须是两个以上词形的多词单位的同现；（2）该多词单位是线性连续的，以及（3）至少出现两次以上。与词簇意义相同的其他术语还有"N词（字）串"（N-gram）、"多词单位"（multiword units）"复现词组"（recurrent word-combinations）以及与词簇意义相近的"搭配"（collocation）等。说"词语像人类一样群聚"，只是从词语角度来观察词语同现，实际上，词簇现象体现了语言运用的预制性、惯例性及模块化特征。

在应用语言学界，由于多词词组的预制性和重复性，在语言运用中有效使用多词词组显得更地道。研究者们认为，学习者口语流利的程度取决于对"体制化"多词词组的掌握（参见 Hunston & Francis，2000，p. 10）。近年来，我国的外语研究者着重基于自主开发的学习者语料库，以错误分析入手，采用对比中介语分析方法，调查和分析中国学习者英语词语运用主要特征和困难，如关于搭配与语义韵的研究（卫乃兴，2001）、关于学

习者英语动词模式和词块（chunks）的研究（濮建忠，2003a，2003b）以及对词语组合及搭配的研究（李文中，1999）。以上研究主要围绕语言运用，以第三者视角研究和调查多词词组在文本中的频率、形式和功能。

在文本处理中，对多词单位的识别和统计刚迈出第一步。"词簇"或"N-gram"与其他概念的不同就在于，它只"关心"两个特征：连续的词串同现，以及重复的频数。对于词簇的统计结果，先存的理论模型或框架似乎难以适用。如词簇的构成，如何准确识别核心结构与外延结构，如何处理词簇内部的变异。在基于语料库的多词单位研究中，词簇是一切观察的起点。本研究采用 Scott（2004a）所给出的定义，词簇是"在文本中前后相接的一组词"，"他们重复同现，显示出比搭配词更为紧密的关系，并与词组或短语相近"。在语料库研究中，通常的做法是把文本以不同长度词簇进行全程切割并计算每一长度词簇的频率。词簇传达的信息更完整，提供的语境信息更丰富，也更易于识别和描述。

12.2 研究目的

本研究旨在调查中国英文报刊文章中词簇的典型模式并观察中国本土化英语词簇中的基本特征。研究问题包括：在中国社会、政治及文化环境中英语词簇运用在多大程度上发生本地化？这种词簇的长度变化特征有哪些？其在意义表述中呈现哪些主要特征？这些本地化词簇之于中国外语教学潜在的功能和意义是什么？本研究是"中国英语语料库"（CEC）的前导研究之一。

12.3 方法和步骤

第一步，建立一个微型生语料库，该语料库的样本文本主要抽自中国三个主要英文报刊 *China Daily*，*Shanghai Star* 和 *Beijing Weekend* 2002 年全年的国内新闻文章，共收集 2,316 篇文章，每篇文本均长 548.7 个词；形符数为 1,281,498 个，类符数为 33,769 个词，涵盖政治、经济、文化生活、法律以及军事等各个领域。在文本处理中，研究者删除所有额外信息，只保留题目、作者、日期和正文。该语料库将用作观察语料库，即中国英语新闻文章语料库（以下简称 CENAC）。同时，收集的英语新闻报刊文章构成另外一个参照语料库，即英国英语新闻文章语料库（以下简称 BENAC），该语料库形符数为 5,683,525 个，类符数为 88,969。这样做的目的是尽量使语料同质，控制变量，处理结果不会因文类或语域不同而受到影响。

第二步，利用语料库专用软件 *Wordsmith Tools v* 4.0（Scott, 2004b）分别用 CENAC 和 BENAC 生成多个对应的 N 词词簇表（$2 \leqslant N \leqslant 8$）。在语料处理时，软件对语料库文本自左至右按词簇长度做线性切割，并计算每一词簇的复现频率。这样，每个词簇算作一个类符，其频数则是该类符的形符数（参见 Moon, 1998）。计算单个词簇的频率，用该词簇的频数除以语料库文本的总形符数就可得出。另外，词簇的分布信息也可以用该词簇出现的文本数除以总文本数计算出来。如词簇 *do you think* 在某个口语语料库中的频数是 1,022 次，该语料库总量为 770,270 个词，则该词簇的频率就是 0.13%；该语料库含 302 个文本，而该词簇在其中 290 个文本中都有分布，其分布频率则为 96%。在 Wordsmith Tools 中，利用其 Wordlist 功能生成索引文件（index file），并利用该文件再生成所需的各种长度的词簇表。在切割词簇时，Wordsmith 会按照要求，以句子标点为中止符，这样不会出现跨越句子甚至段落的词簇。本研究对词簇长度最大值设定为 8 词，因为我们发现高于该值的词簇无论在 BENAC 还是在 CENAC 中都非常少见。在每个 N 词词簇表中，统计出各个词簇的频数和百分率，最小频数设定为 5（$f > 5$），以保证所生成的每个词簇的可靠性。对 BENAC 作相同处理，生成相同数目的 N 词词簇表。

第三步，为获得中国英文报刊中最常用的词簇，需要拿两个语料库的各个 N 词词簇表进行对比，这样，CENAC 中具有超常频率的词簇就可以筛选出来。在本研究中，通过计算和对比两个词表中每个词簇的频数和百分比，就可得到该词簇的关键值（keyness），并应用对数或然检验（Log Likelihood Test）标示出显著水平 *P* 值。这是由于这种检验方法具有更好的预测能力，"尤其是在与参照语料库比较长文本或某一文类时"（Scott，2004a）。分别设定关键值和显著水平为：*Keyness* > 25；*P* < 0.0000001。通过这种方法获得的词簇可被看作中国英语报刊文章中独特的词簇，把他们输入数据库以便作进一步分类和计算。

第四步，利用已获得的典型词簇在 CENAC 中作语料库索引分析，以观察和分析其实际应用，并进行分类和评价。

12.4　结果描述

12.4.1　N 词词簇的基本特征描述

对 N 词簇总体统计显示，仅以复现频率而言，2 词簇最为常见，词簇长度越大，复现频率越小（见图 63）。这种总体分布趋势与 Altenburg（1998）对 London-Lund 语料库的统计基本一致。通过比较两个语料库的词簇表，筛选出 CENAC 中频率超常的词簇，并把这些词簇视为本土化词簇。为弄清楚在 CENAC 中哪些长度的词簇本土化频率更高，进一步计算观察该表中词簇数在其总表中所占比例。如从 CENAC 中共获得 33,769 个 2 词词簇，通过比较后发现其中 4,461 个词簇具有高频率（*f*>5，*Keyness*>25，*P*<0.0000001），通过以下计算可得：

$$4461 / 33769 * 100 = 13.2$$

即在 CENAC 中所有 2 词词簇中 13.2%属于超高频词簇。以此方法分别计算从 2 词到 8 词词簇，得出各个长度的词簇中超高频词簇所占比例。统计表明，在 CENAC 所有的 N 词词簇表中，平均有 15%的词簇是中国英语中特有的，所表达的事物也与中国本土文化有密切关系。其中，4、5、6 词簇中超高频词簇所占比例最高，分别为 18.1%、18.88%、和 18%；2 词簇的超高频词簇所占比例最低，为 11.5%（见图 64）。这在词簇统计中很不寻常，成串的表达多次出现，且结构基本固定，既反映了中国英语文本中较长词簇的运用高于英语本族人，也显示出汉语套语对中国本土英语运用的影响。同时也表明较长词簇对中国本土事物具有更强的表达力。通过观察可发现，词簇越长，其意义表述越具体，而词簇的横向组合模式就越固定。如三词词簇 *a well-off society*，随着词簇长度的增加，词簇的内部序列越固定：

Adj + N： *well-off society*

Art + Adj + N： *a well-off society*

V + Art + Adj + N + Prep. + Art +Adj + Adj + N： *Building a well-off society in a all round way*

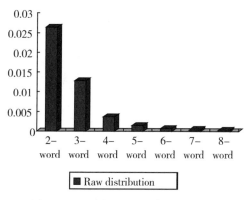

图 63 N 词簇在 CENAC 中的总体分布

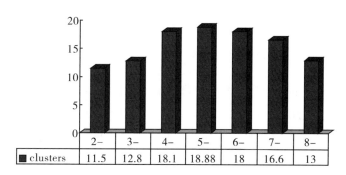

图 64 CENAC 中超高频 N 词词簇的比例分布

当词簇的长度增加时，词簇中固定短语的数量也随之增长。在 8 词词簇中，67%的词簇属于表达完整的意义固定词组或短语。而在 2 和 3 词词簇中，只有 22% 和 26% 构成具有确切意义的词组或短语，其他词簇都属于词组或短语片段，其意义只有通过具体语境才能确认。例如，在 2 词词簇中，频率最高的词簇是 *yuan US*，其意义难以明了。通过索引行分析可发现，音译词 *yuan* 在使用时与 *US* 相邻同现的频率非常高（通常后者放在括号里），其构成模式为 '? +yuan+US $?'。这表明，在中国英语新闻文章中，人民币元总是被立即转换成美元，其目的在于照顾国际读者。

其他在 2 词词簇中排在前 10 位的还有：*per cent*，*in China*，*the Chinese*，*in Shanghai*，*in Beijing*，以及 *billion yuan*。这些词簇大多表示中国地名、事物名称和统计单位，其意义需要由句子中其他元素共同完成。但 2 词词簇也包含一些固定词组，其意义完整明晰，明确表述中国的语境与文化，如：*Chinese Mainland*（254.2）1，*Cultural Revolution*（223.1），*opening up*（117.1）*joint ventures*（117.1），*Forbidden City*（115.8），*Taiwan question*（115.8），*sustainable development*（113），以及 *Entrance Examination*（59.3）等。

在 3 词词簇中，排在前 10 位的 3 词词簇为：*per cent of*，*billion yuan US*，*more than ?*，*the United States*，*million yuan US*，*the World Trade*，*World Trade Organization*，*Dynasty ? ?*，*per cent in*，以及 *the Chinese government*。其中，*the United States*，*World Trade Organization*，和 *the Chinese government* 具有完整的意义，其他 7 个词簇的意义都需要具体的语境才能确认。

12.4.2　N 词词簇的分类描述

由于 4 词以下的词簇中大部分都是短语片段，难以在意义上分类，所以分类描述从 4 词以上进行。在本研究中，对词簇共划分为 8 个类别，并以代码标识（从 C1 到 C8）：C1 = 国家政治、政府机构和组织；C2 = 难以确认意义范畴的一般词语组合；C3 = 地方行政机构和组织；C4 = 经济、商业及贸易组织、事件与常用表达；C5 = 政治术语；C6 = 国际名称与事件；C7 = 历史、社会文化、生活、体育运动事件和表达；C8 = 学术机构、大学与常用表达（见图 65）。

以上述分类对 4 词以上的词簇表进行统计和计算，获得 8 种意义类别在词簇中的分布和比率。统计表明，在 4 词和 5 词词簇中，30% 的词簇属于 C2，即难以确认意义范畴的一般词语组合；这一类别的词簇随着词簇长度的增加而减少，并在 7 词和 8 词词簇中降至 6.6% 与零，进一步验证了词簇越长，构成完整命题的几率越大，意义表述越完整。平均 27.2% 的所有 4 词以上词簇为政治术语（C5）；22.32% 为国家政治、政府机构和组织（C1）；22.2% 为经济、商业及贸易组织、事件与常用表达（C4）；11.76% 为历史、社会文化、生活、体育运动事件和表达（C7）。此四类范畴的词簇构成了所有 4 词以上词簇的 83%（见图 65）。

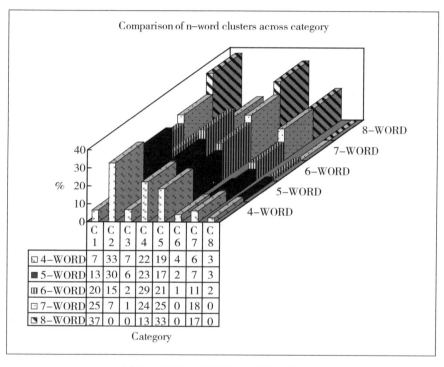

	C1	C2	C3	C4	C5	C6	C7	C8
4-WORD	7	33	7	22	19	4	6	3
5-WORD	13	30	6	23	17	2	7	3
6-WORD	20	15	2	29	21	1	11	2
7-WORD	25	7	1	24	25	0	18	0
8-WORD	37	0	0	13	33	0	17	0

Category

图 65 4 词以上词簇在 8 个范畴中的分布

本研究还发现，长词簇包含更多的政治术语和表达，在 8 词词簇中，70% 的词簇为中国政治机构名称、政治性短语和表达，且这些词簇中往往由多个相互吸引的短词簇构成。如固定短语 *well-off society*, *Xiaokang society*, *the important thought of the three represents*, 以及 *Deng Xiaoping theory* 与其他词簇搭配运用的频率非常高。使用一个词簇往往触发一连串的词簇同现，如词簇 *a well-off society*（*Xiaokang society*）在使用时经常与 *build (ing) up* 和 *in an all round way* 联起来，构成一个相对固定的词组模块，即汉语"全面建设小康社会"的英语表述。换言之，短词簇作为长词簇的构成元素，具有极强的生成能力，如下例：

2-word clusters	a member
3-word clusters	a member of
4-word clusters	a member of the
5-word clusters	a member of the ? th
6-word clusters	a member of the ? th CPC
7-word clusters	a member of the ? th CPC Central
8-word clusters	a member of the ? th CPC Central Committee

此外，文本中与长词簇中连用的词或短语也呈现出固定的模式和稳定的词集，如 *China's accession to /entry into the World Trade Organization*（中国加入世界贸易组织）。

通过索引行分析表明，表意完整的长词簇 *World Trade Organization* 后经常再附加上其缩写形式（WTO），显示出通过增加冗余信息对该名称确认和相互参照。值得注意的是，组成长词簇的政治套语或口号由于模式过于固定僵化，缺乏解释，短语特征更接近习语，意义变得不透明，难以索解。尤其这种文本面向其他话语社团，长词簇可能更难让人理解。长词簇 *the important thought of "three represents"* 频率最高；常见词簇结构模式为 *the + N + of + "three represents"*，在名词 N 的位置上经常出现的其他词语包括：*theory*, *study*, *implementation*, *idea*, *policy*。

词簇 *the important thought of* 是核心词簇 *three represents* 的延伸表达，但核心词簇结构非常固定，意义表述缺乏解释。另一个词簇 *socialism with Chinese characteristics* 也属于这种情况，其中 *Chinese characteristics* 意义不透明，在汉语话语中有变成习语的趋势。

一些套语在运用过程中如果缺乏解释和变化，会逐步失去意义的透明性，使得使用者或读者不去注意它本来的含义或另生其他意义。英文报刊本来是面向国际读者，但过分使用套语会减弱阅读效果。

另外，意义相同但词形相异的词会构成不同的词簇。如 *xiaokang society / a well-off society* 都是表达"小康社会"这个概念，一个是音译，一个是意译。两个所指相同的词在实际运用中却不尽相同。作为核心词簇，这两个表达所吸引的延伸表达或搭配词也不一样。*Xiaokang* 常常单独使用，常见的搭配结构有 *level of Xiaokang / Xiaokang level*，*Xiaokang threshold*，*concept of Xiaokang*，*construction / realization / blueprint of Xiaokang*，*overall Xiaokang society* 等；而词组 *a well-off society* 似乎更固定，其搭配词非常有限，常见的结构为 *the theme / ideal of a well-off society*；其他与 *well-off* 搭配使用的搭配词有 *Chinese*，*life / standard*，*parents*，*family* 等。索引分析显示，音译词 *xiaokang* 的意义标记更强，表意更明确。

在一些语境中，*well-off* 紧跟 *xiaokang* 一词出现，以提供补充解释；而跟在 *well-off society* 后使用的 *xiaokang* 似乎是为了进一步确认含义。

以上研究结果表明，语言运用一直处于变化和发展之中，某些固定组合在一定时期中被某一话语团体成员使用，然后逐步淡出以至湮灭。一方面，一些表达完全固定沉积下来，成为"陈词滥调"；另一方面，一些表达稍纵即逝，仅是临时的个人方言。从语言学习的角度讲，这两种表达都不足以引起我们的兴趣。我们真正感兴趣的是那些半固定化、相对稳定的多词组合。其中的悖论就是，一个固定表达如果完全体制化，可能会失去其语用价值，倒是那些尚未完全体制化的固定表达更具研究价值。此外，所谓固定表达很少真正固定不变。Cowie（1998）证明，大多数固定表达都是由核心表达加上可选的延伸表达构成。在大多数固定词组运用中，变异特征多于固定特征。Altenburg（1998）对 London-Lund 口语语料库进行了统计，推断其中 80% 的词形以某种方式构成复现词组，而且这些词组（即词簇）中很多并不具备短语意义，只是某些更大结构中的一部分。固定词组意义的可解析性也是一个连续的矢量，从晦暗不明到完全透明。Mel'čuk（1998）对"短语位"根据意义的透明度分为短语位、半短语位（semiphraseme）、准短语位（quasiphraseme）以及语用位（pragmateme）。这表明，复现词组意义的不可解析性也不是一成不变的。

12.5 讨论与结语

　　利用软件在语料库中提取不同长度的词簇,并通过对比词簇表筛选出观察语料库中的独特词簇群,证明是一种有效的方法。这比通过单个词的词表对比而提取主题词表似乎更能说明文本的基本特征。所提取的词簇包含习语、短语、搭配甚至短句,对于进一步分析文本的话语结构及信息结构提供了更多的依据。在对比中,选择同一文类的语料库作为参照语料库,与选择其他类型的参照语料库,仅从统计结果上看,差异并不大。这可能是观察语料库在主题选择上与其他任何语料库相比,都存在显著差异,所以在计算机处理时,那些非常独特的词簇总能被筛选出来。这也表明,文本的主题性特征不但表现在单个的词语的选择上,词簇的运用也是一个重要依据。这种词簇的提取方法还可用于单篇文本的主题识别,即应用同一来源、相同文类的语料库来处理单篇文本,通过提取该文本中独特的词簇,进而分析该文本的语言特征及主题信息。在文本分析中,我们发现这种仅以词簇复现频数为主要依据的统计方法尚有可改进之处,因为个别词簇可能在某些单篇文本中过分聚集,成为文本的个体话语特征。所以,在以后的相关研究中,可结合词簇的频率与该词簇在多个文本中的分布来进行统计,把那些复现频率高,且分布广泛的词簇提取出来,这样结果可能更准确。此外,由于词簇随着长度的增加,会吸收其他词簇,使词簇具有套叠性,而所谓核心词簇与延伸词簇的概念只是一种事后判断,在计算机自动处理时很难识别词簇中哪些部分是核心的,哪些是边缘的。就目前来看,除了用于自然语言处理,自下而上的词簇统计仅能为进一步检索和查询提供基础依据。对于自上而下的词簇查询而言,却不存在上述难题。本研究的缺陷是,所使用的语料库包含的文本文类单一,时事性政论多,套语及公式化语言多,词簇结构固定,其统计结果难以推及其他中国英语文类。

　　但是通过本研究可以看出,对于文本来说,词语的选择固然重要,但是更重要的如何运用它们,以及用它们如何"说事"。词簇是介于篇章和词语之间的一个重要单位，也是"意义单位"（unit of meaning）的重要载体。同时，词簇也是体现英语在中国本土化的一个重要参数，而本土化这一概念不仅具有语言学意义，还更具有社会学意义。

第十三章 大学生英语口语讯息
向词块运用特征分析①

13.1 引言

自十九世纪起，词语成串出现的现象开始引起语言学者的关注。弗斯曾提出："由词之结伴而知其词"（李文中，2002b，p.84），揭示了词与词之间的联系。辛克莱（Sinclair，2004b）探讨了意义和词的关系，认为意义的实现由一词以上的序列来完成。在语言学的研究中，对这一现象有很多不同的术语：词块（chunks）（Bolinger，1976）、词语化句干（Lexicalized sentence stems）（Pawley & Syder，1983）、预制短语（prefabricated phrases）（Sinclair，1991a）、词汇短语（lexical phrases）（Nattinger & DeCarrico，2000）等。据 Wray（2000）年的不完全统计，相关术语多达 50 多个。对于词块的界定和提取，在语法结构、意义完整性、长度、连续性等方面都存在诸多争议。在国内，较早利用语料库对这种多词现象进行研究的，有李文中的大学英语学习者笔语词语组合研究（李文中，1999）、学习者词语搭配研究（李文中，2004b）、中国英语新闻文本中的词簇研究（李文中，2007b）以及平行语料库的对应单位研究（李文中，2007c）；卫乃兴的词语搭配研究（卫乃兴，2002）；濮建忠的学习者词块和类联接研

① 本章基于论文《大学生英语口语讯息向词块运用特征分析》，（《河南师范大学》2010 年第 2 期）修改而成，作者为闫洁、李文中。

究（濮建忠，2003b）。必须指出的是，Sinclair 所提出的词块与上述概念既有联系，又有区分，本文采取 Sinclair 对词块的界定和提取方法。

Sinclair 提出的开放选择原则和成语原则，对词块的研究和发展有着深远的影响。在《线性单位语法》一书中，Sinclair 对词块的界定和分类进行了创新。他认为"切块是感知语言的文本的一种自然和不可避免的方式"（Sinclair & Mauranen，2006，p.6），人们具有划分语言界限（Provisional Unit Boundary）的能力。词块的提取不应依赖软件，而应依靠"基于直觉的分析"（Sinclair & Mauranen，2006）（human-based analysis），对文本直接进行切分。研究证明，"这些流利的英语使用者能够很轻松地把文本分成小部分，而且他们的分法极为相似，这些自然的单位也就是我们常说的词块"（Sinclair & Mauranen，2006，p.130）。该书对词块的研究避开现有术语之争和界定分歧，转而从人的直觉出发，得出相似的结果，产生对词块的分类，从而成为词块研究的一个突破点。

Sinclair 和 Mauranen（2006）把词块分成组织性词块（Organizational，简称 O），和讯息向词块（Message-oriented，简称 M）两大类。这一分类与其对"话语模型"（planes of discourse）的分类（interactive plane & autonomous plane）是一脉相承的。组织性词块（O）也称组织性成分，起到管辖话语的作用。讯息向词块（M）是面向信息的成分，使讨论的话题得以延续，构成对话者的语言内容。传递信息是语言最基础的功能，讯息向词块起着表达内容，传递信息的作用。这一类词块对口语能力也起着极其重要的作用，帮助谈话者交流信息，延续对话。

近年来一批口语语料库的相继建成，口语研究开始受到了学界的广泛关注。目前国内的研究主要集中在以下三个方面：（1）口语词块特征分析（卫乃兴，2007）；（2）词块与口语能力/流利度的相关性研究（甄凤超，2006；丁言仁 & 戚焱，2005）；（3）与组织性词块相近的话语标记语分析（冉永平，2003；王立非 & 祝卫华，2005）。本研究以我国大学生非专业英语口语的讯息向词块为研究对象，采用定量与定性研究相结合的语料库方法，从结构、分布、功能等不同角度描述学生口语讯息向词块的特点以及其对口语水平影响。

13.2　目的、方法与步骤

　　本文主要回答以下两个问题：语言水平不同的学生对讯息向词块的使用有何特点和差异？各类讯息向词块的使用对学生的口语水平有什么影响？我们的研究假设是，各类讯息向词块的使用质量，与学生的英语口语水平密切相关，且相互影响。

　　本研究所用语料来自杨惠中教授主持建设的大学生学习者英语口语语料库（the College Learners' Spoken English Corpus，简称 COLSEC）。根据学生的考试成绩，我们将语料分为 A（成绩为 A+/A）、B（成绩为 B+/B）和 C（成绩为 C+/C）三组①，采取随机抽样的方法，每组抽取 10 名学生的语料，语料共 43，329 词，覆盖旅游、日常生活、社会关注等话题。

　　讯息向词块的分类框架采用了 Sinclair 的八个分类，分别为：基本讯息单位（M）、讯息碎片（MF）、不完整讯息单位（M−）、补全讯息单位（+M）、部分补全讯息单位（+M−）、附加讯息单位（MS）、调整讯息单位（MA）和修订讯息单位（MR）（Sinclair & Mauranen，2006；濮建忠，2009）。具体研究步骤如下：

　　首先，对 COLSEC 语料按成绩分为优、中、差三组，并使用标签对三类水平的学生文本标注，每组随机抽取 10 名学生的口语样本作为研究语料；其次，对选取语料按照研究设计进行二次标注。由于 COLSEC 中并没有关于讯息向词块的标注，我们用 Sinclair 的八组标签对词块进行人工标注；最后，使用 PowerGrep 和 AntConc 对各组语料的每一类词块进行提取和统计分析。

---

① 感谢上海交通大学甄凤超博士提供语料成绩数据。

13.3 研究结果和讨论

13.3.1 总体特征

结果表明，不同水平的学生的平均口语供语量呈现显著差异，A，B，C三组学生的平均口语供语量依次递减（三组平均值分别为875.3、693.6、531.8）。

三组学生在使用词块总量及整体分布上没有显著差异，而三组学生使用8类不同词块存在差异，尤其在M、MF类词块运用中差异显著。各类词块使用的频数和分类比例表明，A组学生使用M类词块（31%）大于B组（27%），却和C组（32%）接近，这是由于C组总供语量远低于A组；而A组学生MF类词块的使用（11%）却少于B组（18%）和C组（19%）学生使用的数目。表1中"频数"为学生所使用各类词块的数目，"分类比例"为各类词块频数所占该组总词块数的比例，"百分比"指的是词块类符占该组学生总语料供应量的比例。论文下一节将对每类词块的使用情况进行具体阐述。

13.3.2 具体特征

1. 基本讯息单位（M）

基本讯息单位是指意义完整的单位。从结构上看，充当M的词块既可以是完整的句子，如 *it is my dream*；也可以是名词性词组，如 *watching VCD*；有些情况下还可以是单个的词，如 *seaside*。对于A组学习者，M词块数最多，达435个。而对于B和C组学习者，M词块只有200多个，其数目远少于他们所使用的讯息碎片（MF）。从中可以看出后两组学习者在使用基本讯息词块准确表达完整意义方面的能力远远落后于A组学习者，表达完整意义的能力较差。此外，通过具体索引分析，我们发现，三组学生在自我介绍环节表述自己姓名、号码等基本信息时，使用的 M 词块较多，而在问题问答和讨论环节，尤其是 B、C 组使用较少。这表明学生对于比较熟悉和有准备的话题使用词块的能力高于不太熟悉和即兴的话题。

2. 讯息碎片（MF）

讯息碎片指的是在使用中重复或错误的并被说话人所抛弃的词块，是人们在交际的过程中，由于语言掌握能力、流利程度、对话题的把握等原因而出现的一种说话者自我打断、调整的现象。表 1 显示，除了 A 组学生，其他两组学生 MF 词块的使用已经远远超过 M 词块和其他词块的使用，具有较强的显著性。使用频率较高的 MF 词块主要有以下三类：一是句首碎片。这类碎片词块往往是学生在使用英语的时候，一些熟悉的词块会脱口而出，而随后的词块并没有组织好，因此出现重复或调整简单熟悉词块的现象。这一类碎片约占 MF 的 50%，如 "I can" "if we"，"when you" 等。二是介词（介词词组）碎片。在三组学生的语料文本中，主要表现为以 in, of, by, from, to, for 等介词及开头的词组这类碎片约占 MF 的 20%。三是谓语碎片，是指学生说完主语后，在谓语部分停顿和重复的词块。此类碎片约占 MF 的 10%。

3. 不完整讯息单位（M–）、补全讯息单位（+M）和部分补全讯息单位（+M–）

这三类讯息向词块是紧密联系的，M–是指不完整的 M，与 MF 不同的是它不是碎片，而是期待着后边的词块。M+是 M–的补全成分。+M–是可能存在的中间成分，既补全 M–，又期待+M 的补全。统计结果表明，三组学习者都不同程度地使用了这三组词块。+M–一般为组织性词块隔开而形成的词块。通过索引行分析我们发现，学生尤其是 C 组学生，使用很多破碎的+M–词块。这类词块的出现并不是由于使用了较多的组织性词块，如 *you know*, *some kind of* 等。大多数都是由长时间的停顿或犹豫等原因形成的词块，而这些词块本应该是一个意义完整的基本讯息单位，如："<M–> it can</M–> er <+M–>replace</+M–> our mm <+M>some work</+M>"。

4. 修订讯息单位（MR）

修订讯息单位是指在谈话的过程中，说话者有效重复对方和自己话语的词块，重复时允许适当地调整和解释。修正讯息词块在语言交际中起着非常重要的作用，能够加强话语连贯性，"起到回应和再现作用，是正式、澄清、强调语言使用的手段之一"（李悦娥 & 范宏雅，2002，p. 184）。因此，恰当地使用 MR 词块能够推动双方话语的有效进行，也体现出学习者掌握使用英语的能力。然而，三组学习者使用的 MR 仅有 21 次，B 组和 C 组学习者的使用相比 A 组学习者显得更少。通过索引行的具体分析，学生对于 MR 的使用，一般是限于简单的自我重复或重复考官的话或问题，并没有适当地调整和修订，因此没有充分起到强调、推进话语的作用。在讨论环节，由于考试的因素，考生想有更多的表现机会，出现很多打断的现象，所以也就更缺乏礼貌、合作、肯定对方的词块。

5. 其他

附加讯息单位（MS）指对于一个完整句子的补充或解释，一般表现为时间、地点、方式状语，定语从句等，学生对这三类词块没有呈现较大的差异。调整讯息单位（MA）是对说话时某一词的打断和调整，然后继续谈话的词块，如 "<M>I</M> also <MA>want to go</MA>-<+M>fishing</+M>"。这一词块在三组学生中并没有很频繁地出现，反映了学生特有的话语修正模式和学习策略。

13.4　结论

通过以上分析讨论，我们对我国非英语专业大学生口语讯息向词块的特点以及讯息向词块与口语水平的相关性得出以下结论：

（1）三组学生在供语量和一些词块的使用上有明显的差异性。水平较高的学生供语量高于水平较差的学生。这说明学生语言能力与口语供语量具有密切关系。在对话质量方面，学生的语言能力体现在对语块的掌握和运用上：高分组学生较多运用基本讯息单位类词块，而较少运用讯息碎片类词块，这使得他们的口语显得流利而准确；与此相比，中间组和低分组学生的口语中，结构完整的基本讯息类词块的较少出现，讯息碎片类词块较多见，这使得他们的口语连贯性差，意义含混。以上结果表明，词块的使用，以及不同类型词块使用的多寡，直接影响了学生的口语水平，从而也验证了我们的研究假设。

（2）学生在其他类词块的运用上差异并不显著，如+M-、MA 和 MR 等，显示出学生交际策略运用的不足。此外，考场环境和学生的心理状态，以及语料样本的大小，也是这些类型的词块频数较低的主要原因。要对学生口语中词块运用进行更为充分和深入的描述，需要更大的语料和充足的数据。

（3）从整体的水平上来看，由于能参加 CET-SET 考试的学生都是笔试成绩达到 80 分以上的学生，英语水平应高于其他的学生，应具有一定的英语学习和运用能力。然而，与其笔试成绩相比，其口语能力相对较弱，词块运用能力差。这与我国英语教学和考试长期的导向有关，学生的口语没有得到应有的重视。

本研究发现的启示在于，在英语教学中，一是增加学生自主口语连续表达单位时间，提高供语量，如连续 2-3 分钟的即兴表达练习。其次是摆脱以单个词为中心的词汇学习模式，有意识地强化词块的输入和学习，培养学生学习、记忆和运用词块的能力，并鼓励他们在口语中多使用词块，同时提高学生组织语言信息的能力。

第十四章 中国英语学习者语音习得中的困难及问题

14.1 文献回顾

语音一直是外语教学的重要内容，也是二语习得研究中的重要话题。通过文献梳理，我们发现中国英语学习者英语语音习得研究同外语教学理论的进展和人们对中国英语的认识有着密切联系。二十世纪五六十年代，在行为主义理论影响下，语音教学中多采用语音操练的方法，语音学习就是反复听和模仿，学习者不同于语音样本发音的必须予以纠正。自七十年代末八十年代初起，随着对比分析理论的兴起，深化了人们对英语语音教学的认识。基于对英汉语音系统的描述，对比两种语言在音段层面和超音段层面的差异，基于差异造成困难的假设选择语音教学中的重点内容。用对比分析的方法对比不同英语变体和目标语、母语的异同的研究增多（如张金生，2002）。由于受到研究手段和教学条件的诸多限制，英语语音教学中关注的多为音段层面的问题。后来，人们开始从发声语音学角度，结合音系学中音位配列的特征，结合音节环境等因素审视英语语音教学中的问题（英杰 & 洪洋，2006）。随着交际语言教学的影响，语音教学不再单列，而是融入听力任务或具体的语言交际场景之中（乐金马 & 韩天霖，2006）。相对于音段层面的内容，语音教学开始关注传达语用意义的超音段特征，比如语调、重读等。自二十一世纪初起，在外语教学中兼顾意义与形式的呼声越来越高，语音教学更加依托具体的语言交际场景和任务，服务于内容。教师在课堂教学中也不再一味地全盘纠正学习者的语音错误。

对中国英语的认识是影响中国英语语音习得研究的另一个重要因素。将英美国家的英语视为"标准英语",语音教学的任务就是要复制本族语使用者的标准发音。对比中介语理论认为,学习者的语音是从母语发音过渡到目标语发音之间的连续统(Selinker,1972)。但是,学英语达到本族语使用者水平的发音是不现实的(乐金马 & 韩天霖,2006)。后来,英语被视为通用语,关注的焦点转向英语在交际中意义的可通达性,不再一味地对照规范。自九十年代起,中国英语作为英语变体的地位逐步确立,英美国家英语作为标准和规范在教学中的地位有所改变。但是,对于英语是否适宜作为一种变体从而确立自己的规范,人们还存在争议。另外,对英语变体语音的典型特征描述、感知实验、可接受度调研还有待提升(Sufi,2017)。

实验语音学方法和声学手段的引入为语音研究进展提供了有力的技术支撑,使得研究成果更有说服力(吴宗济 & 林茂灿,1989)。在教学理论、对中国英语的认识和语音研究手段几种合力的共同作用下,语音研究发展呈现这样几股潮流:第一,学者们开始关注不同阶段英语学习者的语音产出,不同阶段学习者的二语语音产出对比研究成果更具针对性,为英语教学提供了实证支持。第二,研究者们关注语言中的流利和非流利问题,发现学习者口语产出中的非流利表现为"无词汇意义的语音片段"(卢加伟 & 陈新仁,2019,p. 22)。第三,声学及实验语音学手段的引进使研究更为客观,对中国英语研究变体的研究更加聚焦(如贾媛等,2017);第四,口语语料库的建立为研究学习者的发音提供了有效的方法,此类大型的语料库有国内较早的大学学习者英语口语语料库(College Learners Spoken English Corpus,简称 COLSEC)(杨惠中 & 卫乃兴,2005),中国英语学习者口语语料库(Spoken English Corpus of Chinese Learners,简称 SECCL)(文秋芳、王立非、梁茂成,2005),和中国英语学习者语音数据库(Read English Speech Corpus of Chinese Learners,简称 RESCCL)(陈桦 & 李爱军,2008)。基于语料库的语音研究成果不断涌现,其主要优势为大量的语料保证了研究的科学性。

目前,对中国英语学习者音段层面的语音特点进行系统的描述并不多见,有的语音研究基于外语教师或研究者的教学经验或语言直觉,还有的研究聚焦于英语学习者语音产出中的某个特点。通过对语音研究的文献综述，我们发现以下几点：首先，过分依赖直觉与经验的研究，在研究中缺乏具体的方法支撑，语音错误判定中缺乏依据，使得研究结果的针对性不强；然后，对发音错误的界定上对英语在中国使用的语音现实考量不多，多参照英语本族语使用者的语音标准，应加强对中国英语学习者语音是否可接受以及可接受程度的研究；再者，受试者数量较少，缺乏代表性，年龄、地区差异、母语背景、教师、教法等变量控制不严密；最后，需要针对研究结果所呈现的发音困难及模式，提出解决方案，用来预测学习者的发音困难所在。

14.2　研究问题

基于对中国英语学习者英语语音习得研究现状的回顾，提出以下研究问题：（1）中国小学、中学、大学英语学习者在音段层面的英语发音中呈现出什么特点？（2）中国英语学习者发音中有哪些困难？造成这些发音困难的原因为何？（3）针对这些理解障碍，应该采取什么教学措施？

14.3　研究方法

我们采集和分析了小学、中学及大学几个阶段的中国英语学习者的发音数据，研究目的是发现这几个阶段的中国英语学习者音段层面的发音模式特征，并对这些音段层面的发音特征按照可接受、不可接受（即造成理解障碍）进行归类，同时试图寻求教学中的改进措施，以期对外语语音教学提供实证支撑，并提出有针对性的解决方案。

小学英语学习者的发音数据采集选取新乡市剑桥少儿英语培训点的30位小学生。研究者在数据采集前掌握了受试者的年龄、性别、英语水平和教师等变量。中学英语学习者的数据采集选取河南师范大学附属中学初中一年级一个班级。实验中朗读材料的设计考虑了学习者的水平，参照教材设计而成。朗读材料的设计还把握了各个音素的覆盖面，也考虑了每个音素可能出现的不同音节情况。朗读材料包括目标音素在词首、词中、词尾的单词，接着是辅音连缀在词首、词中、词尾的单词，最后是元音在重读和非重读音节中的单词。在两次实验中，受试应要求大声朗读出实验材料。在录音过程中，研究者记录下唇型、开口大小等信息。第一遍朗读在不受任何干扰的情况下完成，在第二遍朗读中，读出发得不清楚的音和单词。若仍有困难，在第三遍朗读中，受试需要跟读研究者的发音。

大学英语学习者的发音数据来中国大学学习者英语口语语料库（College Learners Spoken English Corpus，简写为 COLSEC）。COLSEC 语料库是使用中国大学英语口语考试语料转写而成，涉及"教师—学生型会谈、学生—学生型自由讨论、教师—学生型讨论"（卫乃兴，2004，p.140）。COLSEC 语料库撰写完成后，开发者基于学习者语言使用中出现的错误进行了赋码，其中包括对音段层面的发音错误的赋码。音段层面的发音错误标注分为三类：加音、减音、替代（李文中、薛学彦等，2005）。加音，又叫增音，是指在目标音素后加多余的音素或音节，即在单词发音时加入原本没有的音。减音是指某些单个音素或音节没发出来，即吞音现象。错音是指学生把某一个音发成另外一个音。对 COLSEC 语料库中发音错误的赋码统计表明，错音发生了 10166 次，加音 4375 次，减音 2195 次（卫乃兴、李文中、濮建忠，2007）。

在转写和标注小学和中学英语学习者发音特点时，我们沿用 COLSEC 语料库的做法，对发音数据进行标注，主要从加音、减音和错音三方面予以考虑。这样做，主要有以下三点考虑：首先，这三种情况基本上覆盖了中国英语学习者在音段层面上经常犯的所有发音错误。其次，它们也是英语本族语使用者感知到中国英语学习者经常出现的发音问题（贾斯汀，2017）；在三个不同阶段的中国英语学习者中保持统一的做法，便于对他们之间的比较。小学和中学英语学习者发音数据采集后，使用国际音标符号对数据转写和标注，错误发音的标注参照 COLSEC 语料库的赋码设计（详见李文中和薛学彦等，2005）。最后，在文本中加入错误特征和目标音出现位置的信息。发音错误的分类总体为：（1）目标音是否存在，即是否存在减音现象；（2）目标音是否存在加音现象；（3）目标音是否存在错音现象，在具体操作中，发音错误具体从发音方式、发音部位、清浊、舌高低、舌前后、唇型、音长度、卷舌这几个发音特征考察（参见 Roach，2000）。数据准备好之后，用 WordSmith 检索得出每个音素在每种错误类型中出现的原始频数。使用 AntConc 对发音标注进行检索，在检索中借助正则表达式，比如说，用 W*可以检索出所有替换发音情况，符码集中 W 代表替换类发音错误，在正则语法中，*代表出现在任意一连续字符串两端的除空格外的任意字母、数字、符号。利用 AntConc 中的排序功能，对 W 右一位置上出现的字母按升序排列，可以观察到每一个音素在替代错误中出现的频数。

接下来，通过计算难度系数，比较每个音素在每种错误中的难度。难度系数的计算方式为，用每种错误中每个音位错误出现的原始频率除以该音位总共出现的频率。

$$难度系数（D）= \frac{辅（元）音某种类型中每个音素出错的原始频数}{辅（元）音某种类型出现的总频数}$$

比如说，/b/ 在辅音替代错误中出现了 13 次，所有的辅音替代错误一共是 6000 次，那么 /b/ 的难度系数为 13/6000。

在分析数据时，基于对数据特点的观察，参照音系学规则，结合本族语使用者的感知判断，确定可接受和不可接受的情况。先导研究发现，这些可接受的情况有：出现在词尾的塞音、擦音或塞擦音清音化现象等（Edge，1991），如：cold，shows，is，of。

14.4 音段层面的发音特征

14.4.1 小学英语学习者发音模式

1. 基于目标音素出现位置的难易统计

通过计算难度系数，我们对小学英语学习者组音段层面的发音情况进行了初步描述。在对辅音发音情况的统计中，我们考虑了目标音素的出现位置：词首（/b/+，表示词首/b/，如：big）、词中（+/b/+，表示词中/b/，如：hobby）、词尾（+/b/，表示词尾/b/，如：job）。结果显示，对小学英语学习者来说，在以下情况没有发生任何错误（D＝0）：+/b/、+/s/、 +/h/、+/r/、/b/+、/p/+、/t/+、/d/+、/f/+、/m/+、/n/+、+/l/+；较容易（D＜0.1）的音素有：+/g/、/s/+、/h/+、/ð/+、/v/+、+/m/、/r/+、/w/+、/j/+；有一定难度（0.1＜D＜0.5）的音素有：+/θ/、+/d/、+/z/、/z/+、+/l/、+/t/、/θ/+、+/v/、+/ð/、+/dʒ/、+/k/、/ʃ/+、/dʒ/+、+/w/+、+/ʃ/、+/f/、+/n/、+/ŋ/；难度较大（D＞0.5）的音素有：+/ʒ/、+/p/、/tʃ/+、+/ʧ/。

下面，就造成发音困难的发音特征来统计小学英语组的发音情况。对小学英语组的受试来说，造成最大发音困难的是发音部位，占所有错误的39%，如：将英文单词 China 的词首的颚音发成后齿龈音/tʰ ʂ/，/ˈʧaɪnə/→/ˈtʰ ʂaɪnə/（/tʰ ʂ/是声母 ch 的首辅音）；其次是加音错误，占比32%，如：在英文单词 desk 后加/ə/，/desk/→/deskə/；然后是清浊，占16%，如：/dʒæz/→/dʒæs/；接下来是减音，占7%，如：将英文单词词尾的/m/省去不发，/neɪm/→/neɪ/；最后是发音方式，占6%，如：将英文单词 bathe 的词尾擦音/ð/发成后齿龈音/ʐ/，/beɪð/→/beɪʐ/（/ʐ/是声母 r 的首辅音）。

2. 基于发音特征的难易统计

通过计算难度系数，我们发现对小学组的受试来讲，难度较大（D＞0.1）的音素有：/ɜː/、/ə/、/ɒ/、/ɑː/、/æ/、/ʌ/、/əʊ/、/ɔː/、/uː/、/e/、/ʊ/、/aɪ/、/eɪ/；有一定难度（0.01＜D＜0.1）的音素有：/aʊ/、/ʊə/、/eə/、/iː/、/ɪ/、/ɪə/、/ɔɪ/。这20个元音音素中，全部出现了发音错误的情况。

在元音音素的难易情况分析中，我们考虑了发音特征，即：舌高低、舌前后、唇型、音长、卷舌。结果显示，对小学组的受试来讲，造成最大困难的发音特征是舌高低，占全部元音发音错误的38%，如：将英文单词 bed 中的元音/e/发得开口度更大，/bed/→/bɛd/；然后是舌前后，占比29%，如：将英文单词 good 中的后元音/ʊ/发成中元音，/gʊd/→/gʊd/；

再然后是圆唇，占比 27%，如：将英文单词 door 中的圆唇元音/ɔː/发成非圆唇音，/dɔː/→/dɔʷːː/；接下来是卷舌，占 4%，如：讲英文单词 banana 词尾的元音/ə/发成卷舌音，/bəˈnɑːnə/→/bəˈnɑːnɚ/；最后是音长，占 2%，如：将英文单词 it 中的元音/ɪ/发成半长的/ɪˑ/，/ɪt/→/ɪˑt/。

3. 替换发音

辅音替代错误共出现 57 次。鉴于样本数量大小，我们将阈值定为 2（$f \geq 2$）。替换错误中，呈现共同趋势（即 $f \geq 2$）的错误共出现 52 例。经过难度系数的计算，得出对小学英语学习者难度较大（D>0.15）的音素有：/ʃ/、/v/，有一定难度（0.07<D<0.15）的音素为：/d/、/ð/、/t/，较为容易（0.1<D<0.7）的音素为：/n/、/w/、/z/、/θ/、/r/、/m/。

通过观察替换错误的索引行，将辅音替换错误特征分为四类：发音方式，发音部位，清浊。目标音在单词中出现的位置归纳为：词首、词中音节首、词尾、词首辅音连缀、词尾辅音连缀。经过二次赋码，添加错误特征和发生位置的信息。把目标音所在位置和错误特征作为变量，将二次检索得到的原始频数输入 SPSS，做卡方检验。结果显示，词首、词中音节首、词尾、词首辅音连缀、词尾辅音连缀这五种位置上辅音替换错误的出现频数不存在显著性差异（$p = .285 > 0.05$）。但是，可以清楚看到，辅音替换错误在词首（占 32.71%）和词尾（占 46.73%）出现的比例远远高于在词中（占 10.28%）出现的比例。由于朗读材料中辅音连缀出现非常少，所以辅音连缀错误也相对较少，仅占所有辅音替换错误的 10.28%。

在塞音替换错误中，小学英语学习者只在/d/和/t/两个齿龈音上出错，而且浊辅音/d/的难度（D=11.54）高于/t/的难度（D=7.69）。小学组的受试倾向于将清辅音/t/发为/d/，该错误经常出现在词中音节首的位置，如 wri*t*ing。小学组的受试也倾向于将浊辅音/d/发成/t/，该错误经常出现在词中音节尾的位置，如 ba*d*minton。也就是说，清浊这一特征是小学生组的受试在塞音音素产出中难度最大的发音特征。

擦音替换错误共出现 37 例。在擦音替换错误中，卡方检验的结果显示，词首、词中音节首、词尾所涉及的这三种位置上摩擦音替换错误的出现频数不存在显著性差异（$p = .061 > 0.05$）。其中，对小学英语学习者难度较大的特征为发音部位和发音方式，分别占所有摩擦音替换错误总数的

43.24%和40.54%，并且错误主要集中在词尾和词首的位置。

在仅有的四个鼻音替换错误中，/n/替换错误发生两例，均为出现在词尾，造成错误的为发音部位。/m/替换错误发生两例，均为出现在音节尾，同样也是因为发音部位而产生。基于此，我们可以得出结论，在鼻音替换错误中，难度较大的发音特征为发音部位。近似音替换错误共出现两次，均为出现在词首的用/v/去替换/w/的错误。

通过对不同发音方式的音位的讨论，发现以下辅音替换错误的发生规律：从发音部位看，难度由大到小依次为后齿龈音（32.69%）、齿龈音（30.77%）、唇齿音（15.38%）、齿音（13.46%）、双唇音（7.69%），在软腭音上未犯任何错误；从发音方式看，难度由大到小依次为擦音（65.38%）、塞音（19.23%）、鼻音（3.85%）、近似音（3.85%），在塞擦音上未犯任何错误；在清浊这一特征上，浊辅音替换错误占80%，远远多于清辅音替换错误（20%）；在目标音出现位置上，辅音替换错误的分布由多到少为词尾单音（46.73%）、词首单音（32.71%）、词中音节首单音（10.28%）、辅音连缀（10.28%）。

4. 加音

在阈值设定为2（$f \geqslant 2$）的情况下，辅音加音错误出现103次，元音加音现象出现5次。通过观察元音加音错误产生音节环境，我们发现5例元音加音错误均为同一位受试所犯，所以，这5例情况不可视为单个受试的个体发生现象。通过检查该受试的全体语料，我们发现这5例情况全部为现在进行体词尾的误用。下面主要讨论辅音加音现象。

通过计算难度系数得出，在辅音加音错误中，对小学英语组的受试来说难度最大（$D > 0.25$）的为/t/、/k/，其次（$D = 0.16$）为/d/，难度较小（$0.1 < D < 0.5$）的为/s/、/m/、/tʃ/、/g/、/b/、/n/、/ʃ/，在其他辅音音素上未犯任何加音错误。辅音加音错误中最显著的模式为在词尾的辅音加原本没有的元音，被添加上的元音音素有：/ə/、/uː/、/ʊ/、/ɪ/，还有个别情况添加了整个音节/ɪŋ/。只有两例加音发生在多音节单词中间的某个音节结尾的位置，在该音节尾的辅音音素/d/后加/ə/。在目标辅音后加辅音音素的错误有五例，分别为：在词尾辅音/k/后加/l/、在词尾辅音/d/后加/n/、/t/、/z/三者之一的情况。

为了对加音错误进行更加系统、详尽的描述，我们将辅音加音错误再次进行分类。从被添加的音来看，将辅音加音错误分为三类：加元音音素、加辅音音素、加音节。经过观察索引行，将加音错误在单词中出现的位置归纳为：词中音节尾（即单词中间的某个音节结尾的位置）、词尾。卡方检验的结果显示，词中音节尾、词尾这两种位置上辅音加错误的出现频数存在显著性差异（$p = .026 < 0.05$）。从加音错误的出现位置看，辅音加音错误在词尾出现的比例（98.06%）远远高于其在词中音节尾出现的比例（1.94%）。囿于小学生的水平，朗读材料中所涉及的音节类型不是很丰富，所以相应的发音情况出现频数就较少，所以辅音连缀的加音错误没有出现。从加音类型上看，加元音音素的比例（91.26%）明显高于加辅音音素的比例（5.83%），加辅音音素的比例明显高于加音节的比例（2.91%）。下面，按照塞音、擦音、塞擦音、鼻音几种情况分类讨论。

塞音加音错误出现 89 例。在塞音加音错误中，小学组的受试在/t/、/k/、/d/、/g/、/b/这五个音素上出现错误。其中，难度最大（D>0.25）的为：/t/、/k/；有一定难度（D=0.16）的为/d/，难度较小（1<D<5）的为：/g/、/b/。T 检验的结果显示，塞音加音错误中清辅音出错的比例（77.53%），明显大于浊辅音（占比 22.47%）（t=8.974，$p = .000 < 0.05$）。在所涉及的三种发音部位上，方差分析的结果显示齿龈音、软腭音、双唇音后加音的错误存在显著性差异。也就是说，齿龈音后加音的比例（62.92%）明显高于软腭音（34.83%），软腭音明显高于双唇音（2.24%）。综上所述，在塞音加音错误中，对小学英语学习者难度较大的为清音这一特征；从发音部位看，难度较大的发音部位依次为齿龈音、软腭音、双唇音。

擦音加音错误共出现 6 例。6 例擦音加音错误均出现在位于词尾的清辅音上，都属于加元音音素类型。其中四例发生于齿龈音/s/，两例发生于后齿龈音/ʃ/。所以，从发音方式看，在擦音加音错误中，对小学英语学习者难度较大的为清音这一特征；从发音部位看，难度较大的发音部位依次为齿龈音、后齿龈音。

塞擦音加音错误共发生 3 例，全部为在词尾的/t/加元音音素的情况。所以，在塞擦音加音错误中，对小学英语学习者难度较大的为清音这一特征；从发音部位看，难度较大的发音部位为后齿龈音。

在仅有的 5 例鼻音加音错误中，/m/加音错误发生 3 例，均为出现在词尾的加元音音素错误。/n/替换错误发生两例，均为出现在词尾的加辅音音素错误。所以，在鼻音替换错误中，难度较大的发音部位依次为双唇音、齿龈音。

5. 小结

根据上面的讨论，我们不难发现，小学英语学习者在元音后加音的错误明显少于在辅音后加音错误；并且，元音加音错误未呈现任何模式。在辅音加音错误中，小学英语学习者最倾向于在/t/、/k/后加音，其次为/d/，难度较小的为/s/、/m/、/tʃ/、/g/、/b/、/n/、/ʃ/，在其他的辅音音素后没有犯任何加音错误。通过对不同发音方式的音位的讨论，发现以下辅音加音错误的发生规律：从发音部位看，难度由大到小依次为齿龈音、软腭音、后齿龈音、双唇音，在唇齿音和齿音上未犯任何错误；从发音方式看，难度由大到小依次为：塞音、擦音、鼻音、塞擦音，在近似音上未犯任何错误；在清浊这一特征上，清辅音加音错误远远多于浊辅音加音错误。在目标音出现位置上，辅音加音错误的分布由多到少为：词尾、词中音节尾。

14.4.2　初中英语学习者发音模式

1. 辅音发音模式

通过对中学英语学习者的发音错误的检索及难度系数的计算，得出以下结果。辅音错误中难度最大的为/θ/、/ð/、/ʃ/、/ʒ/，对学习者较容易的为/d/、/t/、/k/、/f/、/m/、/z/、/b/、/g/。辅音减音错误中，难度最大的为/t/、/l/、/n/、/d/、/k/。在辅音替换发音错误中，对初中组的受试来讲，难度较大（D≥0.1）的音素有：/ʒ/、/θ/、/z/、/tʃ/、/ʃ/、/ð/，有一定难度（0.05<D<0.1）的音素为：/w/、/v/、/g/、/ð/、/ŋ/，较为容易（D<0.05）的音素为：/f/、/n/、/d/、/dʒ/、/j/、/p/、/r/、/s/、/t/、/l/。

位于词首的爆破音对中学英语学习者来讲比较容易；而位于词尾的爆

破音则比较困难。几乎所有的爆破音发音错误都发生在单词尾的位置。在所有的爆破替换错误中，13%属于清浊混淆。其中，只有一例为浊音/d/替换清音/t/，其余9例全部为用清音去替换相对应的浊音。另外一例替换错误为口误，用/p/去替换/t/。擦音发音错误发生13例，均出现在词首而且均属于替换错误，被替换的音位为/z/和/ʒ/。学习者们用/ð/替代/z/，用/ʐ/（汉语声母 r 的首辅音）替代/ʒ/。所有的塞擦音错误也都属于音段音位层面的替换错误，出现错误的/tʃ/和/dʒ/对中学英语学习者来讲，属于难度较大的音素。他们经常用/tʰʂ/（汉语声母 ch 的首辅音）去替代/tS/，用/tʰɕ/（汉语声母 x 的首辅音）去替代/dʒ/。鼻音发音错误除一例词尾的/m/减音错误外，其他均属于替换错误。其中，有 2 例为/ŋ/去替换/n/，5 例为/n/去替换/ŋ/。位于词尾的舌边音/l/也属于难度系数较高的音位，用来替换此音位的音为/ou/，/əʊ/和/ʊ/。在所有的近似音中，/w/对中学英语学习者来讲难度最大，他们经常用/v/去代替/w/。

在中学组的受试中，所有的辅音发音错误一共有 75 例，其中 76%（Occur. = 57）属于加音错误。爆破音减音错误发生 7 例，均发生在词尾的位置。在所有的爆破音减音错误中，浊音（占爆破音减音错误56%）相对于清音（占爆破音减音错误44%）来讲对中学英语学习者困难更大一些，但 T 检验显示，两者并无显著性差异（$p = 0.78 > .05$）。擦音、塞擦音、鼻音、舌边音和近似音在加音和减音类型中没有表现出任何显著的规律。

对中学组的受试来说，他们在辅音音素的发音中，难度较大的特征依次为：发音部位，占所有辅音发音错误的 39%，如：将英文单词 age 词尾的后齿龈音/dʒ/发成汉语声母 zh 的首辅音/tʂ/，/eɪdʒ/→/eɪtʂ/；加音，占比 32%，如：在英文单词 bike 的词尾辅音/k/后加元音/ə/，/baɪk/→/baɪkə/；清浊，占比 16%，如：将英文单词 letter 词中音节首的清辅音/t/发成/d/，/'letə/→/'ledə/；减音，占比 7%，将英文单词 nine 词尾的辅音/n/省去不发，/naɪn/→/naɪ/；发音方式，占比 6%，如：将英文单词 away 词中音节首的近似音/w/发成/v/，/ə'weɪ/→/ə'veɪ/。从发声语音学的角度讲，中学英语学习者要格外注意的依次为：发音部位、清浊和发音方式。从发音部位看，要特别注意的依次为齿龈音、齿音和后舌音。从清浊看，要格外注意浊音这一特征的把握。从发音方式看，要注意塞擦音、擦音、近似音、爆破音和鼻音。就元音而言，中学英语学习者要注意的为舌面抬起的高度、舌位、圆唇、加音和音长。同样，从发声语音学的角度讲，中学英语学习者要注意的依次为：舌面高度和舌位。在舌面高度的划分中，要特别注意的是中低元音，在舌位上要注意的依次为：前元音和后元音。

2. 元音发音模式

在初中组受试的所有元音错误中，难度最高的为/ə/、/ɪ/、/ʌ/、/e/。所有元音发音错误中，90%以上都属于加音错误，中学英语学习者经常在单元音/ɜː/和/ə/之后加上汉语的儿化音，如：初中英语学习者倾向于将英文单词 famous 中第二个元音/ə/发成卷舌音，/'feɪməs/→/'feɪməʳs/。元音替换和减音发音错误并未显示出明显的模式，仅有的几例替换错误或是因为单词不熟悉，或是因为邻近音的影响所造成的，并没有形成明显的发音模式。另外，在发本应圆唇的单元音/ɒ/、/ɔː/、/uː/、/ʊ/和双元音/əʊ/、/aʊ/时，初中组的受试常常省去圆唇的动作。比如说，他们在讲英文单词 glue 时，倾向于将圆唇元音/uː/发成展唇音，这一过程可以写为/gluː/→/gluʷː/。在元音后加卷舌音/r/，是元音加音错误中最显著的错误类型。元音减音错误并未呈现稳定的模式。

3. 小结

通过访谈，我们发现以上错误的发生有以下几种情况。第一，遇到生词，或因为对单词发音规则掌握不熟练，如将 writing 一词中词中音节首的/t/发为/d/。也是因为同样的原因，他们会在单词中间或单词末尾随意加一个辅音音素。第二，母语语音或方音背景的影响，如将 right 词首的/r/发为/l/。第三，未能正确把握清浊这一发音特征，例如将人名 Li Tong 中的清辅音/t/发为浊辅音/d/。第四，对语法知识的掌握不够，使用起来会出现一些不合乎规则的情况，如在原本应该使用动词原型的地方用成了动词的进行体，如 I work hard 中的 work 一词被讲成了 working，/wɜːk/→/wɜːkɪŋ/；或在该用动词原型的地方用成了动词的单数第三人称形式，如：在句子 We work hard. 中的 work 一词被讲成了 works，/wɜːk/→/wɜːks/；研究结果显示，对小学英语学习者来说，母语迁移的作用表现为音段音位层面上的母语音素的干扰，即学习者用母语的发音方式来发目标语的音（Weinreich，1957，引自 James，1988），如将 English 词尾的/ʃ/发为汉语

［§］（sh）或［tH§］（ch）。而在辅音加音错误中，有超过90%的错误为在词尾辅音后加元音音素或音节的情况。

在加音类型上，学生们往往插入元音音素/ə/而非其他元音。之所以选择/ə/当然与它是母语语音系统中的一员有关。但为什么母语中的其它元音未被选上，这可能是因为具有共同母语或方音背景的人在听觉方面的能力和倾向性会出现相同的模式，同样，人们对某一环境之中的某两个音素或音素序列之间的差异程度的知识也大体相同（范烨，2008）。此外，在所有的元音中，/ə/发音占据的时间最短，而且其发音方式较灵活，可以随周围音的不同而改变。/ə/很容易与其环境融为一体，插入之后对原来目标因素的改变不大，不易被发现。插入这个听感较弱的元音，既能消除词尾辅音，又能使错误不那么明显。

14.4.3　大学英语学习者发音模式

1. 元音发音模式

COLSEC语料库中，有2428例元音替换错误。基于数据的特点，我们将阈值设定为3（$f \geq 3$）。两个双元音没有出现任何发音模式，甚至没有在任何一种发音错误类型中观测到任何模式。这两个双元音出现频率较低，它们是：/ʊə/、/ɔɪ/。其中，/ʊə/出现4例错误（D=0.16），/ɔɪ/出现10例（D=0.41）。通过计算难度系数值，我们发现在元音替换错误中，对大学英语学习者难度最大（D>0.1）的音素为：/eɪ/、/ɪ/、/e/；难度较大（0.05<D<0.1）的音素为：/ə/、/ʌ/、/aɪ/；有一定难度（0.01<D<0.05）的音素为：/ɒ/、/əʊ/、/ɔː/、/uː/、/aʊ/、/ɪə/、/ʊə/、/ɪə/、/ɜə/、/ʊ/、/ɑː/；相对容易（D<0.01）的音素有：/ɜː/、/ʊə/。

在大学英语学习者的加音错误中，出现最多的就是在元音后加卷舌，如：将英文单词China中词尾元音/ə/发成卷舌音，/'tʃaɪnə/→/'tʃaɪnəʳ/；将英文单词idea中词尾元音/ɪə/发成卷舌音，/aɪ'dɪə/→/aɪ'dɪəʳ/、将英文单词full中词中元音/ʊ/发成卷舌音，/fʊl/→/fʊʳl/；将英文单词boss中词中元音/ɒ/发成卷舌音，/bɒs/→/bɒʳs/。另一个突出的加音情况是在词尾的元音后加鼻音/n/，如：在英文单词bar的词尾元音/ɑː/之后加鼻音

/n/, /bɑː/→/bɑːn/；在英文单词 no 词尾的元音/əʊ/后加鼻音/n/，/n əʊ/→/nəʊn/。COLSEC 语料库中，元音减音错误并未呈现出共性的模式，在此不做讨论。

2. 辅音发音模式

通过对 COLSEC 语料库中发音错误赋码的初次检索，我们看到替换错误共出现 8334 次，加音错误共出现 3342 次，减音错误共出现 1850 次。可以看出替代错误占 62%，是三种发音错误中所占比例最大的一种错误类型。在统计每一个音素出错的频数时，将阈值设定为 3，也就是，把出现频数小于 3 的错误认定为个体发生的发音现象，暂不将之归为系统发生的语音模式。辅音加音错误通常发生在词尾辅音音素，大学英语学习者倾向于在词尾辅音音素后加原本没有的元音音素，这些添加的元音音素出现频数由高到低依次为：/ə/、/əʳ/、/eɪ/。除/w/、/h/、/j/之外，辅音加音错误出现在了其他所有的辅音音素中，其中对中国大学英语学习者来说难度最大（0.05<D<0.1）的音素为：/dʒ/、/tʃ/、/ʒ/、/d/、/z/、/m/、/ŋ/、/dz/、/f/、/b/、/tr/、/ts/、/dr/、/g/；在以下这两个音素上没有出现任何错误：/h/、/j/（D=0）。辅音加音错误中难度系数最高（D>0.1）的为：/d/、/t/、/z/、/k/、/l/，难度较高（0.01<D<0.1）的音素为：/p/、/s/、/r/、/g/、/n/、/b/；有一定难度（0.01<D<0.1）的音素为：/n/、/r/、/ʃ/、/p/、/t/、/k/、/s/。对大学学习者较容易（D<0.01）的音素为：/v/、/f/、/m/、/tʃ/、/d/；在以下这三个音素上没有出现任何错误：/h/、/j/、/w/（D=0）。辅音减音错误中难度系数最高（D>0.1）的为：/t/、/l/、/n/、/d/、/k/，难度较高（0.01<D<0.1）的音素为：/m/、/p/、/g/、/b/；有一定难度（0.01<D<0.1）的音素为：/n/、/r/、/ʃ/、/p/、/t/、/k/、/s/。对大学学习者较容易（D<0.01）的音素为：/dʒ/、/ŋ/、/tʃ/、/ð/、/θ/；在以下这 10 个音素上没有出现任何错误：/f/、/v/、/s/、/z/、/ʃ/、/ʒ/、/r/、/j/、/w/、/h/（D=0）。

通过对码集里的符码进行检索、排序，可以获得每一个音素在替代错误中的出现频数。基于频数，可以计算出每个音素的难度系数，得出的结果如下。辅音替代错误中难度系数最高（D>0.1）的为：/ð/、/θ/，难度较高（0.01<D<0.1）的音素为：/v/、/w/、/l/；有一定难度（D<0.01）

的音素为：/n/、/r/、/ʃ/、/p/、/t/、/k/、/s/。通过二次赋码，可以得出每一个辅音音素在什么位置上犯了何种错误。观察替换错误的索引行，将辅音替换错误特征（在语料库中的赋码标签）的分为四类：发音方式，发音部位，清浊，送气。目标音在单词中出现的位置归类为：词首、词中音节首、词尾、词首辅音连缀、词中音节首辅音连缀、词尾辅音连缀。在检查赋码过程中发现，有一些发音情况是被现有的音系学规则允许的，我们将之归入可接受的发音情况，所以在二次检索时这些情况被排除在外。涉及的部分可接受情况有：在词尾出现、具有浊音特征的塞音、擦音或塞擦音清音化现象（Edge，1991），如：concluded，cold，shows，is，disease，of，themselves，breathe，cards 等。还有把/t/发成闪音，如 city（出现频数<3）等。

3. 辅音发音模式再讨论

把目标音所在位置和错误特征作为变量，将二次检索得到的原始频数输入 SPSS 做卡方检验，得到表一。并且，卡方检验的结果显示，词首、词中音节首、词尾、词首辅音连缀、词中音节首辅音连缀及词尾辅音连缀这六种位置上辅音替换错误的出现频数呈显著性差异（$p = .000 < 0.05$）。不考虑在韵头和韵尾上的目标音是单音还是在辅音连缀中的区别，将词首、词中、词尾三个位置和四种错误类型进行卡方检验，结果依然显示显著性差异（$p = .000 < 0.05$）。这说明，在辅音替换错误中，词首出错的频数显著高于词中错误，词中与词尾辅音替换错误大致相当。卡方检验显示，不仅在六种位置上辅音替换错误出现频数呈现显著性差异，而且，在每种位置上的四种错误特征的分布也存在显著性差异（$p = .000 < 0.05$）。下面，结合出现位置来讨论四种错误特征在塞音、擦音、塞擦音、舌边音、鼻音和近似音中的分布特征。

在塞音替换错误中，四个错误特征之间存在显著性差异（$p = .000 < 0.05$）。从统计结果可以看出，对大学生英语学习者难度最大的为送气这一特征，出现在词首和词中音节首的辅音连缀中，如 strict, destroy 等。这也正是清辅音/p t k/的难度系数（$0.01 < D < 0.03$）大于浊辅音/b d g/难度系数（$D < 0.01$）的主要原因所在。发音部位和发音方式这两个错误特征主要集中在位于词首、词中音节首和词首辅音连缀的齿龈音/t/、/d/上，

占塞音发音部位和发音方式错误的 69.43%。在清浊这一特征上，除去可接受的清音化现象，大学英语学习者倾向于将词中音节首和词尾的清辅音发成其他的浊辅音，这一错误同样集中于齿龈音/t/、/d/。

在擦音替换错误中，所涉及的三个错误特征之间存在显著性差异（$p = .000 < 0.05$）。从统计结果可以看出，对大学英语学习者难度最大的错误特征为发音部位，占所有塞音错误的 78.22%，其次为发音方式（18.54%）。而且发音困难集中在单音上，辅音连缀上的替换错误只占擦音替换错误的 2.63%。通过观察附录二，发现齿音/θ/、/ð/占所有擦音替换错误的 64.97%，也是所有辅音替换错误中难度最大的一对音（D > 0.2）。擦音中的另外一个唇齿音/v/是所有辅音替换错误中难度系数位列第三的音（D = 0.1），占擦音替换错误的 22.27%。对于这三个音，发音方式和发音部位同样是最大的障碍。

在塞擦音替换错误中，所涉及的三个错误特征之间以及六种位置之间不存在显著性差异（$p = .533 > 0.05$）。也就是说，塞擦音出现位置和错误特征对于大学英语学习者的难度是相当的。尽管如此，发音部位和发音方式仍然是困难较大的两个特征，分别占塞擦音替换错误的 56.28% 和 36.44%。在塞擦音中，难度较大的为后齿龈音/ʧ/、/ʤ/，占所有塞擦音替换错误的 75.71%。其次为齿龈音/dz/、/ts/，占所有塞擦音替换错误的 20.11%。

在鼻音和舌边音替换错误中，所涉及的三个错误特征之间存在显著性差异（$p = .000 < 0.05$；$p = .001 < 0.05$）。在鼻音替换错误中，难度最大的为音素为齿龈音/n/（D = 2.84），占了所有鼻音替换错误的 82.08%。在/n/替换错误中，用替换音/l/替换目标音的情况占所有/n/替换错误的 65.31%，均分布在词首和词中音节首的位置。词尾位置上的替换音主要为/ŋ/，占所有/n/替换音的 30.61%。舌边音/l/替换错误中，造成最大困难的是发音部位和发音方式，分别占所有舌边音替换错误的 46.57% 和 52.31%。在所有替换音中，/r/替换占 75.98%，其次是/n/，占 20.10%。近似音/w/替换错误全部放在词首和词尾的单音上，其中词首替换错误占 98.84%，替换音为/r/。

4. 小结

通过对不同发音方式的讨论，发现以下辅音替换错误的发生规律：从发音部位看，难度由大到小依次为齿音（41.14%）、齿龈音（24.20%）、唇齿音（14.49%）、软腭音（14.10%）、后齿龈音（4.58%）、双唇音（1.48%）；从发音方式看，难度由大到小依次为擦音（65.54%）、近似音（10.41%）、塞音（4.30%）、塞擦音（3.21%）、鼻音（3.12%）；在清浊这一特征上，浊辅音替换错误（77.15%）远远多于清辅音替换错误（22.85%）。在目标音出现位置上，辅音替换错误的分布由多到少为词首单音（60.64%）、词中音节首单音（14.96%）、词尾单音（14.84%）、辅音连缀（6.34%）。

大学英语学习者发音错误产生的情况有以下几种。第一，口误，如将 sides 一词中词尾的 /d/ 发为 /n/；第二，由于省力造成的减音，如将 trades 词尾的 /dz/ 发为 /z/；第三，未能把握好英语字母与读音之间的规则与联系，如部分学习者将 magnificent 一词中字母 c 发为 /k/；第四，方音或母语语音背景的影响，如将 know 词首的 /n/ 发为 /l/，将 English 词尾的 /ʃ/ 发为汉语声母 sh 的首辅音 ［ʂ］。汉语拼音方案从音位与语境变体的角度去梳理字母和语音的联系（王理嘉，2008）。汉语拼音中的声母和韵母的结构为：韵头—韵腹—韵尾。韵腹又称为主要元音。在韵头或韵尾缺位的时候，主要元音会自行填充它们的时间位置（石锋，2008）。我们可以在发音语料中看到，一些发音错误表现为汉语声母及韵母的整体迁移，如：将 parents 词尾的 /ts/ 发成汉语中的声母 ch/tʰʂi/。另外，还有汉语音系规则的迁移。汉语中位于韵头的辅音连缀只有辅音加滑音型，如汉字"牛"的发音 niu /njuː/。除去以辅音 /n/ 和 /ŋ/ 结尾的音节及一些特殊的方言现象外，所有的音节全部由元音结尾。所以会在辅音连缀和位于音节尾的辅音上犯一些错误，如 wealth。

14.5　讨论

二语语音习得中，学习者会将各自母语语音的语音特点迁移到二语发音中，形成带有母语语音特点的二语发音。音段音位层面的发音是受母语语音音影响的最为典型的错误类型之一（Amino & Osanai，2014），在中国英语学习者中也形成了有一定规律的发音模式和特征。

14.5.1 语音的可接受和不可接受情况

结合数据特点，我们考虑了目标音出现位置、目标音涉及的发音特征。在辅音的发音特征中，对学习者而言困难较大的为发音方式和发音部位，其中困难较大的发音部位为鼻音、边音等，困难较大的发音部位为齿音、腭音等。在元音的发音特征中，造成学习者最大困难的发音部位为舌前后，比如中元音的发音上产生的错误较多。另外一个元音发音困难较大的为舌高低，比如说舌位高和舌位中的元音错误较多。

在可接受和不可接受情况的判定中，我们采用了本族语使用者的视角，以不影响对词汇的辨识为标准，能够辨识出的判定为可接受的英语发音，不能辨识出的判定为不可接受的英语发音。通过两名英语本族语使用者的判定，我们得出以下中国英语学习者发音的可接受和不可接受情况。这些可接受情况主要由于中国英语学习者对一些发音细节的把握而出现的，这些发音细节的处理虽然不同于标准英语发音规范，但并不影响对目标音所在词语的辨识。比如说，将英文单词 water 中词首的近似音/w/发成非唇化的/wʷ/，/ˈwɔːtə/→/ˈwʷːtə/，并不影响本族语使用者对 water 一词的辨识。这样的可接受情况还有：将英文单词 twelve 中词首的/tw/发成非唇化的/twʷ/，/twelv/→/twʷelv/；将英文单词 quite 中的/kw/发成非唇化的/kwʷ/，/kwaɪt/→/kwʷaɪt/；将英文单词 dwell 中词首的辅音连缀/dw/发成非唇化、间断不连续的/dwʷ/，/dwel/→/dwʷel/。将英文单词 bits 中词尾的辅音连缀/ts/发成间断不连续的/ts/，/bɪts/→/bɪts/；将英文单词 drive 中词首的辅音连缀/dr/发成非唇化、间断不连续的/drʷ/，/draɪv/→/drʷaɪv/。将英文单词 fact 词尾的辅音连缀/kt/中的第一个爆破音/k/丢掉，发成无可听除阻的/k˥/，/fækt/→/fæk˥t/；将英文单词 kept 词尾的辅音连缀/pt/中的第一个爆破音/p/丢掉，发成无可听除阻的/p˥/，/kept/→/kep

$\lceil t/$；将英文单词 *sixth* 词尾的辅音连缀/ksθ/中的第一个爆破音/k/丢掉，发成无可听除阻的/k⌐/，/sɪksθ/→/sɪk⌐sθ/；将英文单词 *texts* 词尾的辅音连缀/ksts/中的第一个爆破音/k/和第三个爆破音/t/丢掉，发成无可听除阻的/k⌐/和/t⌐/，/teksts/→/tek⌐st⌐s/。上面我们描述了最常见的可接受情况，更多可接受情况和不可接受情况可参见李楠（2006）。

14.5.2　对语音教学的思考

　　基于对中国小学、中学和大学英语学习者语音模式和特征的描述，我们建议在学习英语的早期，学习者应该接受系统语音知识，并充分了解英汉音位的相同、近似及不同之处。在音系学层面上，学习者要了解英汉两种语言音节结构的不同。随着不同文化之间的交流日益加深，人们对中国英语变体的认识进一步深化，中国各体英语（Chinese Englishes）概念的提出和讨论也为中国英语教学提供了新的视角、新理论和新方法。事实上，英语教学和"中国各体英语"相互影响，相互推动。英语教学推动了"中国各体英语"的"非洋泾浜化"，走向更加规范的变体形式（Bolton，2003；李文中，2006b；顾卫星，2008）。对"中国各体英语"的讨论也成为中国英语教学的重要内容，为中国英语教学提供借鉴。我们建议在英语教学中针对不同方音背景的学习者，充分考虑不同学习者的英语需求，有的放矢地开展英语教学。

14.6　结论

　　本文采用了实验法和语料库方法对中国小学、中学和大学英语学习者的发音进行分析。在小学和中学学习者发音数据采集时，结合了目标音的音节环境。大学英语学习者发音数据来自 COLSEC 语料库。首先，我们将小学和中学受试的发音数据交由两名本族语使用者进行判定，确定哪些发音是可以接受的，哪些发音是不可接受的；然后，结合目标音出现的位置对发音特征进行统计分析。通过对 COLSEC 中辅音替代错误码的检索和观察，并结合音系学的规则，筛查初次附码中可接受的语音现象。然后，在二次附码中，添加错误特征和目标音出现位置的信息。在小学、中学、大学学习者的发音数据准备好之后，首先用 WordSmith 检索得出每个辅音音位在辅音替代错误出现的原始频数。然后，通过难度系数的计算比较每个音位在相应的错误类型总数中的难度，得出学习者在对应的错误类型中的困难及轻松之处。用 SPSS 对错误特征和目标音出现位置的频数进行卡方检验，比较不同音位在不同位置上有哪些错误特征的分布、规律。本研究结果对于英语语音教学及学习具有实践意义及指导作用，并尝试针对学习者的困难及问题提出解决方法。但是，中小学英语学习者的数据采集中，囿于地域限制，数据采集中有待进一步把握地区这一变量，以增强数据的代表性。

第十五章 报刊中"中国英语"的话语嬗变研究（1857—2021）

15.1 引言

中国英语现用来指表达中国文化中特有事物的英语使用，包括语音、词汇、句法、语用和语篇各方面（李文中，1993）。它对应的英语译法不一，采用较多的说法为 China English（李文中，1993；Kirkpatrick & Xu，2002；Hu，2004）和 Chinese English（Xu，2010；Bolton，2017；Hartse，2017）。现在，有些学者甚至将二者等同使用。"中国英语"不同于"中国式英语"、"中式英语"或"汉语式英语"，后三个说法对应的英文说法多为 Chinglish，用来指"畸形的、混合的、既非英语又非汉语的语言文字，也可称其为'具有汉语特色的英语'"（Pinkham & Jiang，2000，p. 4）。二十世纪八十年代至今，与"中国英语"相关的诸多说法，在所指内容和界定上均发生了改变。最为显著的一点是，九十年代 Chinese English 和 Chinglish 通用，用来指"中国式英语"；2000 年之后，Chinese English 和 China English 通用，用来指"中国英语"。面对诸多术语，有必要厘清这些重要概念的内涵。中国英语是中国文化和其他文化交流而出现的结果，首先富有中国文化特色的表达进入英语，而后随着中国英语使用群体的扩大，人们开始用英语表达各种有中国本土特点的事物，逐渐形成了自成一家的中国英语。由于中国英语的形成和发展是一个动态变化的过程，因此有必要从历时角度梳理它的产生和发展，以便更好地理解中国英语的发展特征，为中国英语研究提供一定的启示。

目前，对中国英语的论著颇丰。中国英语研究范围广泛，从植根于社会文化背景的宏观阐述，到某一具体事物的微观理解，再到语言层面的语音、词汇、语法、语用特点分析，其理论基础和传播、文化作品外译实践也都被讨论过（金惠康，2004；陈梅 & 文军，2011；胡晓丽，2012）。不同人群对中国英语的态度也成为重要的研究内容，比如大学教师和学生对中国英语的认可度就不同，教师对中国英语语音、词汇的评价更加正面，而学生对中国英语句法、语用层面的接受度略高于教师（Wang，2015）。关于中国英语的研究方法有调查法、实验法、文献分析法和语料库方法等。鲜少见从话语分析角度对中国英语的话语建构研究。我们将"中国英语"看作话语对象，其周围出现的文本片段为释意内容。这些释意内容对"中国英语"这一话语对象"进行解释、确定、修饰、拒绝或者详述"（Teubert，2010，p. 204），有关"中国英语"的全部释意内容就是代表它的意义（ibid，p. 207）。在操作上，我们用不加引号的中国英语（中国英语）来谈论中国英语使用现实，用加引号的中国英语（"中国英语"）来谈论中国英语的学术思想和学术理念变化。综上，我们基于《全国报刊索引数据库》，从历时角度观察中国英语的产生、发展阶段，分析中国英语相关说法在不同时期的内涵。《全国报刊索引数据库》包括晚清期刊全文数据库、民国时期期刊全文数据库、现刊索引数据库，覆盖面广，时间跨度大，涵盖了 1833 年至今的报刊 6000 多种，内容涉及社会科学各个学科。我们预计回答以下研究问题：（1）在《全国报刊索引数据库》中，中国英语表述何时出现？它们有何特点？（2）"中国英语"在报刊中有着怎样的历时分布趋势？"中国英语"包含哪些主要方面？（3）"中国英语"在报刊中有哪些发展阶段？"中国英语"及其相关概念在不同阶段的话语建构为何？

15.2 中国英语表述溯源

英语在中国的使用有约 200 年的历史。但是，据《全国报刊索引数据库》所记，早在北宋时期，表达中国独特事物的中国说法（China Speak）就开始出现在英语中。1000 年，英语中就有了 silkworm 一词，用来指"蚕"。经过 500 多年的积累，十六世纪，中国说法在英语中的数量大幅度增加。1555 年，China 一词传入英语，china 用来指"瓷器"，China 用来指"中国"。1606 年，英语开始用 Chinese 指"中国人"；1727 年，Chinese 一词兼做"中文"解。我们发现，从十六世纪中期开始出现的一大批英语中的中国说法大都冠以 China、Chinese 之名，其后紧跟一个与所表达的中国事物相近的英语名词。首先，涌现了很多冠以 China 之名的中国特有事物。1587 年，"土茯苓"传入英语，译作 China-root；1599 年，"瓷器"译为 China metal，1634 年改译为 Chinaware，至 1653 年译作 China（张其春，1945）。1660 年，中国特有的豆科植物"锦鸡儿"被译为 China pea；1782 年，"墨"译为 China ink；1840 年，"陶土"译为 China clay；1875 年，"白铜瓷"译为 China stone。另外，还有很多有中国本土特色的英语表达以 Chinese 为限定语。1786 年，"月季花"被译为 Chinese rose；1727 年，"八角茴香"译为 Chinese anise；1831 年，"大黄"译作 Chinese rhubarb；1807 年，"扬子鳄"译为 Chinese alligator；1874 年，"秤"译为 Chinese balance；1802 年，"白蜡"译为 Chinese wax；1882 年，"海棠花"译为 Chinese crab。还有一些有中国本土特色的英语表达则冠以中国地名。1797 年，"鸳鸯"译为 Mandarin duck；1904 年，"叭儿狗"译为 Pekinese dog；1928 年，北平地质调查所在周口店发现"北京人"，英语称为 Peking man。

此外，还出现了一些英语新造词用来专指中国特有的事物，如 1837 年，Confucian 用来指"儒家"；1839 年，Taoism 用来指"道教"；1849 年，英语新造 Pekinese，用来指"北京人"；1857 年，Cantonese 用来指"广东人"；1867 年，Kaolinite 用来指"高岭土岩"；1872 年，"鹿"或"四不像"译为 elaphure；1882 年，sinology 用来指"汉学"，hexagram 用来指"八卦"；1898 年，sinogram 用来指"汉字"。通过追溯"中国"、China、Chinese 的使用，以及中国说法在英语中的缘起，我们发现这些极具中国本土特征的英语表达跨越了很长的历史时期，为我们从历时角度考察中国英语的发展提供了素材。

15.3 "中国英语"在报刊中的历时分布趋势

我们在《全国报刊索引数据库》中以"中国英语"为检索词，检索有关"中国英语"的文章，以观察"中国英语"的历时分布趋势。在对《全国报刊索引数据库》检索时，我们将同时包含"中国"和"英语"的文章也包括在内，以更加全面地梳理中国英语的产生和发展脉络。从下图可见，"中国英语"出现的时间跨度较大，在全国报刊索引数据库中，最早对中国英语报道出现在1857年，自此报刊中有关"中国英语"的语篇数量呈上升趋势。在二十世纪三十年代出现了第一个小高峰，八十年代触底回升，九十年代出现了第二次小高峰，之后呈快速激增趋势。本研究依据以上时间节点，将"中国英语"的分析分为三个阶段。

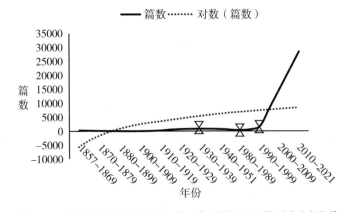

图66 《全国报刊索引数据库》中"中国英语"语篇历时分布趋势

这些关键的时间拐点同当时的社会事件和思潮有着密切联系。十九世纪六十年代开始的洋务运动、十九世纪末西方国家施加的大量文化渗透、二十世纪三十年代的构建"民族新文化"的追求与"马克思主义中国化"影响、二十世纪八九十年代的"文化热"，这些都同"中国英语"发展休戚相关。从语言层面看，1859年，洋泾浜英语始称为Pidgin-English。这标志着洋泾浜英语在上海乃至当时中国的使用具有一定的规模，引起人们的关注。具有中国本土特色的英语表达在贸易活动中开始大量积累，并逐渐扩展到其他领域，成为中国英语发展中的里程碑。1882 年，洋泾浜英语杂货店在英语中被称为 *Chow-chow Shop*。此时，具有中国本土特色的英语表达进一步积累，相当多极具中国文化或中国地域特征的事物出现在英语中，如：Confucianism（儒教）、Tangram（七巧板）、Chinese tumbler（不倒翁）、Sinology（汉学）、Shantung pongee（府绸）。1912 年，中华民国成立，英语译法为 Chinese Republic 或 The Republic of China。这些社会事件和语言事件都预示着中国英语在汉语言文化同英语文化不断的交流中得以成长。

15.4 报刊中"中国英语"语篇的主要内容

通过观察报刊中有关"中国英语"的语篇，我们发现围绕"中国英语"出现了一些重要话题，这些话题贯穿中国英语的发展脉络，此消彼长，在不同时期中国英语的建构中起了重要作用。其中，有些是中国英语在不同发展阶段的表现和产物，它们或成为中国英语的重要组成部分，或同中国英语的阶段性发展密切相关，这些话题有洋泾浜英语、中式英语、Chinese English、中国腔英语。这些说法从不同侧面刻画了中国人的英语使用，洋泾浜英语同特定的使用群体相关，产生与中外商人的贸易往来；中式英语强调了中国人使用英语时有着不同于标准英语的文法习惯，Chinese English 亦是如此；中国腔英语突出了中国人说英语时区别于本族语使用者的语音、语调。

还有些话题参与了中国英语的建构，成为中国英语形成和发展的重要因素。这些话题可以归纳为以下几个主要方面：中国英语教学、政府机构工作语言、社团组织活动、中国文化、贸易往来、科技进展。这些话题既是中国英语发展的动因，促进了中国英语的发展；又是中国英语发展的结果，是中国英语的沉淀和积累。下面，我们基于对报刊中"中国英语"语篇主要内容的分类，分析中国英语的使用事实和"中国英语"的话语嬗变。

15.5 "中国英语"在报刊中的发展阶段与话语嬗变

15.5.1 "中国英语"的初发期（1857—1930）

1. 使用群体的形成期（1857—1900）

从 1857 到 1900 年间，出现了一批有英语需求的使用者群体。十九世纪下半期，西方国家传教士已在澳门、广州等地创办了英文报刊，主要介绍中国、贸易、中西文化交流等问题。1880 年之前，国内的中英文刊物谈论的也主要是对待外国贸易的态度和政策。1857 年，港口城市的一些中国人开始具备阅读英语报纸的能力，很多中国官员也迫切想要订阅英文报刊，以更好地了解贸易及中西文化事务。1882 年 9 月 23 日，《北华捷报和最高法庭与领事公报》刊登了名为《说英语的中国人》一文，提到早在 1868 年或 1870 年，就开始出现了这样一小批"中国绅士"（Chinese gentlemen），他们来自上海或其他港口城市，要么去过欧美留学，要么受过教会学校教育，能够流利地用英语读写。在处理上海开埠后的远东业务时，这些年轻的、精明的、相貌好的、受过英式或美式教育的中国人有了英语语言能力和英美文学知识的加持，被外国雇主给予厚望。熟悉"英语"语言和文学成为有助于提升雇员竞争力的、切实有用的职业素质。特别是在商贸业务中，熟悉英语更是成为必备的基本素质。人们对"英语"的态度由原来的排斥，转为接受，接受后继续深化为一项基本生存技能。同这些"说英语的中国人"相对的是"普通中国人"，这些普通中国人没有接受过正规英语教育，他们说的是"洋泾浜英语"，不讲语法，只是按中国话"字对字"地转成英语。

例 1. We are throwing discredit upon the **English-speaking Chinese** as a class, for we believe them to be in many respects **a great boon to the community**. (《北华捷报和最高法庭与领事公报》，23/09/1882，第

315 版）

例 2. By this means justice will be done to the may respectable young Chinese who add to good conduct and general efficiency **a useful acquaintance with foreign languages and literature**, and the employer will reap the benefit of much valuable assistance… . （《北华捷报和最高法庭与领事公报》，23/09/1882，第 316 版）

例 3. It is sometimes stated that a Chinese who becomes proficient in English loses any chance of attaining rank as a Chinese scholar, but we see by a statement… that **a pupil** of the school who left it last midsummer, after **showing marked aptitude for English studies, succeeded in taking the degree of Siu-tsai** at the native examination at Canton last summer. （《字林西报》，27/01/1888，第 83 版）

值得一提的是，1877 年就已经有教会组织宣讲儒学。这说明，这个时期，中国典籍中的思想通过英语语言在国内外均有传播，也具有一定的影响力。1888 年，新书《新关文件录》（Text Book of Documentary Chinese）出版，其主要内容是结合当时的海关业务现实，补充和收录专门用以中国海关的英语词汇。这意味着英语在中国本土化的使用业已存在，了解英语在中国本土化的使用已经成为既定群体的迫切需求。在中国英语使用群体的储备期，"中国人"和"英语"被分开来，单独谈论。语篇中提及"中国人"，用到的词多为 Chinamen，也或称为 Chinese。这个时期，提到的会英语或者有英语需求的往往是有固定职业身份的人，如中国官员、商人。

虽然，"中国英语"还没有成为话语对象出现在报刊当中，但这个时期出现了 Pidgin English 的说法。1876 年，洋泾浜英语被称为是一种 China-English Dialect，即一种"中国英语方言"。该说法中包含了"中国英语"（China English），这是"中国英语"在《全国报刊索引数据库》中第一次出现。1876 年，出版了 Pidgin English Sing-Song（《洋泾浜英语歌谣集》）一书，以歌谣的形式记录了洋泾浜英语的基本特征。1894 年，《全国报刊索引数据库》中，Chinese English 首次作为话语对象被讨论，同现在的"中式英语"相近。自 1859 年洋泾浜英语产生，到 1890 年代，经过三十多年的发展，在中国使用英语的群体不再局限于进行贸易往来的商人。*Chinese English*（中式英语）就用来指具除商人之外使用的有汉语特点的英语使用。

例 4. *Pidgin* — **the Chinese pronunciation of 'business** — is not... the imperfect, broken jargon of foreigners, but a hybrid gibberish of our language, interspersed with numerous Chinese and Portuguese terms. (《体育与清谈报》，23/12/1900，第 2 版)

例 5. The following is **a good specimen of Chinese English** — "Sir, I beg inform to you that I have a necessary business to see you with conversation... . This business as following in other paper. " (《字林西报》，19/05/1894，第 3 版)

这一时期，出现了一批曾出国求学或受过教会教育的懂英语的中国人、没有接受过正规教育但由于生存需要会说一些简单英语的大众阶层，另外还有学习英语需求的官员、商人和学生。在国外的重要城市，如悉尼，会说英语的中国人也开始增多。尽管自古伯察（Abbé Huc）十九世纪四十年代游西藏时起，外国人就对中国人的到来有心理准备，但是中国人短时间内去往外国的人数之多依然超乎想象。这些都是滋生中国英语的土壤。

例 6. That **the Chinaman is the "coming man"** [in foreign countries] has been predicted since the days of the Abbé Huc; just now he seems to be "coming" rather faster than may be altogether agreeable. (《上海差报》，02/12/1878，第 3 版)

2. 中国英语教学的产生期（1901—1930）

在中国英语教学的初生期，中国英语使用群体进一步扩大。更多所英语学校创建，招生对象涵盖了不同年龄段的学生，有幼儿、小学、中学和师范学院。课程内容合理，有语音、会话、信函写作、语法和习语、文学、应用文写作、语言学、教学法；对课程衔接、学时安排都有非常具体的考虑。1917 年，设置了教学监管委员会，这是学校英语教育发展的另一个重要指标。此外，同期还出现了多种社团、俱乐部组织，为中国人进行英语实践提供了机会和场所，比如：上海中国合唱团、中国妇女互助会（Chinese Ladies' Mutual Aid Help Club）。据报道，1912 年，互助会举行了英语话剧表演，为革命事业筹款。虽然，当时表演是国外剧目，但是观众中有三分之二是中国人。1914 年，成立了中国首个英语教学研究协会，其成员为来自各个学校的校长，"标志着英语在中国的快速传播"。

随着使用群体和需求的扩大，仅在二十世纪的头十年间就出现了大量的英语辞典、语法书、教材。1905 年 9 月 22 日，《字林西报》介绍了一本名为《英汉语法的界定》的小册子，用英语和汉语两种语言在共 12 页的篇幅内注解了英语的主要语法规则，并在书中强调了"语言使用在先，语法规则在后"的原则。1907 年 10 月，广智书局活版部出版了明朝的张居正所著的《张江陵书牍》，在封底刊登了"广智书局新书目录"。目录中列有：《新法英语教科书》、《英文成语字典》、《初级英文范》、《初级英语作文教科书》等英文书籍资料名称。1909 年，《寰球中国学生报》报道了篇名为《中国英语教学的问题》一文。同时期，商务印书馆出版了大学丛书《中学各科教学法》，其中第十章专门介绍了英语教学法。人们开始从学生特点、教学内容、教师要求等方面讨论教学方法，这说明当时英语教学已经有一定的积累和普及度。

在接下来的十年，中国英语教学的讨论更加深入，参与讨论的有汉学家（Sinologue）、外国传教士、英语教师。人们争论的焦点可以总结为以下三点。首先，学校授课语言应该用英语还是汉语；然后，教学目标，学生的英语水平达到什么程度就完成了教学任务；最后，英语教学的普及度，是否每个人都有必要学英语。围绕这些话题，大致达成了一些共识：首先，没有必要每个人都学英语，但建议在十三岁左右接受两年的英语教育；这样，既可以满足日常需求，又可以为继续求学打下基础。

例 7. Until its［Chinese］impact with English it was the finest medium for communicating... knowledge in the Far East. It saved the people from sinking into barbarism and gave the nation a certain prestige... Now it is coming to be felt that the very language of the people is a barrier to progress... **The English language will have the future**. (《北华捷报和最高法庭与领事公报》, 01/03/1913, 第 32 版)

例 8. It [English] should be given in China much the same place given to all foreign languages in our Western schools; **it [English] should not, however, be used as the medium of instruction**... . the Chinese have more of the respect of the students and **are the ideals the institution holds up before the students**. (Marsh, 1915, p. 19)

例 9. One of the oldest of controversies amongst sinologues and others,... has been **the extent to which it is desirable to go in the teaching of English language**. (《中国公论西报》, 01/03/1913, p. 190)

例 10. By English here is meant **English so taught during a period of about two years that the Chinese student of fifteen or sixteen years of age is able to go on, with little more difficulty, on account of language**, than have American or English boys of similar age. Such a student is practically master of the language on entering his college course. (《教务杂志》, 1916, p. 101)

例 11. It is not urged that every one should do every thing in English, nor is it supposed that perfection will be found in our word whether done in English or Chinese, but..., **the English language is a temporal asset... from an educational point of view unparalleled in any land in any age** and the continued neglect to properly utilize it is an unspeakable tragedy. (House, 1916, p. 103)

二十世纪的第三个十年，对中国英语教学的讨论更加细致化，语音、语法被分门别类地单列出来，每一个分类下面都有相应的资料、书籍。1920 年，针对英语写作的《英语论说文范》(*Specimens of Short Essays*) 出版，后附每篇范文的分析和点评。1923 年，《英文典大全》(*A Complete*

English Grammar for Chinese Students），全部用英文撰写，内容涵盖了当时英语口笔语中的语法、常用短语。1926 年，商务印书馆出版的《英语发音手册》（*Manual of English Records*），专门介绍英语的发音和拼读。1927 年出版的《商用英语》（*Business English*）基于当时中国商业现状，更贴合中国商业专业学生的学习需求。1921 年，成立了中国第二所国立大学（顾润卿，1921）。英语教学法的讨论更加深入，大都采用直接法，教学中更加关注实际的场景，基于功能而非形式去讲语法。

例 12. To possess a language［English］, … one must be able to understand it when spoken and **speak it so as to be understood**. One must be able to **write it idiomatically and correctly** and as a crowning accomplishment, **translate it**. （《字林西报》，09/04/1924，第 12 版）

在这个时期，对中国英语的讨论开始从中国英语教学中脱离出来。对英语的需求也悄然改变，表现为人们开始通过英语表达五花八门的内容，以英语为工作语言的活动也多了起来。1925 年，出版了由中国学生撰写的英语作品集。1927 年，出现了中国第一个英语剧目《拯救王位》（*The Saving of a Throne*）。同年，中国岭南大学和美国柯利近省立大学辩论，结果中国取胜。1928 年，南京大学举办了国内首场校际间的英语演讲比赛，同时，也出版了一批介绍中国的英文书籍。1926 年，商务印书馆出版了《中国新民族主义》（*China's New Nationalism*）、《中国民法概要》（*An Outline of Chinese Civil Law*）、《中国外交史》（*Chinese Diplomatic History*）等。由有中国人创作的文化作品和由外国人撰写的介绍中国的英语资料都是中国英语的一部分。在美国发行长达 20 年的英文杂志《中国学生月刊》（*Chinese Students Monthly*），致力于介绍中国事务、中国学生在美国的活动，为中美两国文化交流继续提供平台。

例 13. With a view to abolishing the use of English text-books in the various Chinese naval academies, a compilation committee has been appointed by the Minister of Navy to **prepare Chinese text-books on naval**

subjects which will be used exclusively. Foreign text–books will, in future, be used for reference only. (《字林西报》，11/06/1929，第 2 版)

在热烈讨论英语教学的同时，中国文化开始引起外国人的关注，出现了介绍中国文化的著作，如《中国的道德原则和习俗》（*Moral Tenets And Customs In China*）。孔子的思想被译为英语，引起了外国人的关注。1915年1月4日，出版了中英双语的中国地图。这一时期，建国出版社出版了孙中山先生所著《建国方略：总理遗教》，其中表达了中国文字影响久远，"虽英语号称流传最广，但用之者不过二万万人，未及用中国文字者之半也"。提倡要客观、公正地看待中国文明，"彼于中国文明一概抹杀者，殆未之思耳"。这个重要思想是针对当时社会对待汉语和英语态度的重要反馈，也引起了广泛的讨论和思考。

这个时期，人们对"英语"的态度开始分化，不再持一味褒扬的说辞。一位留美学医的外科医生开诚布公地说，尽管她现在可以流利地讲英语，但她还像第一次听到英语那样认为英语听起来像鸟叫。"英语"被建构为一种渠道、手段、桥梁，对商人们来讲是用来和外国人做生意的渠道，对普通人来讲是用以谋生的手段，对学生来讲是用来学习外国科学技术的桥梁。通过学习英语可以学习新知、了解世界成为这个时期人们对英语的主流定位。这个时期，围绕"英语"活跃着一些相关表述，比如说洋泾浜英语。尽管洋泾浜英语被中国人广泛地用来同葡萄牙人、英国人做贸易，但少数外国人依然认为它是令人震惊的、不雅的。随着中国英语教学的发展，对英语的掌握加深，人们对洋泾浜英语的认识更加客观。1920年，《字林西报》发文评论说，尽管洋泾浜英语发音粗糙、结构笨拙、表意粗略，但是它达成了既定的交际目的，并且在未来很多年还会继续发挥作用。大体来讲，洋泾浜英语被建构为一种"语言"（tongue），进行贸易往来的助力，促进各种族之间接触和交流的工具。洋泾浜英语有自身的词汇和惯用表达，承载了中国当时的本土文化。就像汉语的众多方言一样，外国人必须通过学习洋泾浜英语才能同中国人交流。所以，当时人们对洋泾浜英语的态度大都是承认、肯定和提倡的。

例 14. "**Pidgin English**" **is atrocious** and so is the practice of English－speaking peoples allowing the language beautiful to be torn to shreds by an **inelegant usage**…. It is surprising to me that the men who are spending years in China do not master the language, as it would help them so much in the conduct of business. (《大陆报》，27/08/1916，第 1 版)

例 15. To learn **pidgin English**, however, is no mean accomplishment. **It is a language of sufficient dignity to have both a dictionary and literature**. (《字林西报》，14/08/1908，第 7 版)

例 16. It ［Pidgin］ is not a pleasant language, when everything in its favour is taken into consideration; it is uncouth in sound, clumsy in construction and utterly incapable of conveying any fine shades of meaning, but **it has served its purpose in the past and may very well do so for many years to come**, though it is to be hoped that with educational progress in China the days are not too far distant when it will only be retained in books as a memento of the days when the foreigner was either too lazy or too afraid to tackle the native tongue. (《字林西报》，23/02/1920，第 8 版)

"中国英语教学"和"中国英语教育"成为这个时期报刊中热议的话题。人们对"英语"的态度也发生明显可见的话语转向，由 1900 年之前的全盘肯定，到 1900 至 1920 年间的褒贬态度的分化，再到 1920 至 1930 年间对英语的因地制宜的思考。汉语作为民族语言的地位被强调，一些机关单位工作语言重新调整为汉语。英语作为渠道和桥梁的认知更加清晰地体现在教育政策的制定、人才培养的目标、教材的编撰等方面。

例 17. …, Dr. Harold Balme declared that, in some respects, China was ahead of Great Britain in medical education. As an instance, he mentioned that a Chinese pharmacopoeia, compiled nearly seven centuries ago, contained a number of drugs now universally used. (华超，1921，p. 5)

例 18. It is very likely that the Volunteers, with the assistance of Chinese athletes outside the ranks, will be able to make up a creditable team for the International Walking Race. (《大陆报》, 22/09/1925, 第 4 版)

这个时期, Chinese English 依然作为话语对象被讨论, 将外延扩大至有汉语特点的蹩脚的英语使用。"中国英语"虽然没有作为话语对象被讨论, 但是有很多中国英语相关的概念和话题已经引起了广泛的关注, 比如说: 汉语诗歌的英译; 通过英语看西方怎样理解中国; 中国医学的历史以及发展方向; 中国被邀加入万国卫生大会、太平洋教育会议等国际组织。用英语讨论的话题涉及教育、文化、生活、体育运动等非常具体的方面, 如: 中国有望组队参加国际竞走比赛。此外, 中国陶瓷、漆器等极具中国特色的产品也引起了各国消费者的关注, 通过英语被越来越多的人所了解。日益增加的中国人主办的英语报刊、创编的英语节目, 都预示着中国英语的产生。

总的来讲, 这一时期, 出现了很多英语学校, 不同年龄段的学生都有机会进入学校接受英语教育。一些英语俱乐部和社团的出现, 显示了会英语的人数增加, 也表明英语已经进入当时人们的社会生活。大量英语学习资料在这一时期迅速积累, 包括报刊、词典、教科书。人们也开始了对中国英语教学的探讨, 在此时期中国英语教学中最突出的一点就是英语教学体系初见端倪。另一方面, 对中国文字和本土文化的重视和讨论, 是催生中国英语的土壤。

15.5.2 "中国英语"的萌芽期（1931—1980）

这个时期, 在《全国报刊索引数据库》中出现了冠以 Chinese English 之名的有中国本土特色的事物, 如中国英语演讲竞赛。1931 年 8 月 30 日, "中华英语"这一汉语说法出现在《申报》提到的"中华英语剧社"中。冠以"中华英语"之名的说法还有中华英语周刊等。虽然, "中华英语"并没有成为话语对象, 而是用来强调中国自制的表达本土文化的文艺作品, 后者用来指中国人创办的英语剧社。越来越多包含 Chinese English、"中华英语"和"中国英语"的说法出现, 围绕这些具有中国本土特色的说法产生了大量中国英语表述，萌生了中国英语。1937 年，Chinese English（中式英语）的内涵有所改变，它不同于 English English（标准英语）的主要原因是中国思维，在语音、词汇、语法等语言层面的差异仅仅是外在的表现。Chinese English 不再指语法错用的表达，转而指哪些语法无误、不符合英语习惯的用法。要想改善不合英语习惯的用法关键在于"记忆整句"，而不是学习"片段之字句"。这是中国英语萌芽期的重要思想之一。1980 年，China English 和 Chinese English 区分开来，有了各自不同的含义。Chinese English 和 Chinglish 通用，指"中国式英语"；China English 用来指用以表达我国所特有事物的英语词汇（葛传椝，1980）。上述 China English 的概念及界定是中国英语萌芽期的重要标志，China English（中国英语）已成为话语对象出现。尽管当时 China English 仅用来指有中国本土特色的英语词汇，但是"中国英语"已经完全脱离"中国式英语"而存在。

例 19. By "**Chinese English**", I rather mean English **spoken or written in the same way as we Chinese think than what is grammatically wrong**.... "English English", ... **are idiomatic — written in a way in which an Englishman would actually express himself**... The following sentences, though some of them are grammatically perfect, are Chinese English: *He called me to do so. It falls large snow.* （陆贞明，1937，p. 50）

1. 中国英语教学的解构期（1930—1940）

这一时期是中国英语教学的解构期，在教材和教学结构上经历了革新、重构。在教材设计上，出现了全省、全市通行的英语读本，实施了新颁课程标准。专门用途英语教材的出现成为这个时期中国英语教材开发和教学内容的另一个突出特点，例如马文元的《商业英语》以应用为取向，包含了商业书信、文件写作，商业新闻、广告、会话实例。但是，1930 年代中国英语教学讨论的重点不在课程设置，备受关注的是课堂教学活动的延展和课外活动的组织和开展，如英语演说竞赛、英语辩论赛、英语剧社。上海大学学生组织的业余戏剧社出色地表演了英语戏剧，1936 年 5 月

3 日的《字林西报》评论中国学生用英语展现西方戏剧的能力令人震惊。除去课堂学习和课外实践之外，还出现了专门为中国人学习英语会话打造的英语广播讲座，出版了适合听广播自学的《空中英语会话书》，主讲者大都为教育专家。此外，中国英语教育对英语课程在各个学习阶段开展的合理性有了实际的思考。蔡衡溪（1935）发现上课时间过长，同时现有的中学英语课程设置不能适应中国一般社会需要，他提议中等学校取消英语科目。这个时期，句子结构和意义是中国英语学习的中心。但是，英语语音和口语开始成为中国英语教学强调的重要内容之一，引进了 Daniel Jones 编著的 *An English Pronouncing Dictionary*，并译为汉语，名为《英华正音辞典》。

中国英语作品越来越多。更多人开始用英语进行文学创作，有英语版中国童谣集，也有面向成年读者的故事集。很多中国格言、名言警句、文学作品被译为英语，也开始出现中国人制作的英文电影。国际体育赛事开始出现了中国队的身影，比如说：国际篮球比赛。成立了更专门的以英语为依托的社团、组织，如中华英语剧社。该剧社由华人青年组成，旨在通过表演发扬中国文化，剧中对白完全用英语，以增进国际交流。1930 年，中国经典剧目《王子和贝壳》被改编为英文版，演出获得成功。1936 年，西厢记新剧在纽约、伦敦出演，演员全操英语。国际艺剧社表演昆曲京剧参用英语对白。这些都是中国文化英语表述的积累，预示着中国英语的产生。

这一时期，中国文化和中国产品的影响力进一步扩大，中国英语涉猎的内容愈发广泛。1933 年，中国美术品、工业及农产品运往芝加哥参加百年进步展览会。1936 年 12 月，中国艺术品在伦敦展出。1932 年 10 月 12 日，中国第一艘火车渡轮下水。1935 年 12 月 15 日，中国自己制造的第一架轰炸、侦察两用飞机亮相。据统计，仅在 1935 年 1 月到 3 月，中国进出口货物总值达 150,144,769 美元，出口货物总值 64,361,108 美元；与去年同期相比，进口总值减少 17,346,574 美元，出口总值增加 2,420,733 美元。1936 年，大批中国选手派赴柏林参加奥林匹克运动会，中国代表团参加了足球、篮球、举重及拳击项目。当时，中国政府健康局同外籍专家合作，成立了说英语的医疗队。这表明，以外语为媒介的各种活动不仅涉及教育、文娱、生活，也在艺术、科技、经济领域得以开展，这些丰富了人们的文化生活。

但是，在 1930 年代，出现了对英语过度强调的极端情况，甚至，中国海关里中国人之间都必须讲英语，不能说中国话。当时，使用英语的中国人，上至行政长官，下至贩夫走卒，他们都以会说英语为荣。英语的使用群体进一步扩展，人们对英语的掌握也愈发精深。1931 年 5 月 21 日，《益世报》评论中国妇女英语流畅长于谈话，谈及中日外交等话题，自如发表意见，抗辩能力较强。1935 年，成立了中国西方语文学会，研究西方语文教学问题，也负责大学招考和中学会考中的英语命题、应用广播等手段辅助英语教学。越来越多的中国学生申请到外国大学奖学金，出国留学；也有中国人受聘在美国大学教授英国文学。外国人主办的英语报纸更加倾向于找英语好的中国主编，这说明当时的英语报刊加重了中国报道的比重。国外也有了中国人创办的学校，国外学校里也有中国人任教，他们教授中国文化和历史，是中国英语在海外的传播实践。

中国英语的特点开始受到关注。《英语发音学要点》一文已经开始关注中国人说英语的语音特点（林语堂，1930）。而后，人们在中国人讲英语的发音特点之外，关注到了日常的语言使用，将中国人说英语的语用特点合称为"乡村英语"（Village English），比如说，中国人见面打招呼常说 Come 'ere（来了），外国人不会这么说。还计划出版中国英语习语年鉴，这是中国学者对过去一年中国发生的事件和中国形势的语言总结。中文小说和英文小说的不同特征也成为外国学者关注点之一，美国作家赛珍珠在《大陆报》发文谈及中国小说相较于外国小说在内容和情节推进上具有独特的文化特色，评论说宋朝的长篇小说在中国小说创作中具有重要意义。

总的来讲，英语文法、英语语音作为话语对象，是这个时期中国英语教学讨论较多的话题。英语是该时期学校教育的中心。这种对外国语的过分强调，促成了"知识分子的奴隶意识"，使得学术界"不能自立"，外国语成了"支配人心的工具"；因此，外国语教学除了要明确外国语的目的和意义，也要注重外国语和中国语文的联系，避免做"语言的俘虏"（张凯，1936）。这代表了一部分人的想法，但是当时一批知识分子在救国道路上努力探索，通过英语学习西方先进思想和技术，他们的尝试在当时是值得肯定的，不能一味地将之归为"知识分子的奴隶意识"。实则，外语学习是知识分子向西方学习、睁眼看世界的主要工具。另一方面，这些说明了英语在当时社会使用群体扩大，使用英语表达的内容和需求也更具多样性。这个时期中国报刊用英语报道了广泛的内容，涉及中国教育、政治、经济、科技、文艺、体娱各方面的内容，这些中国英语表述成为萌生中国英语的重要积累。

在中国英语教学的解构期和中国英语表述的积累期，"英语"不再被看作是进身之阶，也不仅仅是一种工具，而是被构建成一种媒介和表达方式，依托多样的形式，表达多元的内容，参与到生活的各个方面。所以，我们可以看到同英语相关的各种活动广泛开展，如中国英语演讲赛、辩论赛、戏剧表演，由此衍生了一大批饱含中国文化特色的英语表述。在此时期，对"英语"的讨论不再局限于英语和英语教学，包含"英语"这一说法的话语对象拓展至经济、科技、文艺、体娱各个领域。中国文学、艺术引起了多重关注，中国文艺产品的形式和特点引发了国内外学者的讨论。中国对外贸易、科技得以发展，与之相关的英语表述丰富了中国英语的内容。

2. 中国英语教学的重构期（1941—1980）

1940 年代是中国英语教学的重构期，也预示着中国英语的诞生。1947年1月29日，《申报》报道了中国英语研究会购地筹建会所的消息，研究会后正式更名为中国英语教学研究会，这是由教育部参与的全国范围的英语教学研究机构，组织英语教师进修，并于 1948 年 6 月中旬创办了协会的学术研究期刊。中国英语教学研究会的成立，显示了中国英语教学重构的理论思考，也是中国英语教学重构实践的产物。

我们可以看到，在上一个十年种下的"花"，在这个时期结下了"果"。对教育更加重视，认为"教育是建国的基础"（孟长泳，1947）。比起英语作为工具的交流能力的培养，中国教育者开始关注英语教育体系，教育部专门派出了考察团出国考察英语文化和教育体系。中国的教师应该"跟随时代进步"，订阅英文刊物和最新出版的书籍，也应该有进修的机会（尹苇，1947）。英语教师在课堂教学中不能只注重文法，片面地认为"口头英语和文字英语毫无关联"；教师的英语口头表达能力有待提升，应采取有效的方法帮助英语教师把英语说好、读好、写好、译好（Wang，1948，p. 70）。发起了一般的中国学生是否需要学英语的讨论，大多数人倾向于英语要学以致用，在英语学习中应该加大应用写作、应用口语的比重（Wang，1948）。解决中国教育和社会症结的关键在于改善学生、学者、技术家、农民的社会地位（白英，1946）。英语演讲竞赛继续开展，竞赛在推广和评审上更注重内容，采用和报刊合作的方式，获奖佳作得以刊登，使得英语竞赛的影响力和受众面进一步扩大。但是，当时在中国出版的英文报，没有简易的，文字都相当深，价钱也贵，一般西报的情形都是如此。中学入学门槛太高，收费过高，大多数学生没有升学机会，升学率只有三分之一。所以，英语普及程度和对英语理解的深度都有待提升。

英汉两种语言著作的互译在这个时期受到关注，举办了中文英译比赛，翻译内容是当时密切联系国计民生的话题，也涉及常用的中文俗语和经典名言。除去翻译比赛这一形式之外，还出现了同一个作品的多个译本，并有了对这些平行译作的评价。讨论较多的作品有 H. B. Graybill 的 *The New China*（《新中国》）一书，当时这本书普遍地被用作教材，几乎人手一册。这说明当时人们学习英语兴趣增高，但是由于对英语原文的理解不够，必须借助译本。另一方面，译本的增多引发了对英汉互译更多的思考。只有在翻译界建立严正不苟的风气，才能打磨出对后代负责任的翻译作品（梅鼎梁，1945）。在汉译英中，极具中国本土特色的成语、典故是关注的焦点。这些中文著作的英译本是中国英语使用实例，对译作的评价也是对使用中国英语实践的反思，从理论侧面参与建构了中国英语。

这一时期，中国文化的影响力进一步扩大，更多的中国典籍被译成英语，更多的中国戏剧传播到国外，开始有了中国题材影片。被译为英文的中国经典著作有《十三经》、先秦诸子的论著、《孙子兵法》等，很多唐宋美术作品也被推介到国外。中国第一步英语影片《边城》制作中，讲述中国色彩故事，用英语对白。1945 年 3 月，中国戏《水》、《包公》等采用英语对白，在美国华盛顿演出；由中国演员出演、美国人摄制的中国题材影片《琵琶记》在美国开拍。一些中国上映的影片为使外国人明了起见，设"译意风"，用英语随时播讲剧情。很多报刊还刊登了中国寓言故事，采用中英文对照的形式，故事内容兼具中国文化特色和趣味性。这一时期，中宣部发行了英语中国抗战歌曲，中国歌曲的歌词被译为英语，并在欧美各大杂志刊载。中国古代先哲的哲学被给予高度评价，倡导目前中国人将之身体力行，方能大大受惠，这也是目前世界所需（Baker, 1946）。

中国英语萌芽期的一个重要特点就是中国人使用英语表达中国相关事物的情况增多，越来越多的中国人用英语创作，创作成果不再局限于短文和小故事，开始有了英诗。这些中国英语表述促成了对中英文语言层面的讨论，中英文的发音、表意和文法特征有何不同都成为关注的焦点（罗茂彬，1945）。人们开始致力于英语表达的准确性、地道性、得体性。中国英语使用的特定文体特征得到关注，比如说处理法律事务英语的词汇特点。越来越多富有中国本土特征的表达作为话语对象被讨论，形成了丰富的中国英语表述，其中包括"中国"、"中国人"、"中国共产党"、"中国的旧历新年"、"中国的教师节"等。"中国"被建构为"世界上最富的市场"，提供了大量的钨、丝、米和茶。中国人被建构为比外国人更"文明"，不那么坦白、直率，让别人感觉舒服，给别人"面子"。"中国共产党"被建构为"要进一步领导中国人民建设一个更幸福的社会"。"中国的旧历新年"被建构为"吃大餐、娱乐和休假的季节"，伴随着"精致的盛宴"，但它的前夕却是先有恐惧的，需要偿清债务，物价也会到达新高峰。

在中国英语的萌芽期，"英语"被认为是世界语言中最通行的语言，说英语的人分散广阔，有一亿九千一百万人，已成为欧洲人"不可或缺的工具"，是"所有政治助商的媒介"。英汉两种语言和文化交流的结果之一是在这个时期出现了英语和汉语的语码转换，报刊中将这种现象称为"中西合璧的英语"。据报道，"中英文并用"的现象是"在香港生出来的"，有人认为这种在别人面前"中英文兼用"的表现是刻意展现自己"学贯中西"的行为，是一种"陋习"。"洋泾浜英语"有了更严格的界定，是"以中国语言的文法来说英语，所以即使是英美人到上海来，也要费一番工夫学习这种特殊的英语，才能懂得和应用"。学习洋泾浜英语，可以节省教育和学习时间，未来或可成为"国际语言"。一时之间，学习洋泾浜英语成为一种风气，懂得洋泾浜英语成为淘金者的"美金梦"。

1945 年，《东方日报》上首次刊登了包含"中国腔英语"的文章，这是对中国英语语音特点的又一叫法，也是在《全国报刊索引数据库》中首次出现对中国英语重要特征的正式表述，可视为中国英语萌芽期的标志性说法。下面《东方日报》中提到的王世杰任外交部部长，也任中国西方语文学会的教长。1930 年代，中国西方语文学会主要讨论中学英语教学和教师培训相关问题。1947 年 6 月，胡适等组织西方语文学会，由各大中学西方语文教授参加，朱光潜为会长，开始关注中学大学两阶段衔接合作。

　　例 20. To learn a foreign language is something like building a bridge between two cultures… We hope that **the English language may prove to be a cultural medium between the East and the West.** We also hope that **the study of the English language may lead to the breaking down of misunderstandings and the nations of the Pacific.** This may be the loftiest purpose in learning English. (Fenn, 1947, p. 23)

　　例 21. 美国杂志称王世杰之英语带中国腔，此话视似有讽刺意味，其实**中国人讲英语而带本国情调**，此固为天赋上不能免者，……即以美国人本身言，虽系盎格鲁逊克族嫡系子孙，然英国人听美国人讲话，固亦笑其别有一腔，殊格格不入耳，故美国人之笑中国人说英语带中国腔，诚已忘记自己之受英人讥笑百事耳。(《东方日报》，07/08/1945，第 3 版)

3. 中国英语教学的反思期（1961—1980）

1961 到 1980 年间，《全国报刊索引数据库》中有关中国英语的报道较少。这个时期，"英语教学在中国教育中占有很重要的地位"（卢守荣，1980，p. 49）。1960 年代，中国学生英语典型错误受到关注，人们分析了中国学生英语表达中的用词、句法、标点及大小写（上海外国语学院英语系英语教研组编，1964）。值得一提的是，在分析中国学生英语使用时，开始考虑到英语口语和笔语文体的不同，提出在学生英语使用的错误判断上既要避免用僵化的规则去套，又要考虑是否为大众所接受，不能忽视语言的规范（陈又松，1980）。另外，提出了"汉语式英语"这一说法，用来指将汉语文法习惯照搬到英语表达中的现象，如中国学生在表达"谢谢你的帮助"时，使用了 Thank your help，而非英语中的常用说法 Thank you for your help。中国学生英语语音错误也成为教学中关注的焦点之一，人们将中国学生语音错误的根源归结为母语发音习惯的影响和干扰（杨伟钧，1980）。

1970 年代，发起了对规定主义和描写主义的讨论，主张从语言实际出发，在语言学习中要关注学生的语言使用，不能一味地跟随统一的表达习惯；强调了中国英语教学中，教师要把握好教学内容，有所取舍，教学方式要简单明了（王宗炎，1979）。1977 年 12 月始，大学通过全国范围入学考试，录取英语专业学生，教育部草拟了大学专业英语和公共英语的教学原则，不仅对听、说、读、写提出了详细要求，对学时也有具体的规定。对中国英语教学中存在的问题进行了调查和反思，发现教材中课文的语法和行文过于刻板，教学方式局限于重复、问答和改错，致使学生缺乏有意义地表达思想的机会。当时，中国人致力于探索一种适合中国英语教学现状的新思路、新方法、新资源。

在中国英语教学的反思期，中国英语初见端倪，有以下几个重要表现。首先，"英语"被清晰地建构为引进现代科学技术的工具、增进同说英语国家和地区贸易往来和相互了解的媒介。中国作品的英译本增多，有毛泽东的著作和诗词、中国旅游指南和儿童读物等。然后，会英语的人数进一步增加，中小学和大学英语教师人数增加，在校英语学生人数也同步增加。接下来，对英语的使用做了更加分门别类严格的区分，区分了公共英语、专业英语、各学科专门英语，涉及不同领域的特殊用途英语也逐渐受到关注，比如说商业英语、医学英语。最后，英语在中国的使用特点成为这个时期被反复讨论的话题，汉语式英语、中国学生英语语音特点作为话语对象出现。

15.5.3 "中国英语"的发展期（1981—2021）

在中国英语的发展期，中国英语的内涵更加丰富，从原来用以表达中国特有事物的词汇扩展到了表达中国本土化特征的所有表述。中国学生的英语使用继续受到关注，他们的语言产出也被认为是中国英语的重要部分。这个时期见证了中国式英语与标准英语之争。中国英语作为话语对象，被热议。大家对于中国英语的界定和态度没有达成共识。这些不同的观点引起了中国英语教学和中国英语使用上的思考。

1. 中国式英语与标准英语之争（1981—2000）

1980 年代的中国英语教学突出了应用性、具体性。立足于不同场合英语使用的专门领域英语引起人们的关注，比如说：医学英语、广告英语、外贸英语、科技英语，讨论的方面有词法、修辞、写作等，最鲜明的特点是讨论内容的应用取向十分明显。英语相关的话题更具针对性，立足英语教学中遇到的具体问题，涉及时态的表达、某个常用词或短语的具体用法。在英语学习中，更加突出了外国文化的影响。国外英语教学的经验被介绍到国内，不再局限于对教学体系和课程设置的借鉴，而是具体到了阅读、词汇等具体方面。1982 年 5 月，中国英语教学研究会成立，回顾了新中国成立后英语教学情况，制定了培养学生独立工作能力的教学目标，也指出了毕业论文撰写和研究生培养存在的困难。次年，研究会举行了短训班，聘请外籍教授讲授语篇研究、教学法和测试、修辞学和写作，参加培训的为来自三十所大专院校的教师。之后，研究会就基础课教学的改革、教材建设进行了讨论，并做出了努力以改善现状。1985 年，中国英语教学国际讨论会举行，以研究和交流英语教学经验。总体来讲，这个时期中国英语教学反思的一个重要特点就是出现了一批旨在解决教学中具体问题的务实的讨论，这些对中国英语使用中具体问题的讨论说明人们正视中国英语使用现实，努力寻找适切中国国情的、表达中国本土特色的英语使用方法，英美英语不再是唯一的标准和规范。

这一时期，非本族语国家和地区的英语使用成为话语对象，这些明显不同于英美标准的英语的产生原因和使用特点引起重视，也得到了人们的认可。"新加坡英语"被称为一种"新英语"，或"非本族英语方言"。新加坡人既用汉语又用英语，不同母语背景的人操不同的语言，造成几种语言相互竞争的局面。但是，英语已成为处理法律、行政管理事务的通用语言。这些因素促成了新加坡英语的产生，使得"新加坡的英语远比香港英语更加明显地变成了本地方言"（古德斯塔特、方允臧，1982，p. 77）。新加坡英语在句式上复制了汉语句式的结构，在发音上也不同于英美国家的英语，具有自己独特的惯用表达和语法结构，获得了新加坡人的认可。对新加坡英语以及其他国家或地区英语的讨论对中国英语的产生有一定的借鉴。

这个时期,"中国式英语"成为讨论的焦点之一。"中国式英语",又被称为"中式英语"或"汉语式英语"。但是,这个时期的"中国式英语"区别于 1960 年代提出的"汉语式英语",和 1936 年提出的"中式英语"所指也不相同。1980 年代的"中国式英语"同 1937 年陆贞明提出的 Chinese English 有些相似。1980 年代,清晰地指出了其使用者不仅仅是英语初学者或学生,还包括正式出版刊物和英译作品的作者。"中国式英语"的界定发生了变化,表示"用汉语的习惯表达自己的意思",不再以是否符合标准英语的语法规范和习惯为唯一标准,还涵盖了那些语法正确、由于社会文化背景和习惯差异而产生的语言使用,如:*Please write me a reply as soon as possible.*(请尽早回信。),建议改写为更常用的表达 *Please reply at your earliest convenience.*(陈广信 & 李廷黎,1989;顾敏元,1989)。人们认为"中国式英语"往往引起"交流阻碍",要"避免",要"减少",教师需要通过诊断对症下药地进行纠正。在 1980 年代这个时期,中国英语作为一种国别变体的地位基本确立。人们将目光转向了中国英语使用的特点,比如说源自广州话等方言的英语音译借词在这一时期得以讨论,也是中国英语存在另一种明证。中文夹用英文现象继续出现,进入中文的非汉字词汇继续增多,对待这种现象,人们的评价褒贬参半。

综上所述,这个时期存在的一个突出问题就是"中国英语"和"中国式英语"的界定不统一。因此,引发了对"中国英语"不同的态度。一种观点认为,中国英语是"受汉语干扰的结果",不赞成将其看作一种国别变体(林秋云,1998)。一种观点认为,中国英语是"载有汉语语言特征的英语变体",我们有责任在传播中国文化的进程中推进中国英语的发展(罗运芝,1998,p. 25)。

2. "中国英语"的激增期(2001—2021)

进入二十一世纪,对中国英语的讨论更加深入。有关"中国英语"和"标准英语"的讨论持续升温。中国英语是"英语国家使用的英语跟中国特有的社会文化相结合的产物,是一种客观存在"(张伟 & 付大安,2005,p. 170)。首先,中国英语学习者成为最受关注的研究对象,不同阶段学习者的口头和笔头英语产出都被研究过。对不同年龄段中国英语学习者的中介语分析成为 21 世纪头十年中国英语研究主流之一。通过对中国学习者中介语语言层面特点的分析，同本族语使用者相比，发现中介语自己独有的特征。中介语的语言特征是系统的，我们不能将这些特征简单地认定为错误（姜亚军 & 杜瑞清，2003）。然后，专门用途英语教学成为中国英语教学关注的重要内容之一，如外贸英语教学、商务英语教学。最后，在中国英语教学中加大中国本土文化比重，尝试中国文化与英语教学相结合的操作方法与技巧，致力于探索将中国优秀文化融入英语教学的新模式。

中国英语研究方法多样，不同的特点都被研究过，研究分支众多。"中国英语"作为一种变体的地位已确立，人们开始探讨英语标准问题。新加坡人使用英语时，区分了新加坡标准英语（Singapore Standard English，SGEM）和新加坡地方英语（Singapore Colloquial English）。政府倡导新加坡人说新加坡标准英语（SGEM），而新加坡地方英语又称 Singlish，通常指不符合语法规范的语言（于红霞 & 何志波，2010）。中国英语也应该有自己的标准，为此对中国英语的使用特征描述开始增多。语料库为描述中国英语使用提供了资源和方法，也成为这个时期中国英语研究的一个重要特征。此外，根据中国英语教学现状，设计了中国英语等级能力量表，其中对理解、表达、知识构成做出详细阐释。中国英语能力量表"结合我国外语教育的实际情况，构建适合中国英语学习、教学、评测的语言能力理论框架"（刘建达 & 韩宝成，2018，p. 78），是中国英语发展成形的重要标志。

自 2010 年以来，中国文化成为中国英语激增期的一个重要内容。围绕"一带一路"和中国文化走出去，产生了一大批研究成果。在这些思想的影响下，出现了很多有中国特色的英语时政术语、文化表述、英语作品。这些饱含中国特色的英语出版物的问世，是中国英语发展到一定阶段的积累。从另外一个层面讲，也标志着我们对待中国英语在态度和理念上愈发重视。

这个时期，"英语"被建构为一门"外语"，一种"国际通用语"。我们既要"熟悉它"，又要"和它保持一定距离"，要依据"特定环境要求"、"针对学习者情况"开展教学和学习（桂诗春，2015）。而"中国英语教学"致力于打造"基于英语学科核心素养的本土教学",培养面向"精细型"市场需求的公共英语"通用英语+"型人才及专业英语"语言教学+学术研究"型人才（王守仁，2016）。"中国英语"被建构为：内容上"以中国文化为内核"，使用上具有"国际规范英语共性"，文法上"具有中国特点"，接受度上能被本族语使用者理解（贾冠杰，2013）。人们认为"中国英语"在教学上"不可忽视"，成为中国英语教学的重要内容，也是英语教学中教学评价和"反思"的重要视角。

15.6 "中国英语"学术思想的发展变化

15.6.1 中国英语与中国式英语

"中国英语"的界定和辨识是促进"中国英语"学术思想发展的重要方面。只有清楚地划分中国英语和中国式英语的界限，才能为中国英语研究提供共同讨论的基础。中国英语以规范英语为内核，是有关中国文化独特事物的英语表述；中国式英语，也叫中式英语，用来指那些有明显错误、无法正确表达意义完成交际目的的英语语言使用（李文中，1993）。中国式英语往往是由中文逐字翻译成英文，如早期出现在公共场合的提示语：*Please wait outside a noodle.*（请在一米线外等候。），*open water room*（开水房）。这些让外国人无法理解的翻译是由于提供公共服务单位不严谨的工作态度造成的，不属于中国英语。针对这种现象，2017年，国家发布了《公共服务领域英文译写规范》，对公共场合的提示语使用做出了严格的规定。

平卡姆（Pinkham，2000）称中式英语为"具有汉语特色的英语"（p.1）。在实际操作中，他以本族语英语为标准，将那些没有明显语法错误、但异于本族语使用者表达习惯的情况都归为中式英语。平卡姆所说的中式英语就包括了语言使用冗余、用词不当、代词回指不清等情况。而这些不能精准达意的情况也出现在本族语使用者身上。因此，这个界定比较宽泛，其产生的原因更多是由于使用者能力不足而造成的。但是，平卡姆一书给出的语言使用确实为高级写作纠错提供了很好的范例。

15.6.2　中国英语可否视作英语变体之争

通过对中国英语使用现实的梳理，我们发现"中国英语"学术思想和学术理念也在变化。人们对中国英语争论的焦点主要为中国英语是不是一种变体。把英语作为外语使用的中国英语是否需要追随内圈本族语使用者的标准，还是中国英语可以形成自己一套规则，建立自身的规范。中国英语使用现象存在已久，但是"中国英语"成为学术研究的对象主要始于二十世纪八九十年代。当时，人们意识到"中国英语"已经成为一种客观存在，对待中国英语应该持正面态度（葛传椝，1982；汪榕培，1991）。反对中国英语作为变体的原因在于担忧中国英语自身规范确立后，会影响中国英语教学发展，其自身的规范会模糊接近本族语使用者语言能力的教学目标（邱立中 & 宁全新，2002）。实则，这种观点混淆了英语使用和英语教学，未能区分社会语言学的视角和应用语言学的视角。从社会语言学的视角看，对中国英语使用，应如实地描述；从应用语言学的视角看，英语教学要努力靠近本族语使用者标准，二者不能混为一谈。不能因为英语教学的考量去否定社会语言学中中国英语变体的存在。所以，在中国英语教学中，我们即要承认中国英语的客观存在，要用英语来传承中国文化，无需将英语和英美国家文化绑定。同时，也不能无视英语规范，为了达到有效交际的目的，我们将共享所有英语使用的共核作为规范。承认中国英语的存在，可以增强中国人使用英语表述中国特有事物时的语言自信，有助于中华文化的传播。对中国英语使用事实的研究为中国英语教学提供了借鉴，也有利于教学内容的确定和教学实践的开展。

在长期的语言接触中，中国人使用英语会不可避免地带有汉语的习惯，英语在中国受到本地化影响。另一方面，英语在全球成为通用语（English as a Lingual Franca，简称ELF），使用人群和地域覆盖面不断扩大。英语的国际化和本土化是不可抗的，又是相互抗衡、相互竞争的。英语的国际化和本土化必然产生的结果是，英语会有共核的部分，使得不同母语背景的人用英语交流时意义能够相互通达；但是，不同地域人群的英语由于历史、文化、社会生活差异而带有本土化特征（李文中，2006）。

15.7　结论

我们基于《全国报刊索引数据库》，采用话语分析的方法，考察了报刊中"中国英语"语篇的话语嬗变。首先，英语中的中国说法可以追溯到公元1000年，具有本土特征的中国说法在英语中逐渐增多，在构词上采用英语中现成的相近说法，其前冠以中国和中国地名，如Chinese balance（秤）。其次，中国英语在报刊中的从1857年至今，跨越了100多年。从历时分布趋势上看，中国英语在话语中经历了三个发展阶段，1930年之前为中国英语的初发期，1931—1990年为中国英语的萌芽期，1991年至今为中国英语的发展期。然后，我们通过查阅文献和观察报刊文章，分析出"中国英语"语篇中的主要话题，有洋泾浜英语、中式英语、中国腔英语等，围绕中国英语教学、政府机构工作语言、社团组织活动、中国文化、贸易往来、科技进展几个方面考察"中国英语"在三个不同阶段的话语建构情况。最后，我们发现在中国英语的初发期，积累了一大批中国英语使用群体，它们主要是国内外的中国人和参与贸易的中外商人、官员；中国英语教学产生，培养了更多懂英语的中国人；中国参加了国际活动，进行以英语为媒介的对外交流；洋泾浜英语被建构为"中国英语方言"，人们对英语持褒扬的态度。在中国英语的萌芽期，中国英语教学经历了变革，英语使用群体进一步扩大。通过"英语"这种媒介和表达方式，依托多样的形式，出现了更多的中国说法和中国表述，表达多元的内容，参与到生活的各个方面。1937年，Chinese English（中式英语）作为话语对象出现，这是中国英语发展进程中的一个新的语言形态，将商贸活动的洋泾浜英语扩展到日常生活方面。1980年，中国英语（China English）作为话语对象出现，指有中国本土特色的英语词汇。在中国英语的发展期，中国英语内涵扩展，用来指表达中国本土化特征的所有表述。中国英语研究更加多元化，内涵更加丰富。人们对中国英语持肯定、提倡的态度。围绕中国英语产生了一大批文化产品。

中国英语的形成经历了漫长的过程，1859 年在上海商埠用于经商的洋泾浜英语、源自香港并逐渐在沿海地区扩展的中文夹英文的讲话方式，它们都可视为中国英语在不同阶段的不同形态。中国英语各方面的特征都被讨论过，"中国腔英语"被用来谈论语音特征，"乡村英语"被用来指代中国英语语篇特征，"汉语式英语"、"中式英语"被用来指代中国英语文法特征。在中国英语发展进程中，植根于当时中国社会英语语使用现状，出现了一些重要说法。1876 年，出现了 China-English Dialect（中国英语方言）；1894 年，Chinese English 首次作为话语对象被讨论，意为"中式英语"；1936 年，"中式英语"这一中文说法作为话语对象被讨论。面对中国英语术语不统一的情况，我们建议保留 China English 作为"中国英语"说法，保留 Chinglish 作为"中国式英语"的说法。面对"中国英语"和"中国式英语"界限划分的问题，我们发现中国英语的形成和发展是一个动态的过程，随着"中国英语"和"中国式英语"的所指范围改变，两者之间的界限也必然有所改变。我们建议在中国英语教学中，尽量避免"中国式英语"表达，应靠近标准英语规范。中国英语使用则要基于受限的语境，选择适切交流目的的表达方式。中国英语的表达方式有待于后续"中国英语"接受度的实证研究去验证和改进。

第十六章 中国英语的理论演变

16.1 研究背景

　　语言被用来描述事实、传达态度、宣扬观点。当英语被中国人用来同别人交流时，就不可避免地带有了中国人这一使用群体的习惯，也显示了他们所在言语社团的文化习俗。当英语被其他国家的人用来讨论中国事物时，也必然承载了中国文化这一语言表达内容的特点。从这个意义上讲，这些被用来表达中国本土文化和事物的英语使用都或多或少地具有了中国本土化特征，构成了中国英语的使用事实。在这样的语境下，"中国英语"开始引起人们的关注。二十世纪八九十年代，有关"中国英语"的观点初步形成，人们主张将中国英语和中国式英语区分开来，将中国英语视作一种变体形式（李文中，1993）。所以，有中国本土特点的英语使用成为人们关注的焦点。后来，随着英语的全球化进一步发展，英语在中国的本土化也继续加深，人们着眼于英汉两种文化和语言的互动，同时强调了英语在中国本土化的人文影响。随着新媒体的活跃，语言处理技术的进展，基于语料库的中国英语研究为观察中国英语的使用提供了更全面、更客观、更可靠的方法和手段。结合语料库方法可以研究中国英语在词语、句法、语用等语言层面的特点，也为讨论中国英语、英语教学以及中国文化作品外译等问题提供了新思路。随着中国英语的研究更加深入，学者们的研究也开始聚焦到中国文化的英语表述以及中国文学作品的外译上。在中国文学作品外译中，如何认识中国文学的特质，在世界文学和世界文化的大背景下如何用外语体现这些特质，是翻译学界特别关注的问题（胡安江 & 彭红艳，2017；许钧，2021）。这些问题归根结底都表现为如何用中国英语来表述中国文学和文化。在英语本土化的视角下，系统地研究具有中国本土特点的中国文化的英语表述，才能使研究成果应用的指向性更强。在世界英语的大背景下，对比中国文化外译中英语表述的接受度，有助于中华文化典籍外译实践的开展，也有助于中国文化在海外的传播。综上所述，我们认为有必要加深对中国英语作为变体这一现实的认识，以增强人们使用中国英语表达中国文化的自信。

多年来的研究表明，中国英语这一语言现象已经受到普遍关注。作为英语在中国本土化的产物，中国英语的语音、词汇、句法、语篇、语用特征都被讨论过。研究者讨论的视角涉及认知、二语习得、语言规划、教学法，采用的研究方法有归纳法、调查法、实验法等。通过文献梳理，我们发现中国英语研究的具体操作至少有以下两点不同。首先，如何辨识中国英语的特征，是同本族语使用者比较，还是同其他英语变体比较，还是通过分析中国英语明确自身的特点？第二，如何划分学习者异于本族语使用者的语言现象，哪些可被归为偏误，哪些可以接受？这都反映出人们对中国英语的理论界定和操作定义还未达成共识。下面，我们从使用群体、使用维度、使用空间三方面讨论中国英语使用现状，并基于对中国英语使用现状的描述，对中国英语的研究热点进行梳理和展望。

16.2　研究方法

在进行研究设计时，笔者有以下几点考虑。首先，研究内容的确定。为此，我们在中国知网（CNKI）的概念知识元库（Concept Knowledge Meta Library）中以"中国英语"为关键词进行检索，发现围绕"中国英语"这一概念的讨论从以下几个方面展开：基本定义、特征、结构、分类、功能、起源、发展、价值、影响因素。在对每个方面的知识进行重新梳理时，我们做出使用群体、使用维度和使用空间三种归类。在使用群体部分，讨论中国英语使用者有哪些，不同的群体有哪些使用需求；在使用维度部分，我们观察了中国英语的发展，英语里的中国说法和汉语里的英语说法，分析了近期出现、热度较高的中国英语表述的结构和特征；在使用空间部分，我们分析了中国英语的传播媒介，以及在不同传播媒介中中国英语发挥的作用和功能。最后，区分了中国英语和中国式英语，并讨论中国英语这一概念的起源、中国英语的价值和影响因素。

其次，选取数据库。在获取中国英语的使用群体、使用维度、使用空间三方面的现状时，笔者参照了现有的数据库：全球统计数据/分析平台（EPS DATA，以下简称 EPS）、《人民数据库》、《"读秀"知识库》。EPS是整合数值型数据资源和经济计量的数据服务平台，提供的资源涵盖宏观经济、重点行业、产业经济、贸易外经、社会民生、金融市场、国内普查、全球经济及区域和县域九大研究系列，包含 93 个数据库，15 多亿条时间序列。《人民数据库》由人民日报社网络中心、金报电子出版中心联合推出，内容涵盖党政时政各方面，是中国最大的权威党政时政数据平台。《"读秀"知识库》是由海量全文数据及资料基本信息组成的超大型数据库，现收录 430 万种中文图书、6700 多万种期刊，可以对文献内容进行深度检索。

最后，检索项目的确定。在中国知网中检索以"中国英语"为主题的文章，发现围绕"中国英语"有以下主题（文章数）：中国英语学习者（1679）、中国英语（1029）、中国文化（783）、大学英语教学（727）、基于语料库的（641）、英语教学（552）、大学英语（449）、实证研究（393）、中国传统文化（385）、大学生英语（377）。结合"中国英语"有关文章二级主题词共现矩阵（图 67），我们确定数据库中的主要观察点为英语教学、学习者、母语（中国）文化、文化交际（能力）、英语文化、语料库。在检索中，我们将围绕这些观察点进行检索，然后结合这些关键词周围复现的语言项目进行深入检索，以观察中国英语的使用群体、使用维度和使用空间。

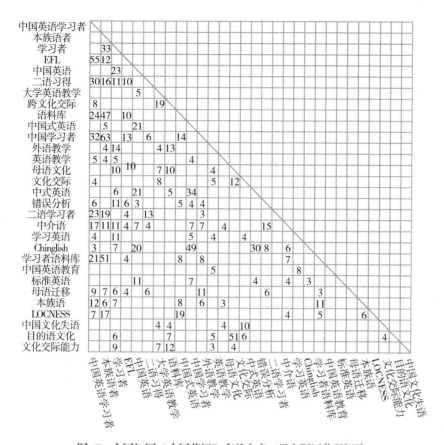

图67　中国知网"中国英语"有关文章二级主题词共现矩阵

16.3　使用群体

通过对 EPS 和《人民数据库》的检索，我们发现目前懂英语的中国人越来越多，同中国建立联系的政府机构、社会组织和个人也越来越多，他们都是中国英语的使用群体。首先，中国英语使用群体包括中国英语学习者、教师、研究者，还包括用英语从事贸易、外事等各种活动的人群。据 EPS 数据显示，截至 2020 年，全国博士、硕士毕业生数和本专科毕业生数稳定增长。截至 2019 年，外语专任教师数在各个阶段的教育中都呈稳定增长趋势，同语文专任教师数基本持平；外语专业在校生和毕业生人数也呈增长趋势。仅在 2020 年，英语专任教师达 281,941 人，少数民族英语专任教师达 21,831 人。同年，外语普通本科毕业生数就有 217,255 人，外语普通本科招生人数 225,168 人，外语普通本科在校生数 937,921 人，外语网络本科毕业生数 5,610 人，外语网络本科招生人数 6,359 人，外语网络本科在校生数 21,469 人。据中国商务部统计，中国对外贸易进出口总额仅在 2013 年一年就达 456,300 亿美元。2019 年，国际航线达 953 条，国际航线运载旅客人数达 7,425,430,000 人。慕课作为互联网和高等教育结合的产物，使得中国英语使用群体大大受益。据统计，国防科技大学的"大学英语口语"在 2018 年选课人数就超过 98 万人次。随着英语在学校教育中的普及，会英语的人数不断增加，促进了中国英语的发展。经济贸易、旅游、外事等活动的开展，使得中国英语使用群体的范围越来越广。

除此之外，中国英语的使用群体还包含政府机构和社会组织。越来越多的政府工作报告中英文并行发行。在《人民数据库》工作报告信息库中检索，我们发现在 1991 年政府工作报告中英文版本就已经同时发布。2019 年，中国年度国际科技合作计划 42 项，比上年增长 16 项。2020 年，举办国际科技合作会议 27 场。还有中国英语报刊数量和发行量的增加、各大主流媒体英语版块内容的丰富、自媒体英语平台访问量的增加，这些都是加速英语在中国的本土化的因素，同时也是英语在中国本土化的表现。

中国英语的使用群体还包括其他国家使用英语表达中国事物的人。这样一批热爱中国、致力于中国与本国文化交流的外国人，努力让尽可能多的英语读者更好地了解中国历史和文化，被称为"中国文化在海外的'本土代言人'"、"'中国故事'的最好讲述者"。这些汉学家帮助世界了解中国，"对于中国文学'走出去'起到了其他群体难以替代的作用"（张贺，05/12/2013）。越来越多的外国媒体用英语报道中国文化和中国事物。随着国际会议和文化交流的项目参与交流人数在增多，前往中国从事贸易活动的人数也在增多。另一方面，城市居民教育文化和娱乐类消费价格指数在稳步上涨。据中国文化数据库统计，图书版权引进项目、电影版权引进项目、录像制品版权引进项目逐年递增。技术引进经费支出、技术引进新增利润也呈增长趋势，表明了有同中国交流需求的外国人增多。这也反映了中国英语在不同领域的使用，中国英语的使用群体不断扩大，所表达的内容也更加多样化。

16.4　使用维度

16.4.1　英语中的中国说法

随着中国英语资源越来越丰富，中国英语表达延展到社会生活的各个方面，在关乎社会民生的重要领域涌现出大批有中国特点的英语表达。从热衷"广场舞"（square dancing）的"中国大妈"（Chinese Dama），到不失诙谐调侃之意的"你行你上啊"（You can you up），再到同中国探索太空能力相关的"中国宇航员"（taikonaut），这些带有鲜明的中国本土化特点的英语表达反复出现在国内外各大英语媒体中，还有些被《美国俚语词典》、《牛津简明英语辞典》收录。这都是中国英语存在和发展的重要方面。其他很多汉语借词也已经成为英语不可或缺的组成部分。据统计，截至 2013 年，《牛津英语词典》收录有 245 个直接音译、84 个意译、65 个音译汉语借词。2016 年，《牛津英语词典》还新增了 13 个港式英语词，如：Char siu（叉烧）、Dai pai dong（大排档）、yum cha（饮茶）、Kai fong（街坊）等。同时收录的还有 13 个新加坡英语词汇，如 Singlish（新加坡英语）。这说明这些词语所代表的本地文化得到了国际社会的重视。

除了上述词汇之外，一些汉语音译词成为英语本族语使用者喜闻乐见的表述方式，如：baijiu（白酒）、jiaozi（饺子）、Renminbi（人民币）。2001 年，北京申奥成功，在提及"北京"时，汉语拼音 Beijing 替代了以前的说法 Peking。2018 年，中国外文局以汉语拼音外译为主要切入点，调查了中国话语在英语世界主要国家的认知情况，并发布了《中国话语海外认知度调研报告》。结果显示，一些汉语拼音取代了过去已然被译为英文的中国词，占"英语话语体系的汉语词汇认知度前 100 位"中近半数。其中，以中国传统文化类词汇居多，如：Confucius（孔子）、Chunjie（春节）、Zhongqiu（中秋）等。另外，《牛津英语词典》中还收录了 add oil 这一词条，意思为"加油"。显然，在英语中有更为地道的表达，如：Come on。类似的说法还有 Long time no see.（好久不见。）。这些有鲜明中国特点的中国说法显然已成为英语的一部分，被说英语的人欣然接受，这也说明了这些中国说法所承载的中国文化在域外得到认可。

例1. 语言是思维的产物，也是文化的载体。**越来越多的"中式英语"被权威的英语研究机构认可，显示的是中国文化逐渐在世界范围内得到理解和认同，也见证了中国文化软实力的提升。**（《人民日报》，12/11/2018，第3版）

例2. 随着微博、微信等新媒体的日益普及，**"中式英语"中的许多表达方式开始融入英语之中，如"土豪""大妈""人山人海"等；许多曾被认为是"高大上"的外文词汇现在也有了更"接地气"的民间"译法"，如"百老汇"对应"宽街"，"珍珠港"对应"蚌埠"等；每当一部新电影出炉，就会有一大批"粉丝"热情地参与志愿翻译并热烈争论其译法好坏。**（《人民日报》，29/07/2014，第14版）

有人将上述提到的中国说法戏称为"中式英语"。这里的"中式英语"指那些得到英语世界认可的、具有中国文法或语音特点的英语使用，它们实已成为中国英语的一部分。英语版政府工作报告的内容涉及法律、经济、科技、文化等方面，报告中的政府事务涉及中美贸易、计划生育、知识产权、社会保障等具体的民生问题。在其中，更是出现了大量有中国本土特色的英语表述，如政府机构名称、国家政策术语，它们在英文版的政府工作报告被赋予了新的意义。

16.4.2　汉语中的英语说法

从语言生活现实来看，英语和汉语频繁互动，相互影响。有些英语词汇和语句进入汉语，成为汉语的一部分，成为中国话语体系的一部分。日常生活中，wifi（网络、行动热点）、CBD（Central Business District，中央商务区）、VIP（Very Important Person，贵宾）等英语词俯拾皆是。这是中国英语存在的另一个重要方面。据《中国语言生活状况报告》统计，新词语中经常出现汉字加字母构成的新词。2011 年的"hold 住"，意为"控制住、把握住"，本身是动词，后跟宾语。在 2012 年度媒体新词语中，有短语"航母 style"，用来指"起飞指挥员的'允许起飞'的手势"，表达的是对祖国日益强大有感而发的自豪之情。2013 年热议的"PM2.5"，尽管有对应的中文名称"细颗粒物"在先，这一包含英语字母的形式还是被频繁使用。2014 年的北京 APEC，及由此衍生的 APEC 蓝，这两个词用来形容蓝天之蓝。

例 3. 人们走到战斗机前留影，拉着海军官兵合照，模仿战斗机起飞的姿势，摆出各种**航母 style**。(《人民日报》，09/07/2017，第 1 版)

例 4. 当困难的砝码越来越重，中小企业尤其是小微企业终于**"hold"不住**了。(《人民日报》，23/11/2011，第 20 版)

例 5. **PM2.5** 又称为可入肺颗粒物，或细颗粒物，是表征环境空气质量的主要污染物指标。它指的是空气动力学直径小于等于 2.5 微米的颗粒物。(《人民日报》，02/11/2013，第 10 版)

例 6. 如果每个人都能绿色生活、绿色消费，**"APEC 蓝"**一定能变成"天天蓝"。(《人民日报》，03/05/2015，第 11 版)

2019 年度媒体新词语中，位列前十位的新词语中有三个是英语表达，分别是排在第 2、第 3、第 7 位的 5G 时代、5G+、AIoT（教育部语言文字信息管理司，2020）。5G 时代、5G+和排在第 25 位的 5G 元年说明了中国运用 5G 技术的时代已经来临，并致力于将 5G 技术融合于各行各业，也称"5G+X"，所以伴随着 5G 产业链的成熟，2019 年被称为 5G 元年。其中，AIoT 一词中，AI 是英文 Artificial Intelligence 的缩写，IoT 英文 Internet of Things 的缩写，用来指"人工智能物联网"。有人将这种现象称为"零译词"（鲁平，08/05/2014），常用的零译词还有 GDP（国内生产总值）、NBA（美职篮）、CBA（中职篮）、CBD（中央商务区）、CEO（总经理）。这些英文简称在汉语中约定俗成，有稳定的意义，不用译为汉字，可直接使用。针对这种汉语中"夹带使用英文单词或字母缩写等外国语言文字"

现象引起热议，有人提出"禁缩令"，有人持包容的态度。但是，汉语中夹带外语的使用已经成为汉语语言生活中的重要部分。

由此可见，汉语和英语之间在语言和文化上频繁互动，相互影响，促成了中国英语的产生，推动了中国英语的发展。这样的环境为中国英语研究提供了大量真实的语料，及时地考察中国英语的特征在当代语境下对外语教学、对外交流都具有重大的理论和现实意义。

16.5　使用空间

目前，中国英语作为推介中国文化的主要渠道之一，越发显得重要。出现了越来越多公开发行的出版物和电视节目，形式多样，受众面较广。截至 2019 年底，我国英文科技期刊有 359 种，国际他引的被引率稳步上升（中国科学技术协会，2020）。2020 年，我国仍在出版的英文社科学术期刊有 38 种。中国出版"云"模式的出现为中国英语提供了新的使用空间，云平台、云数图等理念应用在中国英语出版的实践中，丰盈了中国英语的使用空间。2012 年，《国际出版蓝皮书》就已预测，数字出版在国际学术专业出版领域的地位已变得牢不可破。亚马逊中国书店提供的电子营销平台为海外读者打造了了解中国文学的"网络高速公路"。截至 2015 年 6 月，亚马逊中国书店已上线中国图书 39 万种，销售覆盖 185 个国家和地区。"纸托邦"等向英语世界推广中国文学的网络平台，帮助中国作家精准对接优质海外出版商。人民网运营的人民日报海外社交媒体账号，粉丝量、活跃度居全球报纸类媒体之首。虽然，中国英文出版的国际传播能力亟须提升，在具有"中国特色、中国风格、中国气派"的学术话语体系建设中任重道远（刘杨 & 孙奕鸣，2020）。但是，中国英语的使用空间越来越广，中国英语承载着中国文化触达到更多的国家和地区，传统和云端相互补充，丰富了中国英语的使用空间。

16.5.1　电视、广播中的中国英语

近年来，英语出版物和用英文播出的电视节目数量越来越多，所涉及的内容也越来越丰富，涵盖了人们生活的方方面面。1986 年，中国国际广播电台的英语节目《中国举行首届莎士比亚戏剧节》在培特奖评比中获英语类最佳对外广播节目奖。1986 年 12 月 30 日，中央电视台英语节目在北京地区试播，包括国际国内重大新闻、经济信息和文化艺术。1996 年 4 月 1 日起，中央电视台节目开始向全球范围内陆续传送第四套国际频道节目、戏曲音乐频道节目和英语频道节目。1997 年 5 月 5 日起，中央电视台对各频道的节目进行改版调整，《中国报道》改版后，大幅增加英语节目。2000 年 9 月 25 日，中央电视台英语频道（CCTV-9）正式开播，全天二十四小时不间断播出新闻和新闻性节目。2005 年 8 月 8 日，中央电视台开播网络电视新闻频道，包含对 CCTV-9 节目的同步直播，扩大了 CCTV-9 的受众面。国内出现的大批英语电视节目旨在用英语真实、客观、迅速、及时地报道中国的情况，介绍中国的优秀文化。这些介绍中国的英语电视节目的播出反映了中国英语的迅速形成。同时，也表明了中国英语的产生是时代的迫切需求。

国外媒体也开始关注中国，转播介绍中国的英文电视节目。1992 年 7 月 12 日起，《今日中国》英文电视节目在美国开播。1993 年 1 月 1 日起，芝加哥 3C 集团向美国、加拿大、墨西哥和加勒比海地区同时转播中、英文的中国新闻、经济、文艺和体育等节目。2003 年 3 月 3 日起，中央电视台英语国际频道（CCTV-9）在英国天空卫视（BSkyB）、法国（TPS）开播。这些用英语播出的节目，介绍中华文化、风土人情、新闻，是中国英语在世界范围内传播的表现。

此外，有些国家还开办了专门介绍中国的电视台和电视节目。1991 年 1 月 6 日，第一家介绍中国的英语电视台"彩虹电视台"在美国旧金山开播。1995 年 10 月底，美国探索传播公司推出时长 100 多个小时的首批"中国季"节目，用以介绍中国文化、历史。2008 年 5 月 2 日，美国五洲电视台在洛杉矶开播，这是首家在美国开播的、以全面介绍中国为主要内

容的国际电视频道。这些国外机构主推的介绍中国的平台和内容是中国英语的影响在世界范围内进一步扩展的体现，也更加巩固了中国英语的确立。

16.5.2　世界出版中的中国英语

首先，看中国出版中的"世界出版"。从推动中国文化走出去，到讲好中国故事，这些重要思想都推动着中国英语的发展。2018 年起，中国图书海外馆藏影响力研究引入"世界出版"这一概念，意味着我们在英语出版方面既要宣传经典著作，又要推陈出新。近年来，中国英语的相关成果大量涌现。

在《"读秀"知识库》中全部字段检索"中国英语"，找到 23,048 本相关的中文图书，2,562 本相关的英文图书。时间跨度大，从 1963 年至今。内容也涉猎甚广，分布在语言文字类、文体科教类、文学类、经济类、历史地理类、艺术类、医药卫生类等 22 个大类。越来越多的典籍外译项目开展，越来越多的中国传统经典著作的英译本出版，这都说明了中国英语的蓬勃发展。比如，2016 年，上海科学技术出版社出版了《汉英双解中医临床标准术语辞典》；2021 年，人民出版社出版了由中国围棋协会辞典编委会组编的《中英围棋术语辞典》，这些饱含中国特色的英语出版物的问世，是中国英语发展到一定阶段的积累。从另外一个层面讲，也标志着我们对待中国英语的态度和理念发生着重大改变。《中华文明的核心价值》和《中国文化的根本精神》等一批弘扬中国文化的书籍被译为多国语言，推广出去。2018 年，汉字"籼"（*Xian*）和"粳"（*Geng*）出现在《自然》（*Nature*）上，这或是汉字第一次出现在这本国际顶级期刊上。我们可以看到，此类的汉源术语越来越多地被推广出去，出现在国际英语刊物中，像中医、中国哲学等具有中国特色的学科中就有大量汉语术语被转写，进入英语或其他语言。2013 年，英文版《中国语言生活状况》在世界范围内出版发行，在"中国学术、国际表达"方面做出了尝试。

例 7. 拼音化的汉语词汇逐渐被世界接受……**当汉语拼音从"中**

国标准"变为讲述中国故事的"国际标准",这把"语言钥匙"也就成了世界的"文化桥梁"。(《人民日报》,18/05/2018,第 5 版)

　　例 8. 不难看出,术语的语言来源与该国学者在该领域的贡献关系密切。就汉源术语"出海"而言,或可分为三个阶段:第一阶段是由中国学者用国际通用语构建新术语。第二阶段以科研团体中的个人、机构命名……第三阶段则是汉语实词构成的术语被学术通用语转写、移入,……这标志着中国科研团队与其所承载的科学知识发生了不可分割的关系。(《人民日报》,28/05/2018,第 5 版)

　　然后,看中国出版的世界影响力。首先,看中国出版的品类。在亚马逊网站以 Chinese English 和 China English 为关键词进行检索,发现在现有出版物中,内容涉猎丰富。包含 China English 的出版物有 60,000 多条,所涉及的相关领域包括:历史、政治和社会科学、参考资料、文学和小说;包含 Chinese English 的出版物有 90,000 多条,所涉及的相关领域包括:外语参考资料、文学和小说、政治和政府。然后,看中国出版的影响力。全世界图书馆联机书目数据(WorldCat)是世界范围图书馆和其他资料的联合编目库,同时也是世界最大的联机书目数据库。2012 年,通过检索 WorldCat,中华书局出版的中国学术图书在海外馆藏排名前八的图书均为中国历史典籍(何明星,2012)。看中国出版的世界影响力,我们还要看中国英文出版的品种和质量(何明星,2021)。只有这样,才能提升中国典籍和文化著作的外译,帮助我们辨清要译什么和怎么译。"译什么"即海外读者对什么样的中国故事感兴趣,"怎么译"即什么才是海外读者更容易接受、更喜闻乐见的呈现方式。

　　由此可见,从"中国出版"和"世界出版"两方面看,中国英语在传统和数字出版中的使用均大量存在。中国本土出版的用英语介绍中国特点的出版物和外国出版用英语介绍中国的出版物都是中国英语使用事实。这两个视角为考察中国英语的传播和特点提供了丰富的内容,互为参照,相互补充。

16.6　中国英语研究展望

　　研究中国英语是我们目前的主要任务（李文中，2006）。首先，基于受限群体、受限文类、受限领域去描写中国英语使用是中国英语研究的基础。语言总是使用是受限的，受限于特定的文类、特定的领域、特定的话题，往往围绕有限的经验或行动领域展开，有自己的语法和词汇，因此，语言描写最适合的对象是受限语言（Firth，1968，p.87）。中国英语在语音、词汇、句法、篇章和语用层面都有自己的特征。在描述既定英语变体时，越来越多的研究者区分使用者不同的社会群体身份，在研究中加入了文类、场合等其他维度（如 Gonzales，2016，2017）。中国英语在不同语言层面的语言特征连同特定的使用群体、使用空间、使用维度等事实，是中国英语实存的证据，也构成了中国英语的研究内容。在研究中，如何辨识这些特征，将这些特征归为何类，区分了中国英语研究中的不同的理论视角和研究方法。早期研究将中国英语同"标准英语"对比，将中国英语同"标准英语"的差异归为"偏误"或"中介语阶段性特征"，需要通过教学干预进行纠正。这种研究往往是诊断性的，落脚点在提升外语教学。或承认中国英语变体的存在这一现实，在基于受限的文类、观察受限的群体在受限领域的中国英语使用。这种研究是描述性的，通过对受限的中国英语使用的描写更加确立了中国英语的存在，也明晰了中国英语的特征，研究结果更具针对性。在操作上，"受限"可以从使用群体、使用空间、使用维度三个方面去衡量。中国学者使用的、在期刊上发表的学术英语属于"受限的"中国英语使用，新闻记者用使用的、在报刊上刊出的英语报道也是"受限的"中国英语使用，国家机关撰写的、正式发布的政策法律法规类英语文件也是"受限的"中国英语使用。基于"受限"使用的中国英语研究使得研究对象更具体，描述更细致，研究结果的应用性也更强。

　　其次，中国学术和文化外译中翻译对象的选择和翻译活动开展的要点是中国英语研究的重要内容。中国英语的表现形式多样，新概念、新术语、新词汇，以多样的方式参与到了语言生活中，成为英语话语体系和汉语话语体系的一部分。不仅中国英语变体成为一种不容忽视的存在，中国各体英语中的一些音译借词也被收录到《牛津英语词典》中，在英语世界得到认可。汉语新概念、新术语的翻译为在域外扩大中国学术影响提出了挑战。然而，更值得关注的是翻译对象的选取，选择什么样的术语、概念才能代表中国学术。据《中国翻译服务业分析报告（2014）》显示，中译外工作量占比超过外译中。这表明我们开始转为侧重对外译介中国文化和文明。2010 年，沙博理被授予"中国翻译文化终身成就奖"，强调了做文学翻译要"有立场、有观点、有世界观"，让外国受众了解一个真实的中国。这些都是学术和文化外译中需要把握的关键所在。

例 9. 汉语在这方面 [新词语、新概念、新用法的出现] 的变化，不会比英语更大，因为英语有更多不同地区的、不同族别的人在使用。……我想谈的是另一个问题，这个问题在我看来更为关键，它属于真正的变化和扩展。它**不一定给翻译带来困难，但一定给翻译对象的选择以及翻译作品的出版带来影响**。（《人民日报》，02/04/2017，第 5 版）

例 10. 越来越多的人将目光投向中国，而**中国正将目光凝聚在自身的传统之中**，这是浩瀚经典的时代机遇，也是当代艺术家群体的生逢其时，期待经典的当代重生与传播，不仅为中国，也为人类文明带来光亮与启迪。（《人民日报》，12/04/2016，第 14 版）

例 11. 世界文学的丰富性是以语言文字的多样性为前提的，**文学的国际化、世界化并不等于英语化、欧美化。……用汉语写作的中国作家，在作品译介过程中并不一定把目光只盯在所谓通用语种上。**外国不单指美国，世界更不等同于西方，中国本身就是世界的一大部分。（《人民日报》，27/01/2016，第 24 版）

例 12. 中国文化要想在海外"走"得更远，不仅要练好内功，努力把故事讲得生动，更要加深对外部世界的了解，不断提高"内知国情、外知世界"的能力，以拉近中国话语与国外受众的距离。**海外读者能否从书中读懂中国的道路理论制度、核心价值观念和传统文明文化，很大程度上取决于"中译外"的翻译水平。**（周明伟，16/02/

2017，第23版）

最后，开展中国英语在英语世界的接受度研究，可以为中国英语表达中国内容所采用的叙事和表述方式提供反馈和指导。当当、亚马逊等网络电子商务平台针对所售提供了大量的在线评论数据，这些数据是重要的出版信息，也为出版提供了直接的反馈。这些对出版物的评论包括评价人、评价人所在地区、评价时间、总体评分和评价文本这些内容，可采集、可测量、可分析，很好地反映了读者对中国英语表述内容和表述方式的评价。这些反映读者喜好和态度的评论数据，为出版中中国英语使用的可接受度研究提供了一手资源。结合语料库意义分析方法对大量评论数据中的语言型式进行分析，可以如实地把握读者对所评对象和内容的态度，是对中国英语使用的精准反馈。

16.7　结语

基于对中国知网概念知识元库的检索，我们了解到中国英语讨论的主要方面；配合观察知识元库中有关中国英语文章二级主题词的共现矩阵，确定了后续研究获得相关内容的检索切入点。通过对全球统计数据/分析平台（EPS DATA）、《人民数据库》、《"读秀"知识库》相关数据的观察，我们分析了中国英语的使用群体、使用维度和使用空间。最后，对中国英语研究进行梳理和展望。我们发现，中国英语使用群体不断扩大，会英语的人逐年递增，和中国往来的外国人数增加，对中国文化和中国事物感兴趣的外国人也不断增加；中国英语使用维度体现在英语中出现了大量的中国说法，汉语中也出现了夹带英语的词语，这种汉语夹带英语的用法也出现在主流媒体中，成为中国话语体系的一部分；在使用空间上，中国英语使用在传统和数字出版中，在广播电视中，在中国出版和世界出版中出现得越来越频繁，涉猎的内容更加广泛。在中国英语研究中，我们建议基于受限的群体、受限的文类、受限的领域对中国英语使用进行描写，以此为基础，为中国英语教学的开展和中国本土文化的对外传播提供借鉴。而后，在中国本土文化外译中，选取能如实反映文化现实和水平的内容，选择英语世界读者乐于接受的叙事方式和表述方式。加强中国英语的可接受度研究，基于网络平台的中国英语作品的品论数据，结合语料库意义分析方法获取读者对中国内容的观点和态度，为中国英语使用提供精准反馈，有益于我们用中国英语讲好中国故事、传播好中国声音。

参考文献

Aarts, B. (2000). Corpus linguistics, Chomsky and fuzzy tree fragments. In C. Mair, & M. Hundt, *Corpus linguistics and linguistic theory* (pp. 5-13). Amsterdam: Rodopi.

Aarts, J. (2007). Does corpus linguistics exist? — Some old and new issues. In W. Teubert & R. Krishnamurthy (Eds.), *Corpus Linguistics - Critical concepts in linguistics* (Vol. 1, pp. 58-73). London: Routledge.

Altenberg, B. (1998). On the phraseology of spoken English: The evidence of recurrent word - combinations. In A. P. Cowie (Ed.), *Phraseology: Theory, analysis and applications* (pp. 101 - 124). Oxford: Clarendon Press.

Amino, K., & Osanai, T. (2014). Native vs. non-native accent identification using Japanese spoken telephone numbers. *Speech Communication*, 56: 70-81.

Aston, G., & Burnard, L. (1998). *The BNC handbook: exploring the British National Corpus with SARA*. Edinburgh: Edinburgh University Press.

Baker, W. J. (1946). What I Expect of China. 国光英语, 1 (3), 1-3.

Beatty, K. (2005). *Teaching and researching computer - assisted language learning*. Beijing: Foreign Language Teaching and Research Press.

Bernardini, S. (2004). Corpora in the classroom: An overview and some reflections on future developments. In J. M. Sinclair (Ed.), *How to use corpora in language teaching* (pp. 15-36). Amsterdam: Benjamins.

Block, D. (2004). Globalization and language teaching. *ELT Journal*, 58

（1），75-77.

Bolinger, D. （1976）. Meaning and Memory. *Forum Linguisticum*, 1 （1）：1-14.

Bolton, K. （2003）. *Chinese Englishes — A sociolinguistic history*. Cambridge：Cambridge University Press.

Bolton, K. （2006）. *Chinese Englishes：A sociolinguistic history*. Cambridge，UK：Cambridge University Press.

Bolton, K. （2017）. English in China and the Continuing Story of Chinese Englishes. *In* Xu, Z., He, D., & Deterding, D. （Eds.）, *Researching Chinese English：the State of the Art*, Springer, pp. 5-8.

Breen, M. P. （1985）. Authenticity in the language classroom. *Applied Linguistics*, （6）, 60-70.

Brown, H. D. （2001）. *Principles of Language Learning and Teaching*. Beijing：Foreign Language Teaching and Research Press.

Burnard, L. （2001）. Where did we go wrong? A retrospective look at the British National Corpus. In B. Kettemann & G. Marko （Eds.）, *Teaching and learning by doing corpus analysis* （pp. 51-70）. Amsterdam：Rodopi.

Burnard, L. （2005）. Metadata for corpus work. In M. Wynne （Ed.）, *Developing linguistic corpora：A guide to good practice* （pp. 30 – 46）. Oxford：Oxbow Books. Retrieved May 11, 2011 from http：//ahds. ac. uk/linguistic-corpora

Butler, S. （1997）. Selecting South – East Asian words for an Australian dictionary：How to choose in an English not your own. In W. S. Edgar （Ed.）, *Englishes around the world：Studies in honour of Manfred Görlach* （Vol. 2, pp. 273-86）. Amsterdam/Philadelphia：John Benjamins.

Campbell, Y. C., & Filimon, C. （2018）. Supporting the argumentative writing of students in linguistically diverse classrooms：An action research study. *RMLE Online*, 41 （1）, 1-10.

Carolina, B., & Astrid, R. （2018）. Speaking activities to foster students' oral performance at a public school. *English Language Teaching*, 11

(8), 65-72.

Chen, C. M., & Wu, C. H. (2015). Effects of different video lecture types on sustained attention, emotion, cognitive load, and learning performance. *Computers & Education*, 80, 108-121.

Cheshire, J. (Ed.). (1991). *English around the world: Sociolinguistic perspectives*. Cambridge: Cambridge University Press.

Cook, V. (1991). *Second language learning and language teaching*. London: Edward Arnold.

Corder, S. P. (1967). The significance of learners' errors. In J. C. Richards (Ed.), *(1984)*. *Error analysis: Perspectives on second language acquisition* (pp. 19-27). London: Longman Group UK Limited.

Corder, S. P. (1981). *Error Analysis and Interlanguage*. Oxford: Oxford University Press.

Cowie, A. P. (Ed.). 1998. *Phraseology: Theory, analysis, and applications*. Oxford: Oxford University Press.

Crystal, D. (1997). *English as a global language*. Cambridge: Cambridge University Press.

Crystal. D. (2003). *English as a global language* (2nd ed.). Cambridge: Cambridge University Press.

Edge, B. (1991). The production of word-final voiced obstruents in English by speakers of Japanese and Cantonese. *Studies in Second Language Acquisition*, (13), 377-393.

Ellis, R. (1997). *Second language acquisition*. Oxford: Oxford University Press.

Fenn, Darwin. (1947). English In The Chinese Schools. *Millard's Review*, 106 (1), 22-23.

Firth, J. R. (1968). Descriptive linguistics and the study of English. In F. R. Palmer (Ed.), *Selected Papers of J. R. Firth* (pp. 96-113). Bloomington & London: Indiana University Press.

Firth, J. R. (1988). A synopsis of linguistic theory, 1930-1955. In 刘润清,

史蒂文·麦基, 赵桐, & 闫晓天（编）, 现代语言学名著选读（下册）
（pp. 86-122）. 测绘出版社.

Fishman, J. A. (2000). Who speaks what language to whom and when？. In
Li Wei (Ed.) *The Bilingualism Reader* (pp. 82 - 98). London：
Routledge.

Fishman, J. A., Conrad, A. W., & Rubal-Lopez, A. (Eds.). (1996).
*Post - imperial English：status change in former British and American
colonies*, 1940-1990. Berlin：Mouton de Gruyter.

Fligelston, S., Pacey, M., & Rayson, P. (1997). How generalize the task of
annotation. In R. Garside, G. Leech, & T. McEnery (Eds.), *Corpus
annotation：Linguistic information from computer text corpora* (pp. 122 -
136). London：Longman.

Garside, R., Leech, G., & McEnery, T. (Eds.). (1997). *Corpus
annotation：Linguistic information from computer text corpora*. London：
Longman.

Gee, J. (1990). *Social linguistics and literacies：Ideology in discourse*.
London：Falmer Press.

Granddol, D. (1997). *The future of English？— Guide to forecasting the
popularity of the English language in the 21st Century*. London：British
Council.

Granger, S. (1998). *Learner English on computer*. London：Longman.

Granger, S. (2002). A bird's-eye view of learner corpus research. In S.
Granger, J. Huang, & S. Petch-Tyson (Eds.), *Computer learner corpora*,
second language acquisition and foreign language teaching (pp. 3 - 33).
Amsterdam：John Benjamins Publishing Company.

Halliday, M. A. K. (1978). *Language as social semiotic：The social
interpretation of language and meaning*. London：Arnold.

Halliday, M. A. K., & Hasan, R. (1989). *Language, context, and text：
Aspects of language in a social - semiotic perspective*. Oxford：Oxford
University Press.

Halliday, M. A. K., MacIntosh, A., & Strevens, P. (1964). *The Linguistic Sciences and Language Teaching*. London: Longman.

Halwani, N. (2017). Visual Aids and Multimedia in Second Language Acquisition. *English Language Teaching*, 10 (6), 53−59.

Hartman, F. R. (1961). Investigation of recognition learning under multiple-channel presentation and testing conditions. *AV Communication Review*, (9), 24−43.

Hartse, J. H. (2017). Chinese and Non−Chinese English Teachers' Reactions to Chinese English in Academic Writing. *In* Xu, Z., He, D., & Deterding, D. (Eds.), *Researching Chinese English: the State of the Art*, Springer, pp. 157−172.

House, H. E. (1916). English Education In China. *Chinese Recorder And Missionary Journal*, 47 (2): 98−103.

Hu, X. (2004). Why China English should stand alongside British, American, and the other 'world Englishes'. *English Today*, 20 (2), 26 −33.

Hunston, S. (2002). *Corpora in applied linguistics*. Cambridge: Cambridge University Press.

Hunston, S. (2006). *Corpora in applied linguistics*. Beijing: World Book Publishing Company.

Hunston, S., & Francis, G. (2000). *Pattern Grammar: A corpus – driven approach to the lexical grammar of English*. Amsterdam; Philadelphia: John Benjamins.

Hwang, W. Y., Ma, Z. H., Shadiev, R., Shih, T. K., & Chen, S. Y. (2016). Evaluating listening and speaking skills in a mobile game−based learning environment with situational contexts. *Computer Assisted Language Learning*, 29 (4), 639−657.

James, C. (2001). *Errors in language learning and use: Exploring error analysis*. Beijing: Foreign Language Teaching and Research Press.

Jingjit, M. (2015). The effects of multimedia learning on Thai primary pupils' achievement in size and depth of vocabulary knowledge. *Journal of Education and Practice*, 6 (33), 72-81.

Johns, T. (1991) . From printout to handout: Grammar and vocabulary by teaching in the context of data-driven learning. *English Language Research Journal*, (4), 27-45.

Kachru, B. B. (1965) . The Indianness in Indian English. *Word*, 21, 391 -410.

Kachru, B. B. (1982) . Meaning in derivation: Toward understanding non-native Englishes. In B. B. Kachru (Ed.), *The other tongue: English across culture* (pp. 301-326) . Urbana: University of Illinois Press.

Kachru, B. B. (1983) . *The Indianization of English: The English language in India*. New Delhi: Oxford University Press.

Kachru, B. B. (1985) . Standards, codification and sociolinguistic realism: The English language in the outer circle. In R. Quirk, & H. G. Widdowson (Eds.), *English in the world: Teaching and learning the language and literatures* (pp. 11-30) . Cambridge: Cambridge University Press.

Kachru, B. B. (1992) . World Englishes: Approaches, issues and resources. *Language Teaching*, 25, 1-14.

Kachru, B. B. (2006) . World Englishes: Agony and ecstasy. In K. Bolton, & B. B. Kachru (Eds.), *World Englishes: critical concepts in linguistcs* (pp. 69-88) . New York: Routledge.

Khalid, A. (2001) . The effect of multimedia annotation modes on L2 vocabulary acquisition: A comparative study. *Language Learning and Technology*, 5 (1), 202-232.

Kirkpatrick, A., & Xu, Z. (2002) . Chinese pragmatic norms and 'China English'. *World Englishes*, 21 (2), 269-279.

Knowles, G. (1996) . Corpora, databases and the organisation of linguistic data. In J. Thomas, & M. Short. *Using corpora for language research: Studies in honour of Geoffrey Leech* (pp. 36-53) . London: Longman.

Leech, G. (1991, August 4 – 8). *Corpora and theories of linguistic performance*. In *Proceedings of Nobel Symposium*. The Trends in Linguistics — Directions in Corpus Linguistics, Stockholm, pp. 105–125.

Leech, G. (1997a). Introducing corpus annotation. In R. Garside, G. Leech, & T. McEnery (Eds.), *Corpus annotation: Linguistic information from computer text corpora* (pp. 1 – 18). New York: Addison Wesley Longman Inc.

Leech, G. (1997b). Grammatical tagging. In R. Garside, G. Leech, & T. McEnery (Eds.), *Corpus annotation: Linguistic information from computer text corpora* (pp. 19–33). London: Longman.

Leech, G. (2005). Adding linguistic annotation. In M. Wynne (Ed.), *Developing linguistic corpora: A guide to good practice* (pp. 13 – 29). Oxford: Oxbow Books. Retrieved May 11, 2011 from http://ahds. ac. uk/ linguistic-corpora

Leech, G., & Eyes, E. (1997). Syntactic annotation: Treebanks. In R. Garside, G. Leech & T. McEnery (Eds.), *Corpus annotation: Linguistic information from computer text corpora* (pp. 53–65). London: Longman.

Léon, J. (2005). Claimed and unclaimed sources of corpus linguistics. *Henry Sweet Society Bulletin*, (44), 36–50.

Llamzon, T. A. (1983). Essential features of new varieties of English. In B. N. Richard (Ed.), *Varieties of English in Southeast Asia* (pp. 92–109). Singapore: Singapore University Press.

Lyashenko, T. V. (2010). Multimedia information technologies in education: Basic concepts, essence, and typology (Review). *Automatic Documentation and Mathematical Linguistics*, 44 (4), 206–217.

Mayer, R. E. (2009). *Multimedia learning*. (2nd ed.). Cambridge: Cambridge University Press.

McCrum, R., Cran, W., & MacNeil, R. (1986). *The story of English*. London: Faber & Faber, BBC Publications.

McEnery, A., & Wilson, A. (2001). *Corpus linguistics* (2nd ed.).

Edinburgh: Edinburgh University Press.

McEnery, T., & Wilson, A. (1996). *Corpus linguistics*. Edinburgh: Edinburgh University Press.

McEnery, T., & Wilson, A. (2001). *Corpus linguistics: An introduction*. Edinburgh: Edinburgh University Press.

McKay, S. (2003). Teaching English as an international language — The Chilean context. *ELT Journal*, 57 (2), 139-148.

Mel' č uk, I. A. (1998). Collocations and lexical phraseology. In A. P. Cowie (Ed.), *Phraseology: Theory, analysis, and applications* (pp. 23-53). Oxford: Clarendon Press.

Meunier, F. (2002). The pedagogical value of native and learner corpora in EFL grammar teaching. In S. Granger, J. Huang, & S. Tyson (Eds.), *Computer learner corpora, second language acquisition and foreign language teaching* (pp. 119-141). Amsterdam/Philadelphia: Benjamins.

Meyer, C. F. (2002). *English corpus linguistics — An introduction*. Cambridge: Cambridge University Press.

Moon, R. (1998). *Fixed expressions and idioms in English: A corpus-based approach*. Oxford: Clarendon Press.

Morley, J., & Partington, A. (2009). A few frequently asked questions about semantic — or evaluative — prosody. *International Journal of Corpus Linguistics* 14 (2): 139-158.

Mukhopadhyay, M, & Parhar, M. (2001). Instructional design in multi-channel learning system. *British Journal of Educational Technology*, 32 (5), 543-556.

Nattinger, J. R., & DeCarrico, J. S. (2000). *Lexical phrases and language teaching*. Shanghai: Shanghai Foreign Language Education Press.

Nayar, P. B. (1994). Whose English Is It?. *TESL-EJ*, 1, F-1. Retrieved July 12, 2007 from http://www-writing.berkeley.edu: 16080/TESL-EJ/ej01/f.1.html

Ortiz, S. M., & Cuéllar, M. T. (2018). Authentic tasks to foster oral production among English as a foreign language learners. *HOW*, 25 （1）, 51-68.

Pawley, A. , & Syder, F. H. （1983）. Two puzzles for linguistic theory: Nativelike selection and nativelike fluency. In J. C. Richard, & R. W. Schmidit （Eds. ）, *Language and communication* （pp. 191 - 226）. New York: Longman.

Pennycook, A. （1994）. *The cultural politics of English as an international language.* Harlow: Longman Group UK.

Philipson, R. （2000）. *Linguistic imperialism.* Shanghai: Shanghai Foreign Language Education Press.

Phillipson, R. （1992）. *Linguistic imperialism.* Oxford: Oxford University Press.

Pinkham, J. , & Jiang, G. H. （2000）. *The Translator's Guide to Chinglish.* Beijing: Foreign Language Teaching and Research Press.

Platt, J. , Weber, H. , and Ho, M. L. （1984）. *The new Englishes.* London: Routledge and Kegan Paul.

Renouf, A. （2003）. WebCorp: Providing a renewable data source for corpus linguists. In S. Granger & S. Petch-Tyson （Eds. ）, *Extending the scope of corpus-based research. new applications, new challenges* （pp. 39 - 58）. Amsterdam: Rodopi.

Renouf, A. （2005）. Corpus linguistics: Past and present. In 卫乃兴, 李文中, & 濮建忠, 语料库应用研究 （pp. 1-15）. 上海外语教育出版社.

Roach, P. （2000）. *English phonetics and phonology: A practical course.* Cambridge: Cambridge University Press.

Scott, M. （2004a）. *Wordsmith Tools Help* （Version 4. 0）. Stroud: Lexical Analysis Software.

Scott, M. （2004b）. *WordSmith Tools* （Version 4. 0）. Stroud: Lexical Analysis Software.

Selinker, L. （1972）. Interlanguage. In J. C. Richards （Ed. ）, （2014）, *Error Analysis: Perspectives on Second Language Acquisition* （pp. 31-54）.

London & New York: Routledge.

Selinker, L. (1997). On the formation of interdialects: Principles from interlanguage, *Paper for webfeedback*. Retrieved July 12, 1998, from http://www.bbk.ac.uk/Departments/AppliedLinguistics/Larry.html

Shadiev, R., Hwang, W. Y., & Liu, Tz. Y. (2018). Investigating the effectiveness of a learning activity supported by a mobile multimedia learning system to enhance autonomous EFL learning in authentic contexts. *Educational Technology Research and Development*, 66, 893–912.

Shibata, M. (2009). How Japanese teachers of English perceive non-native assistant English teachers. *System*, 38 (1), 124–133. Retrieved January 4th, 2010 from http://linkinghub.elsevier.com/retrieve/pii/S0346251X09001493

Sinclair, J. 1985. Selected issues. In R. Quirk, & H. G. Widdowson (Eds.), *English in the world: Teaching and learning the language and literatures* (pp. 248–254). Cambridge: Cambridge University Press.

Sinclair, J. M. (1987). *Looking Up: An account of the COBUILD Project in lexical computing*. London: Collins, ELT.

Sinclair, J. M. (1991a). *Corpus, concordance, collocation*. Oxford: Oxford University Press.

Sinclair, J. M. (1991b). Shared knowledge. In J. E. Alatis, *Georgetown University Round Table on Language and Linguistics* 1991. Washington, D. C.: Georgetown University Press.

Sinclair, J. M. (2003). *Reading concordances: An introduction*. London: Pearson Education Limited.

Sinclair, J. M. (2004a). New evidence, new priorities, new attitudes. In J. M. Sinclair (Ed.), *How to use corpora in language teaching* (pp. 271–299). Amsterdam: John Benjamins Publishing Company.

Sinclair, J. M. (2004b). *Trust the text: Language, corpus and discourse*. London: Routledge.

Sinclair, J. M. (2005). Corpus and text — Basic principles. In M. Wynne (Ed.), *Developing linguistic corpora: A guide to good practice* (pp. 1–16).

Oxford: Oxbow Books. Retrieved May 12, 2009, from http: // ahds. ac. uk/linguisitc-corpora

Sinclair, J. M. (2007). Intuition and annotation: the discussion continues. In W. Teubert, & R. Krishnamurthy (Eds.), *Corpus linguistics — Critical concepts in linguistics* (Vol. 2, pp. 415-435). London: Routledge.

Sinclair, J. M., & Coulthard, R. M. (1975). *Towards an analysis of discourse.* London: Oxford University Press.

Sinclair, J. M., & Mauranen, M. (2006). *Linear unit grammar.* Amsterdam/ Philadelphia: John Benjiamins Publishing Company.

Sinclair, J. M., Jones, S., & Daley, R. (2004). English Collocation Studies: The OSTI Report. London/New York: Continuum.

Smith, L. (1987). *Discourse across cultures: strategies in World Englishes.* New York: Prentice Hall.

Smith, L. (Ed.). (1983). *Readings in English as an international language.* Oxford: Oxford University Press.

Strevens, P. (1980). *Teaching English as an international language: From practice to principle.* Oxford: Pergamon.

Sufi, R. (2017). Ethnic identification and the dress and trap vowels in Brunei and Singapore English. *Southeast Asia: A Multidisciplinary Journal*, 17: 30 -42.

Swain, M. (1995). *Three functions of output in second language learning.* Oxford: Oxford University Press.

Teubert, W. (2004). Lecture: Translation Unit [R].

Teubert, W. (2005). My version of corpus linguistics. *International Journal of Corpus Linguistics*, 10 (1), 1-14.

Teubert, W. (2007). Writing, hermeneutics and corpus linguistics. In W. Teubert, & R. Krishnamurthy, *Corpus linguistics: Critical concepts in linguistics* (pp. 134-159). London and New York: Routledge.

Teubert, W. (2010). *Meaning, Discourse and Society.* Cambridge: Cambridge University Press.

Tognini – Bonelli, E. (2001). *Corpus linguistics at work*. Amsterdam: John Benjamins Publishing Company.

Tognini – Bonelli, E. (2001). *Corpus linguistics at work*. Amsterdam: John Benjamins.

Trudgill, P., & Hannah, J. (1982). *International English: A guide to the varieties of standard English*. New York: Edward Arnold.

Van Ek, J. A., & Trim, J. L. M. (1991). *The threshold level 1990*. Strasbourg: Council of Europe.

Wang, C. J. (1948). Should the Average Chinese Student Study English? 现代英语, 8 (3), 68-72, 96.

Wang, W. H. (2015). Teaching English as an international language in China: Investigating university teachers' and students' attitudes towards China English. *System*, 53, 60-72.

Widdowson, H. (1994). *The ownership of English. TESOL Quarterly*, 28 (2), 377-389.

Widdowson, H. G. (1979). *Explorations in applied linguistics*. Oxford, England: Oxford University.

Widdowson, H. G. (1991). The description and prescription of language. In J. E. Alatis (Ed.), *Georgetown University Round Table on Language and Linguistics* 1991 (pp. 11 – 24). Washington, D. C.: Georgetown University Press.

Widdowson, H. G. (1994). The ownership of English. *TESOL Quarterly*, (28), 377-389.

Wilson, A., & Thomas, J. (1997). Semantic annotation. In R. Garside, G. Leech, & T. McEnery (Eds.), *Corpus annotation: Linguistic information from computer text corpora* (pp. 53-65). London: Longman.

Wittgenstein, L. (1990). Philosophical investigation (G. E. M. Anscombe, Trans.). In M. J. Adler (Ed.), *Great books of the Western World* (2nd ed., Vol. 55) (pp. 317-450). London: Encyclopedia Britannica, Inc.

Wray, A. (2000). Formulaic Sequences in Second Language Teaching.

Applied Linguistics，（4），463−489.

Xu，Z. C.（2010）. *Chinese English*：*Features and implications*. Hong Kong：Open University of Hong Kong Press.

Xu，Z. C.，He，D. Y.，& Deterding，D.（2017）. *Researching Chinese English*：*The state of the art*. Springer.

Yang，H.（1986）. A new technique for identifying scientific/technical terms and describing science texts（an interim report）. *Literary and Linguistics Computing*，1（2），93−103.

白英（1946）. 寄语中国学生. 国光英语，2（1），45−48.

蔡衡溪（1935）. 中等学校应取消英语科目之提议. 中国出版月刊，5（5−6），1−2.

曾庆敏（2011）. 多模态视听说教学模式对听说能力发展的有效性研究. 解放军外国语学院学报，（6），72−76，128.

陈广信 & 李廷黎（1989）. 理工科学生英语写作浅谈. 外语教学，（2），77−83.

陈桦 & 毕冉（2015）. 中国英语语调音系结构研究. 外语教学与研究出版社.

陈桦 & 李爱军（2008）. 创建中国英语学习者英语语音库的必要性及构想. 外语研究，（5），50−55.

陈桦，文秋芳，& 李爱军（2010）. 语音研究的新平台：中国英语学习者语音数据库. 外语学刊，152（1），95−99.

陈梅 & 文军（2011）. 中国典籍英译国外阅读市场研究及启示：亚马逊（Amazon）图书网上中国典籍英译本的调查. 外语教学，（4），96−100.

陈晓冉，周亚琼，& 丁淑贤.（2015）. 中国网络语象报告. In 教育部语言文字信息管理司 组编，中国语言生活状况报告*（2015）*（pp. 183−189）. 商务印书馆.

陈又松（1965）. 评《中国学生英语典型错误分析》. 外语教学与研究，（1），58−63.

丁巍（2007）. 由《老学典籍考》到《二千五百年来世界老学文献书目数据库》. 2012 年 3 月检索自：http：//www. hnass. com. cn/html/Dir/

2008/01/10/00/13/91.htm

丁言仁 & 戚焱（2005）．词块运用与英语口语和写作水平的相关性研究．解放军外国语学院学报，（3），49-53.

杜瑞清 & 姜亚军（2001）．近二十年"中国英语"研究述评．外语教学与研究，（1），37-41.

杜争鸣 & 伍士年（1998）．世界英语语境与中国英语中的语言与文化．外语与外语教学，（8），14-15.

杜争鸣（1998）．中国英语问题及其它．外语教学，（3），6-14.

杜争鸣（1998）．中国英语问题及其它．外语教学，（3），6-14.

方称宇，乐芬芬，& 曹竞（2012）.《中国英语对比语料库》的设计、建立和初探．语言研究，（2），113-127.

冯志伟（2003）．机器翻译的现状和问题．In 徐波，孙茂松 & 靳光瑾（Eds.），中文信息处理若干重要问题（pp. 353-377）．科学出版社．

葛传槼（1980）．漫谈由汉译英问题．中国翻译，（2），1-8.

顾敏元（1989）．如何避免"中国式"英语——汉语英译经验琐谈．上海科技翻译，（4），27-29.

顾润卿（1921）．中国之第二所国立大学．英语周刊，276，5.

顾卫星（2008）．"中国各体英语"的历史演变．外语与外语教学，（7），11-15.

官群 & 孟万金（2000）．正视中国英语 体现民族特色：课程·教材·教法，（11），34-36.

桂诗春 & 杨惠中（2003）．中国学习者英语语料库．上海外语教育出版社．

桂诗春，冯志伟，杨惠中，何安平，卫乃兴，李文中 & 梁茂成（2010）．语料库语言学与中国外语教学．现代外语，（4），419-426.

桂诗春，杨惠中，& 杨达复（2005）．基于 CLEC 语料库的中国学习者英语分析．上海外语教育出版社．

桂诗春（1988）．应用语言学与中国英语教学．山东教育出版社．

桂诗春（2015）．我国英语教育的再思考——实践篇．现代外语，（5），687-704.

韩朝阳（2009）. *Visual C#*程序开发案例教程. 北京大学出版社.

何克抗（2011）. 我国教育信息化理论研究新进展. 中国电化教育，（1），1 -19.

何明星（2012）. 从中华书局海外馆藏看中国学术图书的世界影响力. 出版发行研究，（12），14-18.

何明星（2021）. 在世界图书的海洋中为中国出版提供坐标——中国图书海外馆藏影响力研究十年回顾与展望. 出版参考，（9），34-37.

何自然（1994）. 我国近年来的语用学研究. 现代外语，（4），13-17.

胡安江，& 彭红艳（2017）. 从"寂静无声"到"众声喧哗". 外语与外语教学，（3），1-11.

胡晓丽（2012）. 中国英语变体的功能研究. 中国社会科学出版社.

胡永近 & 张德禄（2013）. 英语专业听力教学中多模态功能的实验研究. 外语界，（5），20-25，44.

华超（1921）. 巴姆氏论中国医学. 英语周刊，283：5.

黄立波 & 王克非（2011）. 语料库翻译学：课题与进展. 外语教学与研究，（6），911-923，961.

黄人杰 & 杨惠中（1985）. 从统计角度分析科技英语词汇. 外语教学与研究，（1），34-39.

黄志芳，周瑞婕，& 万力勇（2020）. 混合学习环境下交互式课堂生态系统设计及实证研究. 电化教育研究，（4），78-85.

贾冠杰 & 向明友（1997）. 为中国英语一辩. 外语与外语教学，（5），11 -12.

贾冠杰（2013）. 中国英语再研究. 当代外语研究，（3），8-13.

贾斯汀·曼德斯（2017）. 中国学生常犯的英语发音错误及解决方案. 世界教育信息，（13），68-71.

贾媛，王宇，李爱军，& 徐亮（2017）. 中国方言区英语学习者单元音声学特征分析——以宁波地区为例. 中国语音学报，（1），74-80.

姜亚军 & 杜瑞清（2003）. 有关"中国英语"的问题——对"'中国英语'质疑"一文的回应. 外语教学，（1），27-35.

金惠康（2004）. 中国英语. 外语教学与研究出版社.

老子. 王弼注《老子》. 2012 年 3 月 12 日检索：http：//www. wenhuacn. com/ zhexue/daojiao/dianji/laozizhu/

乐金马 & 韩天霖（2006）. 外语语音教学的回顾与现状——兼评 Jazz Chants 作为英语语音教学的手段. 外语界，（1），16-21.

李德超 & 王克非（2010）. 新型双语旅游语料库的研制和应用. 现代外语，（1），46-54，109.

李楠（2006）. 中国英语学习者语音习得过程中的困难及问题［硕士学位论文］. 河南师范大学. Retrieved from http://kns－cnki－net－s. vpn. htu. edu. cn：8118/KCMS/detail/detail. aspx？dbname＝CMFD2009 & filename＝2009083283. nh

李少华（2006）. 英语全球化与本土视野中的中国英语. 宁夏人民出版社.

李文中 & 闫洁（2010）. 大学生英语口语讯息向词块运用特征分析. 河南师范大学学报（哲学社会科学版），（2），244-246.

李文中，薛学彦，& 王芳（2005）. COLSEC 的设计思想与建库方案. In 杨惠中，卫乃兴，李文中，& 濮建忠（Eds.），中国大学英语学习者口语英语语料库（pp. 11-25）. 上海外语教育出版社.

李文中（1993）. 中国英语与中国式英语. 外语教学与研究，96（4），18-24，80.

李文中（1999）. *An analysis of the lexical words & word combinations in the College Learner English Corpus* ［Unpublished doctoral dissertation］. Shanghai Jiaotong University，1999.

李文中（2002a）. 语料库与学习者语料库. In 杨惠中 & 卫乃兴（Eds.），语料库语言学导论（pp. 33-81）. 上海外语教育出版社.

李文中（2002b）. 语料库证据支持的词语搭配研究. In 杨惠中（编），语料库语言学导论（pp. 82-127）. 上海外语教育出版社.

李文中（2004a）. 外语网络多媒体课件开发及应用. 河南广播电视大学学报，（4），55-56，74.

李文中（2004b）. 基于 COLEC 的中介语搭配及学习者策略分析. 河南师范大学学报（哲学社会科学版），（5），202-205.

李文中（2005）. 中国英语的历史与现实——《中国各体英语：一部社会

语言学史》述评．外语教学与研究，（1），76-78．

李文中（2006a）．英语全球化与本土化视野中的中国英语·序．In 李少华，英语全球化与本土化视野中的中国英语（pp.1-3）．宁夏人民出版社．

李文中（2006b）．英语全球化及其在中国本土化的人文影响．河南师范大学学报（哲学社会科学版），（3），131-134．

李文中（2006c）．From translation units to corresponding units：a corpus-driven approach（Lecture）．上海交通大学庆贺杨惠中先生执教50周年暨应用语言学研讨会．上海：上海交通大学．

李文中（2007a，5月16-20）．Corresponding units：Identification and application．第五届中国英语教学国际研讨会暨第一届中国应用语言学大会，北京．

李文中（2007b）．中国英语新闻报刊中的词簇．中国外语，（3），38-43．

李文中（2007c）．Identifying corresponding units in the parallel corpora．国际应用语言学大会，北京．

李文中（2009）．CIA方法评析．外语电化教学，127（3），13-17．

李文中（2010a）．语料库语言学的研究视野．解放军外国语学院学报，（2），37-40，72．

李文中（2010b）．元信息标注．In 梁茂成，李文中，& 许家金（编著），语料库应用教程（pp.37-44）．外语教学与研究出版社．

李文中（2010c）．分词、词形还原与词性赋码．In 梁茂成，李文中，& 许家金（2010）．语料库应用教程（pp.44-55）．外语教学与研究出版社．

李文中（2010d）．平行语料库设计及对应单位识别．当代外语研究，（9），22-27．

李文中（2012）．语料库标记与标注：以中国英语语料库为例．外语教学与研究，（3），336-345．

李欣，李玫瑛，& 王佳子（2012）．多模态自主听力教学模式有效性的实证研究．解放军外国语学院学报，（6），59-64，126．

李行健（主编）（2014）．现代汉语规范词典（第三版）．外语教学与研究出版社、语文出版社．

李悦娥 & 范宏雅（2002）．话语分析．上海外语教育出版社．

利奥·古德斯塔特 & 方允臧（1982）．民族主义与共同语——评《新加坡和马来西亚的英语：状况、特点、作用》．民族译丛，（3），76-77.

梁茂成（2009）．微型文本及其在外语教学中的应用．外语电化教学，（3），8-12.

林秋云（1998）．作为外语的英语变体：中国英语．外语与外语教学，110（8），16-17.

林语堂（1930）．英语发音学要点．寰球中国学生会周刊，383：2-3.

刘国兵（2008）．现代大型机读语料库的标注方法——以 CEC 政府文件子语料库标注为例．山东外语教学，（5），53-59.

刘国兵（2009a）．中国英语研究的生态语言学视角．西安外国语大学学报，（3），6-10.

刘国兵（2009b）．语言变体存在的生态学解读．河南师范大学学报（哲学社会科学版），（5），197-9.

刘建达 & 韩宝成（2018）．面向运用的中国英语能力等级量表建设的理论基础．现代外语，（1），78-90，146.

刘杨 & 孙奕鸣（2020）．中国英文社科学术期刊国际化发展矛盾与破解．中国科技期刊研究，（6），644-650.

刘永芳，郝晓燕，& 刘荣（2020）．中国英语新词语料库构建技术研究．计算机工程与应用，（16），165-168.

刘泽权（2010）．《红楼梦》中英文语料库的创建及应用研究．光明日报出版社．

娄宝翠（2010）．学习者硕士学位论文中的词串研究．当代外语研究，（9），27-34.

娄宝翠（2011a）．学习者英语硕士论文中的转述动词．解放军外国语学院学报，（5），64-68.

娄宝翠（2011b）．语料库在英语远程教育中的可行性分析．新乡学院学报，（5），93-95.

卢加伟 & 陈新仁（2019）．中国英语学习者二语会话语用非流利及其习得研究. 外语与外语教学,（2）, 14-23, 146.

卢守荣（1980）. 考恩等《中国英语教学现状概述》简介. 现代外语,（2）, 49-54.

陆贞明（1937）. Chinese English and English English. 高级中华英文周报, 32（800）, 50-51.

罗茂彬. 学术讲座：中英语文之特色及其比较（1945）. 新中国月刊,（6）: 29-32.

罗运芝（1998）. 中国英语前景观. 外语与外语教学, 107（5）, 24-25, 51.

马文丽（2009）. 解析中国媒体中的中国英语. 武汉大学学报（人文科学版）,（4）, 464-467.

梅鼎梁（1945）. 评"新中国"两种英汉对照本. 现代英语, 4（3）, 26-29.

孟长泳（1947）. 中国教育之危机. 现代英语, 7（2）, 36-41.

濮建忠（2003a）. 英语词汇教学中的类连接、搭配及词块. 外语教学与研究, 35（6）, 438-445.

濮建忠（2003b）. 学习者动词行为——类联接搭配及词块. 河南大学出版社.

濮建忠（2009）. 意义单位探索——《线性单位语法》评述. 外语教学与研究,（2）, 153-155.

濮建忠（2010）. 语料库与语言一元化研究. 解放军外国语学院学报,（2）, 41-44, 127.

邱立中 & 宁全新（2002）. "中国英语"质疑——与杜瑞清、姜亚军先生商榷. 外语教学,（6）, 23-27.

冉永平（2003）. 话语标记语 well 的语用功能. 外国语,（3）, 58-64.

上海外国语学院英语系英语教研组编（1964）. 中国学生英语典型错误分析. 上海教育出版社.

石锋（2008）. 汉语拼音符号的实际发音. 语言文字应用,（3）, 20.

石琳霏 & 姜亚军（2020）. 中国英语教育四十年反思及其对新文科背景下英语专业建设的启示. 外语教学,（3）, 61-66.

束定芳 & 庄智象（2008）．现代外语教学：理论、实践与方法（修订版）．上海外语教育出版社．

孙海燕 & 吕静（2010）．中国英语语料库的建库与应用．河南师范大学学报（哲学社会科学版），（1），219-221.

孙海燕（2008）．中国 EFL 学习者搭配能力的发展特征探析．外语研究，（2），56-71

孙骊（1989）．英语国别变体的研究和英语在中国．外国语，（2），17-23.

田源（2019）．汉语音译词走红海外．In 教育部语言文字信息管理司（组编）．中国语言生活状况报告（2019）（pp. 208-214）．商务印书馆．

汪榕培（1991）．中国英语是客观存在．解放军外语学院学报，（1），1-8.

王东波（2004）．英语的全球化与本土化．山东社会科学，（8），94-96.

王枫林（2002）．高校英语专业文化教学研究．四川外语学院学报，（1），145-147.

王克非 & 秦洪武（2015）．论平行语料库在翻译教学中的应用．外语教学与研究，（5），763-772，801.

王克非（编）（2021）．双语语料库研制与应用新论．上海外语教育出版社．

王克非（2004）．双语对应语料库研制与应用．外语教学与研究出版社．

王克非（2004）．双语平行语料库在翻译教学上的用途．外语电化教学，（6），27-32.

王理嘉（2008）．《汉语拼音方案》与音位理论以及语音教学．语言文字应用，（3），23.

王立非 & 祝卫华（2005）．中国学生英语口语中话语标记语的使用研究．外语研究，91（3），40-44，48.

王守仁（2016）．谈中国英语教育的转型．外国语，39（3），2-4.

王银泉（2002）．英语的全球化、本土化与标准化．解放军外国语学院学报，25（2），61-65.

王宗炎（1979）．要规定主义呢，还是要描写主义？——米廷斯《对英语习惯的不同态度》读后感．外国语，（3），30-35.

卫乃兴，李文中，& 濮建忠 等（2005a）．语料库应用研究．上海外语教育出版社.

卫乃兴, 李文中, & 濮建忠 (2005b). 中国学习者口语英语语料库研究 (杨惠中 & 卫乃兴, 主编). 上海外语教育出版社.

卫乃兴, 李文中, 濮建忠, & 雷秀云 (2002). 语料库语言学导论 (杨惠中, 主编). 上海外语教育出版社.

卫乃兴, 李文中, & 濮建忠 (2007). COLSEC 语料库的设计原则与标注方法. 当代语言学, (3), 235-246.

卫乃兴 (2001). 词语搭配的界定与研究体系. 上海交通大学出版社。

卫乃兴 (2002). 基于语料库和语料库驱动的词语搭配研究. 当代语言学, (2), 101-114.

卫乃兴 (2004). 中国学习者英语口语语料库初始研究. 现代外语, (2): 140-149.

卫乃兴 (2007). 中国学生英语口语的短语学特征研究——COLESC 语料库的词块证据分析. 现代外语, (3), 280-330.

文秋芳, 梁茂成, & 宴小琴 (2008). 专业英语口笔语语料库研究. 外语教学与研究出版社.

文秋芳, 王立非, & 梁茂成 (2005). 中国学生英语口笔语语料库. 外语教学与研究出版社. 1-127.

吴进善 (2010a). 基于多媒体语料库的数据驱动学习模式研究. 当代外语研究, (6), 44-47.

吴进善 (2010b). 对应单位——平行语料库研究的新视角. 海外英语, (8), 142-143.

吴进善 (2010c). 汉英文本对应单位转换分析——语料驱动先导研究. 通化师范学院学报, (3), 56-60.

吴宗济 & 林茂灿 (1989). 实验语音学概要. 高等教育出版社.

谢之君 (1995). 中国英语: 跨文化语言交际中的干扰性变体. 现代外语, (4), 7-11.

辛红娟 & 高圣兵 (2008). 追寻老子的踪迹——《道德经》英译本的历时描述. 南京农业大学学报 (社会科学版), 8 (1), 79-84.

许钧 (2021). 关于深化中国文学外译研究的几点意见. 外语与外语教学,

（6），68-72．

闫洁（2010）．英文电影场景标注方案设计及视听说学习应用．时代文学（下半月），（3），144-145．

严轶伦（2002）．全球化浪潮下英语教学中的本土化意识．四川外语学院学报，（4），159-160．

颜治强（2002）．世界英语概论．外语教学与研究出版社．

杨国俊（2003）．走出标准英语的误区．外语教学，（1），36-38．

杨惠中 & 黄人杰（1982）．JDEST 科技英语计算机语料库．外语教学与研究，（3），60-62．

杨惠中 & 卫乃兴（2005）．中国学习者英语口语语料库建设与研究．上海外语教育出版社．

杨惠中（2009）．应用语言学与大学英语教学．In 庄智象（编），外语教育名家谈（1978-2008）（pp. 51-87）．上海外语教育出版社．

杨伟钧（1980）．中国学生英语语音错误根源的分析．外语教学，（3）：33-37．

尹苇 译（1947）．中国的教师节．现代英语，7（3），68-72．

英杰 & 洪洋（2006）．试论错误分析在外语教学中的应用．外语学刊，（6），94-96．

于红霞 & 何志波（2010）．从新加坡"讲正确英语运动"看英语标准问题．大连海事大学学报（社会科学版），（3），101-105．

余卫华（2002）．国际化、全球化与外语教育．四川外语学院学报，（3），145-148．

俞希 & 文秋芳（2011）．构建英语本土化特征的描述框架．外语教学，（2），35-39．

俞希（2004）．《中国英语的社会语言史》评介．现代外语，27（2），213-215．

张贺（2013.12.5）．世界知名汉学家回到"故乡"——"中国通"，通中外．人民日报，第15版．

张金生（2002）．英汉元音对比与英语语音教学．解放军外国语学院学报，（1），56-59．

张军民（2012）．基于语料库的英语学术语篇转述动词研究．河南师范大学学报，（3），246-249.

张凯（1936）．英语文法之史的解说．中国学生（上海1935），2（1），59-63.

张培成（1995）．使用目的与国别变体．现代外语，（3），16-21.

张其春（1945）．中国名物英语传译年表．新中国月刊，（7），42-47.

张伟 & 付大安（2005）．从国别语体看"中国英语"客观存在的合理性．河北理工大学学报（社会科学版），（4），170-172.

赵彦春 & 吕丽荣（2016）．中国典籍英译的偏向与本质的回归．外国语文，（3），95-100.

甄凤超（2006）．基于语料库的中国英语外语学习者口语交际能力研究：COLSEC 中的预构成语块、图式、语用特征及策略［Unpublished doctoral dissertation］．上海交通大学．

中国科学技术协会（2020）．中国科技期刊发展蓝皮书（2020）．科学出版社．

中华人民共和国教育部．（2010.3.21）．*College English Curriculum Requirements*（2007）．引自：http：//www.hrexam.com/exam/2008/1103/4379.html

附　　录

附录1　中国英语语料库工具用户需求分析
（Chinese English Corpus Tools，CECT）

根据开发顺序，完成以下主要系统功能：

一、建库及标注功能模块；（2008 年 3 月完成）

二、检索及分析功能模块；（2008 年 6 月完成）

三、开放及监控功能模块；后续开发

四、平行文本机助标注模块（2008 年 3 月）

五、平行文本对齐及应用：后续开发

详细说明：

一　建库及标注功能模块

该功能模块主要满足语料库建设，包括文本收集、入库及应用各种标记方案，对语料库文本进行分类和管理的需要。主要要求为：1）干净文本原则：无论有多少层标记，文本始终保持干净，标记与文本分离；2）数据库管理一切：数据库外无数据。此后无论数据输入或输出，都由数据库统一管理，不允许用户操纵或修改底层数据；3）开放原则：允许功能进一步扩展，允许添加更多的标记方案；对文本的复杂性操作不设上限

（如文本的字数或长度、段落长度、词长、文件的大小等；文本内不同的语言等）。

1. 文本预处理及入库

（1）文本格式化预处理及标记

通过图形界面对提交的文本进行格式化处理，包括：①消除多余空格、空行；②替换 XML 实体字；③识别非文本元素，如表格及图形，并标记；④识别文本样式，如加粗、斜体、下划线，并标记；识别标题级别并标记；⑤识别段落、句子、单词及在文本中的准确位置。（提示 1：最好生成一个底层 XML 文件，准确标记每个词在文本、段落、和句子中的位置；该文件将会被反复使用。）（提示 2：以上各项由程序自动识别并标记；最好为各标记项分别生成 XML 标记文件，与原始文件建立关联。要求允许多层标记，文本保持原始形态。）

（2）文本标记信息自动生成及提取

通过图形界面，在用户打开文本后，填写标记信息（提供标记方案）；自动提取标记信息，并生成 XML 文件，与文本文件建立关联，包括以下步骤：

A. 标记方案分为全局信息及私有信息两大部分，全局信息部分供以后选库和文本检索使用；私有信息供以后专门研究备用。私有信息按文类分为 9 中，要求该部分信息在界面上动态显示，以供用户填写。

B. 如果文本已经预先标记好（如用标准 XML 标签标记），程序自动分析文本并读取 XML 标签，生成 XML 文件。该功能主要用于 POS 赋码文本及特殊通途的标记。

C. 文本实时标记并读取：允许用户按自定义标签，实时标记文本任何位置任何长度的字符串或多词序列，程序自动提取该信息。程序可以设计一界面，允许用户添加自定义标签或 XML 标记方案，以监控用户的实时标记。

文本预处理和标注完成后，确认无误可入库。

2. 文本分析

每天服务器闲时（2：00-5：00），后台程序对当天录入的文本进行处理。首先对文本切词，记录下每个词所在的文件名、段落、句子信息，保存到另一数据库中，便于后期检索应用。

3. 文本基本信息统计

通过文本处理，统计文本的形符数、类符数；类形比、标准类形比；平均（标准）词长、句长、段落长；多词序列（2-8）统计等。

主要算法思路：建议建立一个多层数据库，分别放置生文本、XML 标记文件、XML 管理文件，每一类标记文件存放在一个单独的库（文件夹）中；尽可能实现 XML 与数据库自动转换。

关于数据安全问题，建议在数据库外部，另建立一个影子数据库，实时备份工作数据库各种文件。当工作数据库崩溃是，影子数据库自动更新或替换工作数据库文件。

4. 文本复杂处理

A. 文本词表及相关信息

B. 文本搭配及相关信息

C. 多词（字）序列及相关信息

D. 相关文本信息（数据类型、主题等）

二　检索及分析功能模块

该功能模块主要语料库面向用户的应用层次，主要包括如下几个部分：

1. 子库选择

（1）根据文本头部信息标注，软件提供条件选择，用户根据需要确定检索范围。

（2）软件根据检索范围生成一子库，并自动对该子库进行统计分析，向用户呈现分析结果。统计分析数据包括：

●词表基本统计，包括频数、频率、篇次、百分比、累计百分比等信息。

●语料大小（包括字节数、类符数、形符数、类/形比、形/类比（对数值））、平均词长、标准词长、平均句长、标准句长、段落总数、平均段落长度等（提供各种统计值）。

● 词长详细统计：1–20 字母长度词统计详细统计信息，自动生成统计图表。

● 排序：以频率排序、以字母排序，词表单词的动态索引（即可对词表中任何一单词进行索引）。

归类词表（lemmatized wordlist），程序预设归类控制文件，该文件具有开放性，允许用户添加或是用自己的归类文件。

2. 索引与显示

（1）KWIC 索引：允许多参数多条件逻辑查询，支持一般关键词检索（单词和多词）和正则表达式检索

（2）查询结果显示：软件能很好呈现检索结果，每条记录整行排列，以检索词为中心（检索词颜色变红），并显示出检索词周围的其他文本内容。鼠标移至某记录行，显示该记录所在的文本及文本信息（标注信息）。

（3）自动统计并显示数据表和统计图（参见索引模块）。

索引模块：

● KWIC 索引：用户指定跨距和语境词，支持正则表达式，多参数多条件逻辑查询。视窗显示（包括 KWIC 显示，变量统计图等）。

● 搭配统计：2–6 词搭配统计排序（按 Z 值与 T 值以及 Mi 值），类联结统计（利用附码文本）查询（提供 Z 值与 T 值）。

● 范型统计：在指定跨距内每一位置的频率信息及排序，显著信息显示。

● 词簇统计：按指定词数及频数统计词簇。

● 允许人工干预和重新编排。

KWIC（Key Word in Context）详细说明：

● 技术要求：关键词搜索由用户控制，允许单词或多词搜索，支持正则表达式，分为一般查询和条件查询（基于文本私有标注信息设定可选参数）。

● 跨距：即由用户指定以关键词为中心左右显示的词数，缺省值为 5（即左右各 5 个词），指定范围为 1–10，允许用户对关键词左右词数不对称指定，如+5/−2。该跨距的指定作为计算搭配词的主要依据，即随后生成的搭配词表只计算指定跨距内的词，忽略跨距外的词。

●统计：关键词频数，搭配词表（以 T 值或 Z 值进行排序），左、右跨距搭配词分别统计及总计；词丛统计，范围从 2-10 生成词表。范型统计，计算跨距内每一词位的频数并排序并提供统计值。分布统计，按照用户指定标注信息计算所查询特征的分布（提供原始频数并以百分比作图）。

●显示：①KWIC 显示，以关键词为中心带语境词的索引行显示，允许在屏编辑，包括编排，排序，增加符号，删除行等。②搭配词表显示，提供 Z 值和 T 值。③扩展语篇，显示关键词所在段落。④单句显示，显示关键词所在的完整句。⑤范型显示，以数据和图形显示词位统计结果。⑥关键词屏蔽功能（ZAPPING），可把关键词隐蔽，做成填空练习。

3. 数据输出

（1）用户可选择要输出的数据内容（子库信息、检索结果、统计分析数据），数据保留原对齐格式，可选择要保存的文件格式（.txt/.doc/.xsl/.xml 等）。

（2）可输出子库词表和多词序列，输出格式自选。

4. 主题词

（1）通过比较两个语料库词表或词表数据库（Wordlist Database），生成主题词表或数据库（Keyword Database），关键主题词表查询（Key Key Word List），联想词表（Associates），允许通过人工干预进行词表归类（Categorization）与聚集（Clumping）。

（2）支持多文本同时处理。

三　开放及监控功能模块

中国英语语料库下一步发展成基于网络的开放、动态、监控的语料库。软件需完成以下功能模块：

（1）网页检索：两种方式：互联网爬行检索和指定网站检索

（2）网页信息提取：软件根据原语料库设定一套信息提取标准，或后期人为地制定信息提取标注，过滤和筛选材料，并在信息提取中删除垃圾信息，同时对保留的网页文本预处理。

（3）网页分析：提取该文本属性信息：时间、作者、来源等；深层分析文本内容，提取文本主题词，并根据预先分类标准，对文本进行分类。

（4）网页标注入库：根据网页分析，对文本标注并入库。

（5）比较分析：对入库的新语料和原库比对分析，总结发现新的词形、结构以及旧的词形的新的用法和搭配。

四　平行文本机助标注模块

（1）支持 txt 文本，能文本预处理（消除多余的空行和空格）。可导入 xml 文本，能自动识别已标注过的文本标题/类型/领域/时间/版本，但在文本显示区中看不到 xml 标注。左侧为原文，右侧为译文。文件导入必须成对，英汉。

（2）有两个文本显示区，可导入文本，可对文本编辑（复制/剪切/粘贴/回车换行/删除/选择）.

（3）导入文本时填写：类型/领域/时间/语言（见上面标注信息）等，注释信息。英汉文本填写内容一样。

（4）段落对齐（首先软件依据段落编号一对一自动对齐，允许人工干预修正），经人工确认后，软件方能确定段落对齐。

（5）基于词库自动检查汉英平行文本，查找并匹配对应单位（先原文，再译文），执行以下操作：

A. 汉英完全匹配，自动标记并提取入库；确认对应的单位显示标记（如字体颜色），人工不再选择；

B. A 文本或 B 文本完全匹配，提出询问，经选择和确认后提取入库；

（6）人工提取：对 a 文本选择一对应单位（含非连续语块），鼠标事件为高亮化（或通过键盘选中）；对 b 文本选择对应单位，单击确认入库（快捷键/按钮/菜单），字体颜色有变化（段内不重复）。软件对新入库的对应单位对文本进行全局查找，匹配结果经人工干预后确认，标记该单位并记录频数信息。

（7）单击完成按钮，纯文本入库，生成标注好的 xml 文本（按照设定好的文件名规则保存到一个文件夹中，UTF-8 编码，替换掉原文本中 xml 保留字符 &/</>）

（8）导入新文件，自动删除原有文件。

五　平行文本对齐及应用

1. 文本对齐模块

（1）文本对齐：根据 XML 文本的对应单位标记，实现段落、句子、及对应单位对齐。

（2）文本检索及索引：响应用户单字、单词、及对应单位双语查询，支持正则表达式；查询结果为双语对应。

（3）支持对应单位双侧搭配单位的排序和统计，计算 MI 值、搭配力 T 值并排序；

（4）结果显示：KWIC 显示查询结果，显示单位为整句，即不但显示所查询的字段，还要显示该字段所在的句子，并显示该句的文本信息，如数据类型、主题领域、年代等。

（5）结果统计及提取（collect）：

a. 全局统计：输出当前文本中所有对应单位的双语对应，包括词条、频数、频率等统计信息，支持 EXCEL 数据转换；

b. 检索统计：输出检索字段对应单位及相关频率信息。

（6）替换操作及提取：支持实时文本替换及提取。

2. 高级应用

（1）单语文本的多词序列分词和提取：利用所建立的对应库对单语文本（汉语或英语）进行处理，匹配多词序列并标记，输出统计结果；同时统计匹配失败的单位，通过人工干预进一步确认。

（2）机器辅助翻译。网络监控和分析。

附录 2 中国英语语料库工具（CECT；Chinese English Corpus Tools）开发方案

软件系统：

32 位操作系统，WINDOWS 界面，无限量语料高速处理能力。支持 Windows 98/Me/NT4.0/2000/xp。

版本：

多语支持。

应用程序接口：

多语言支持（主要处理语言为英语），多种编码自动转换（汉语处理包括中文简体、GB，BIG5 等），文本—数据库双向自动转换。网络功能；查询结果的各种格式显示与现有字处理程序的兼容性；课堂练习的自动生成和编排。

功能模块：

词表模块

● 允许多目录多文本同时读入处理，总词表或词表数据库可选，程序入口对标注信息与附码信息的预处理。

● 词表基本统计，包括频数、频率、篇次、百分比、累计百分比等信息。

● 语料大小（包括字节数、类符数、形符数、类/形比、形/类比（对数值））、平均词长、标准词长、平均句长、标准句长、段落总数、平均段落长度等（提供各种统计值）。

● 词长详细统计：1—20 字母长度词统计详细统计信息，自动生成统计图表。

● 排序：以频率排序、以字母排序，词表单词的动态索引（即可对词表中任何一单词进行索引）。

● 查询与显示：允许多参数多条件逻辑查询，自动统计并显示数据表和统计图（参见索引模块），如大学英语学生 8~12 分段各个词表统计细目。

● 归类词表（lemmatized wordlist），程序预设归类控制文件，该文件具有开放性，允许用户添加或是用自己的归类文件。

索引模块

■ KWIC 索引：用户指定跨距和语境词，查询通配符支持，多参数多条件逻辑查询。视窗显示（包括 KWIC 显示，变量统计图等）。

■ 搭配统计：2~6 词搭配统计排序（按 Z 值与 T 值以及 MI 值），类联结统计（利用附码文本）查询（提供 Z 值与 T 值）。

■ 范型统计：在指定跨距内每一位置的频率信息及排序，显著信息显示。

■ 词簇统计：按指定词数及频数统计词簇。

■ 允许人工干预和重新编排。

KWIC（Key Word in Context）详细说明：

技术要求：关键词搜索由用户控制，允许单词或多词搜索，支持通配符联合查询，分为一般查询和条件查询。查询条件和结果如下（以单词 information 和词组 a piece of information 为例）：

● 一般查询：观察关键词的用法及搭配词。

（1）关键词输入：a) information 或 a piece of information：查询与该词形或词组相匹配任何字符串，忽略大小写。b) 带通配符的关键词，主要通配符包括?，＊，＝＝，{|}，分别解释如下：

?：指任何字符，如 book? 可查到 book 和 books 两种词形。

＊：指任何字符或字符串，如 book＊可查到 book，books，booked，booking，booklet 等。

＝＝：全等符号，只查与该词完全匹配的词，大小写敏感，如 Book 只能查到该词形，忽略 BOOK，book 等。

{|}：包含符号，可查括号内包括的任何字符，如 {b，l} ack 可查到 back，lack 等。

（2）跨距：即由用户指定以关键词为中心左右显示的词数，缺省值为 5（即左右各 5 个词），指定范围为 1—10，允许用户对关键词左右词数不对称指定，如+5/−2。该跨距的指定作为计算搭配词的主要依据，即随后生成的搭配词表只计算指定跨距内的词，忽略跨距外的词。

（3）统计：关键词频数，搭配词表（以 T 值或 Z 值进行排序），左、右跨距搭配词分别统计及总计；词丛统计，范围从 2～10 生成词表。范型统计，计算跨距内每一词位的频数并排序并提供统计值。分布统计，按照用户指定标注信息计算所查询特征的分布（提供原始频数并以百分比作图）。

（4）显示：a) KWIC 显示，以关键词为中心带语境词的索引行显示，允许在屏编辑，包括编排，排序，增加符号，删除行等。b) 搭配词表显示，提供 Z 值和 T 值。c) 扩展语篇，显示关键词所在段落。d) 单句显示，显示关键词所在的完整句。e) 范型显示，以数据和图形显示词位统计结果。f) 关键词屏蔽功能（ZAPPING），可把关键词隐蔽，做成填空练习。

（5）存储：可按用户要求自动存储以下内容：

A. 索引行（允许用户指定行宽），保留原对齐格式。保存文件格式可为：纯文本文件，或软件自己规定的特殊格式。

B. 搭配词表，ibid

C. 分布统计结果。

支持拷贝、粘贴。

• 条件查询：利用标注信息和赋码信息进行查询和统计。

主题词模块

■ 通过比较两个语料库词表或词表数据库（Wordlist Database），生成主题词表或数据库（Keyword Database），关键主题词表查询（Key Key Word List），联想词表（Associates），允许通过人工干预进行词表归类（Categorization）与聚集（Clumping）。

■ 支持多文本同时处理。

网络模块

■ INTERNET 网络索引查询或客户端索引软件。

■ 数据库网络接口与用户端网络索引，词表与查询结果的网页自动生成。

平行语料库模块

汉语–英语文本对齐技术与索引，通过与处理程序对两种文本自动对齐（两个窗体的文本自动跟踪），包括段落和单句对齐，支持词串查询，词语对应统计等。

附录 3　CEC 文件标注规范

```
<? xml version=" 1.0" encoding=" UTF-8"? >
<text>
<html>
<head><title>语料库标注规范</title>
</head>
<body>
<text_title>语料库标注规范</text_title>
<author>李文中</author>
<heading2>
<head_title>文本预处理阶段分三层标注：</head_title>


<heading3>
<head_title>第一层：元元信息</head_title>
<text_body>
<p>解释：关于语料的分类信息，包括 1，按来源分类；2，按文类分
类；3，按主题领域分类；</p>
    <p>        关于语料的处理信息，包括 1，录入时间；2，修改时间；
3，标注时间；</p>
    <p>        关于语料的描述信息，包括 1，文本字数；2，主题词；3，
备注；4，XML 编号；</p>
</text_body>
</heading3>
<heading3>
<head_title>第二层：文献信息</head_title>
<text_body>
<p>解释：参照 APA 格式记录的各种文献信息；</p>
```

\<p\>　　　　参照 EAGLES 标准添加的其它文本元信息；\</p\>

\</text_body\>

\</heading3\>

\<heading3\>

\<head_title\>第三层：文本内部信息\</head_title\>

\<text_body\>

\<p\>解释：文本附加信息，如序言、摘要、致谢、附录等；\</p\>

\<p\>　　　　文本结构信息，如文本内部结构、各级标题、列举、图标、插图、注释、文献、引用等；\</p\>

\<p\>　　　　文本形态信息，如书名字体、强调、外来语等；\</p\>

\</text_body\>

\</heading3\>

\</heading2\>

\<heading2\>

\<head_title\>文本后处理阶段标记完整性校验\</head_title\>

\<heading3\>

\<head_title\>XML 标记语言完整性校验\</head_title\>

\<text_body\>

\<p\>规则：元元信息要求所有文本必须统一；\</p\>

\<p\>　　　　文献信息必须结构完整，内部一致，标记规范；\</p\>

\<p\>　　　　文本内部信息格式统一，结构完整，标记无差错；\</p\>

\</text_body\>

\</heading3\>

\<heading3\>

\<head_title\>HTML 标记嵌入\</head_title\>

\<text_body\>

\<p\>解释：使用 HTML 标记语言，使之与 XML 完美结合在一起：XML 负责描述，HTML 负责格式输出；\</p\>

\<p\>　　　　利用 HTML 语言标记文本相关元素；\</p\>

\</text_body\>

```
</heading3>

<heading3>

<head_title>XSL、CSS、以及 DTD 文件设计</head_title>

<text_body>

<p>解释：利用 XSL 或 CSS 文件控制文件的显示格式；</p>

<p>　　　利用 DTD 文件制作元信息标记的索引及备检文件；</p>

</text_body>

</heading3>

</heading2>

<heading2>

<head_title>语法附码（参见附码文件规则）</head_title>

</heading2>

</body>

</html>

</text>
```

附录4 文本主题领域编码方案

```
<? xml version=" 1.0" encoding=" utf-8" ? >
<domains>
<A fieldText=" Natural science 自然科学" >
<A1 fieldText=" Maths 数学" ></A1>
<A2 fieldText=" Physics 物理" ></A2>
<A3 fieldText=" Chemistry 化学" ></A3>
<A4 fieldText=" Biology 生物" ></A4>
<A5 fieldText=" Astronomy 天文" ></A5>
</A>
<B fieldText=" Applied science  应用科学" >
<B1 fieldText=" Engineering 工程学" ></B1>
<B2 fieldText=" Communications 通讯" ></B2>
<B3 fieldText=" Technology 技术" ></B3>
<B4 fieldText=" Computing 计算机" ></B4>
<B5 fieldText=" Energy 能源" ></B5>
<B6 fieldText=" Transport 交通运输" ></B6>
<B7 fieldText=" Aviation 航空航天" ></B7>
</B>
<C fieldText=" Social science 社会科学" >
<C1 fieldText=" Sociology 社会学" ></C1>
<C2 fieldText=" Geography 地理" ></C2>
<C3 fieldText=" Anthropology 人类学" ></C3>
<C4 fieldText=" Medicine 医药" ></C4>
<C5 fieldText=" Psychology 心理学" ></C5>
<C6 fieldText=" Law 法律" ></C6>
<C7 fieldText=" Education 教育" ></C7>
```

<C8 fieldText=" Linguistics 语言学" ></C8>

</C>

<D fieldText=" World affairs 世界事务" >

<D1 fieldText=" History 历史" ></D1>

<D2 fieldText=" Government 政府" ></D2>

<D3 fieldText=" Politics 政治" ></D3>

<D4 fieldText=" Military 军事" ></D4>

<D5 fieldText=" Archaeology 考古" ></D5>

<D6 fieldText=" Developments 社会发展" ></D6>

</D>

<E fieldText=" Economics 经济" >

<E1 fieldText=" Business 商业" ></E1>

<E2 fieldText=" Finance 金融" ></E2>

<E3 fieldText=" Agriculture 农业" ></E3>

<E4 fieldText=" Industry 工业" ></E4>

<E5 fieldText=" Third industry 服务业" ></E5>

<E6 fieldText=" Employment 就业" ></E6>

</E>

<F fieldText=" Arts 艺术" >

<F1 fieldText=" Visual arts 视觉艺术" ></F1>

<F2 fieldText=" Calligraphy 书法" ></F2>

<F3 fieldText=" Brushwork 绘画" ></F3>

<F4 fieldText=" China 瓷器" ></F4>

<F5 fieldText=" Wushu 武术" ></F5>

<F6 fieldText=" Architecture 建筑" ></F6>

<F7 fieldText=" Performing 表演（音乐、舞蹈、戏剧）" ></F7>

<F8 fieldText=" Media 媒体（电视、电影）" ></F8>

<F9 fieldText=" Carve 雕刻" ></F9>

<F0 fieldText=" Others " ></F0>

</F>

```
<G fieldText=" Belief and thought 信仰思想" >
<G1 fieldText=" Religion 宗教" ></G1>
<G2 fieldText=" Philosophy 哲学" ></G2>
<G3 fieldText=" Folklore 民俗" ></G3>
</G>
<H fieldText=" Leisure 休闲" >
<H1 fieldText=" Food 饮食" ></H1>
<H2 fieldText=" Travel 旅游" ></H2>
<H3 fieldText=" Fashion 时尚" ></H3>
<H4 fieldText=" Sport 运动" ></H4>
<H5 fieldText=" Household 家居" ></H5>
<H6 fieldText=" Antiques 古玩" ></H6>
<H7 fieldText=" Hobbies 爱好" ></H7>
<H8 fieldText=" Gardening 园艺" ></H8>
</H>
<I fieldText=" Literature 文学" >
<I1 fieldText=" Fiction 小说" ></I1>
<I2 fieldText=" Prose 散文" ></I2>
<I3 fieldText=" Script 剧本" ></I3>
<I4 fieldText=" Classic 经典文学" ></I4>
</I>
<J fieldText=" Others" ></J>
</domains>
```